存在と世界

Sein und Welt

新時代・
新世界のための哲学

Tsuguhito Takaki

高木従人

Parade Books

献辞

これらの成果を戦いとる力を与えてくれたN．A．に捧げる。

まえがき

物質・科学文明は繁栄を誇っているが、反って人間を不幸にする負の面が現れている。特に地球温暖化の問題は深刻である。この地球温暖化の危機は、人類史の大峠である。この人類前史の終末を前にして、倫理・道徳は危機に瀕し、理想喪失の状況にある。大峠を乗り切るための倫理・道徳を提供し、理想を回復するために、形而上学の完成形を目指す『哲学の理想』(「久保田英文」著・高木從人は筆名)を二〇一〇年に地球星系社から刊行した。大峠を乗り切った後の人類後史社会を光り輝く人類社会にしたい。人間の幸福のために、哲学の理想に基づく精神文明を建設したい。客観的な「善」の観念や「正義」の概念を明らかにして、価値の収斂による社会の安定化と活力増進を図りたい。真理の上に立ちつつ、善と正義に基づく社会となってほしい。そのような思いに立って、この本を刊行した。しかし、十分な理解は得られなかった。

根本的対策が世に認識されないまま、二〇二四年となり、地球沸騰化という言葉さえ使われるようになっている。地球温暖化を逆転させる最後の機会となる十年間に入ったとも言われる。国際秩序もウクライナ戦争、パレスティナ問題等で破綻に瀕している。この最後の機会に際して、二〇一〇年以降の思索を加えて『哲学の理想』を改題し増訂したこの『存在と世界』を刊行した。

この間、故梅原猛氏(1925 - 2019)は新しい形而上学の構想を遺稿『人類の闇と光(仮題)』第一章(『芸術新潮』二〇一九年四月号)として遺した。故立花隆氏(1940 - 2021)も新しい形而上学の構想を未発表草稿『形而上学』(文春ムック『「知の巨人」立花隆のすべて』文藝春秋刊、二〇二一年)として遺した。現代は、ポスト形而上学の時代ではない。今こそ、新しい形而上学を必要とする時代なのである。

近代の思想家には、「精神世界のニュートン力学」を築き上げたいという夢があった。そして善や悪や正義の問題に対しても、ユークリッド幾何学のような厳密な証明をしてみたいと願っていた。この立場は「厳密主義」と呼ばれる。「倫理的な命題もまた厳密に証明できる」という立場である。近代哲学の夢は、倫理学の内容を数字や幾何学のように展開することだったが、その夢は消えてしまった。この夢に立ち戻って、厳密主義に挑戦したい。純粋に形式的に厳密ではなくても、少なくとも、常識的な意味で十分に客観的な倫理学を樹立したい。

この本に含まれる「新しい哲学の原理」の原型が成立したのは、一九八五年頃のことであった。「新しい哲学の原理」を書籍として世に問うことは、著者の長年の念願だった。地球温暖化による破滅から後戻りできなくなる前に、「新しい哲学の原理」を「新しい幸福の原理」などとともに、刊行できたことは幸いであった。しかし、刊行を急いだため、年月の経過と共に、新時代・新世界の道標として不十分な点が目立つようになり、十分な理解も得られなかった。そこで、『存在と世界』として、十分な改訂を施して出版した。この本は、善や正義等について著者独自の説を提唱しているが、これらが正しいから、皆さんが受けいれなければならないと主張しているのではなく、これらが善や正義等に適うかもしれないので、皆さんにも検討していただけないかとお願いしている。この論考は私独自の考えに過ぎず、私の考えを皆さんに押し付けるつもりはない。ただ、私の考えがたたき台となって皆さんの間に合意が成立することを望んでいる。私の考えの当否は皆さんに決めてもらいたい。例えば、この本は「正義」という概念の中核も定義しているが、皆さんそれぞれの「正義」があってよいと思う。ただ、皆さんで集まって何かをしたいときに共通の「正義」が何かが問題となったら、この本の定義も思い出してもらえたらと思う。

読者の皆さんが、著者の願いを感じ取った上で、この書籍の意義をご理解いただけたならば本望である。

凡例

★章
◆大節
◇小節
▼項目
☆事例
◎ロスの７つの義務
〇規範・義務

目次

第Ⅲ部　新世界の理想

第Ⅰ部　新しい哲学の原理

精神文明建設のために、根本の礎となる形而上学を樹立して、哲学を総合的客観的な学問として復活させたい。「新しい哲学の原理」は、このような願いから生まれ、その一つの形を提案するものである。そのような学問が生まれれば、基礎となる範疇から言語全体を構築できるはずである。ひいては、我々の生きる現実世界のモデルが生まれるはずである。現実世界が明晰に立ち現れるはずである。そして、その学の概念を定義した用語に従って文章を書けば、文章の意味が曖昧であることがなくなり、どんなに複雑な意味でも客観的に伝えられることになる。明らかになった哲学的言語を使用して、現実世界の構造を探求する試みもできよう。人文科学は、客観的合理的な基礎を与えられて発展し、人間社会の幸福を増進するだろう。そのための基礎となって欲しいという願いから生まれたのが、この「新しい哲学の原理」である。

★序章

『ハイデッガーと日本の哲学』（嶺秀樹著、ミネルヴァ書房刊、2002年）によると、東洋哲学の無の伝統を継承しつつ、ハイデッガー氏（Martin Heidegger 1889 - 1976）、あるいは西田幾多郎氏（1870 - 1945）の哲学を批判的に検討したのが、和辻哲郎（1889 - 1960）、九鬼周造（1888 - 1941）田辺元（1885 - 1962）の三氏である。私は日本人であるが、三氏とは違い、私の哲学は、無の伝統を継承するものではない。私の哲学は、主観的意識の探究ではなく、人間存在の構造とその構造の意味を明らかにして客観に至るものである。私の哲学は誰の学統を継承するものではなく、全く独自に人間存在を解明した。哲学の基本的知識は取り入れたが、私は、どの哲学者の学統を継ぐ者ではない。

このような、プラトンに始まる理性の哲学の伝統に、ニーチェやハイデッガーはノーを突きつけたのでした。第三章で述べたように、ハイデッガーは、それは意志の哲学であり、意志では駄目だというわけです。そして、ソクラテス以前の哲学に帰れ、イオニアの自然哲学に帰れと言った。それがニーチェやハイデッガーの立場です。
（『人類哲学序説』梅原猛著、岩波新書 142頁）

敢えて言えば、私の哲学は、梅原猛氏の言う「理性の哲学の伝統」の完成形を目指した哲学である。哲学的人間学が成り立つためには、そもそも人間存在の存在の意味を明らかにする必要がある。「存在」は通常、（1）何か「がある」、（2）「何か」がある、（3）何かは何か「である」の三様の意に用いられるが、この本では、（1）を存在することとし、（2）を人間存在もしくは存在者、（3）を内的規定として扱うことにする。

「新しい哲学の原理」は人間存在の構造を解明した上で、人間存在の存在することの意味を解明したものである。また、「新しい幸福の原理」は人間が他の人間と共に存在することから生じる矛盾・対立を調整しようというものである。そして、この二つの上に立った「新世界の理想」を示した。

私の哲学が現れても、ハイデッガー氏や三氏の哲学が有意義であることに、変わりは無い。私の哲学の言葉で再彫琢することもできるであろう。特に、九鬼氏の様相概念は立派なものであり、そのまま取り入れることができる。

偶然性＝非存在が可能

必然性＝非存在が不可能

この概念規定は九鬼氏の作品である。

「新しい哲学の原理」は、人間世界の構造を全体的に明らかにしようとするものである。より良き生や生きる意味を探究する人生哲学ではなく、形而上学に属するものである。しかし、人間世界の構造が客観的全体的に明らかになれば、世界の不条理性も緩和され、人間の生活や生きる意味も影響を受けるであろう。

人間の属する世界は、客観的全体的には、どのような構造を持っているのであろうか。物理世界で原子が秩序正しく並んでいるのであるから、人間世界も根本においては秩序正しく整合性を保っているであろう。そして、整合性を持った人間の世界であるから、価値自由な人間なら、その構造は認識可能であろう。また、人間世界の構造解明には、人間そのものの存在が重要である。人間存在が解明されなければ、人間世界を解明したとは言えないであろう。

この課題に挑戦し、「新しい哲学の原理」という根本の礎の候補を手に入れるためには、価値自由になることが必要であった。そのために孤独という手段を選択し、無言の行を実践した。「新しい哲学の原理」は、何かの教説を信じ込むことを拒否し、自分の理性が確実だと認める知識を積み上げていった結果、到達できたものである。私は、価値自由な孤独に苦しみながら、人間存在を明らかにしつつ、この世界を理解する究極の知恵を求めた。

不遜と言われるかもしれないが、学校で先生の言うことをまるごと信じることは決してしなかった。教えられたことの中、自分の理性に照らして絶対確実に正しいと信じられることだけを自分にとって正しい知識として自分の知識の蔵に収めた。そのようにして、確実に正しいと信じる知識を積み上げながら、それらの上に理性による推論を加えて、科学により分割された世界像を全体的に再構成し統合しようと努力した。少年時代から正しいと思った考えを枉げることなく、自分の考えの枠組みの中で思考を発展させる努力を続けた。その結果、この「新しい哲学の原理」の原型を獲得した。哲学の学説を研究したのではなく、哲学するという営為を積み重ねた結果である。

その探究の最新結果が「新しい哲学の原理」である。もちろん唯一存在する真理と主張するものではないが、最も合理的な人間世界のモデルの一つではないかと考えている。

★第１章　全体構造

◆世界内存在

次に掲げる基礎図は人間の生活する現実世界の構造を示すものである。人間は、世界内存在である。ハイデガー氏の言うように、人間は世界の「外」に位置して世界に対立しているのではなく、常に世界と一体性をなしており、世界の「内」に存在する。自己実現を図るべき世界にほうりこまれていると言えよう。人間は、その世界と相互に関係しあって生きている。基礎図の円は、その世界を示すものである。

人間存在を物理的に見れば、胎児を除き、普通の人間の体は他の人間と何もつながっていない。物理的に見れば、人間は他とのつながりのない球である。この球である人間を基礎図では円として表している。このような独立した存在として、人間は、通常、社会内に存在する。しかし、人間が他の人間と精神的につながり、絆を持てることを否定するものではない。精神感応の存在も否定しない。人間は同じ価値、感情を共有することにより、つながっているという安心感を持てる。そして、価値観を共有する同情により他の者とつながって、世界内で大きな力を持つことができる。

そして、私の哲学では、世界を構成する実体として、基本的範疇（カテゴリー）である精神、イデア、物質を考える。人間にとり認識可能なものすべては、この三つに分類し基礎づけすることができる。

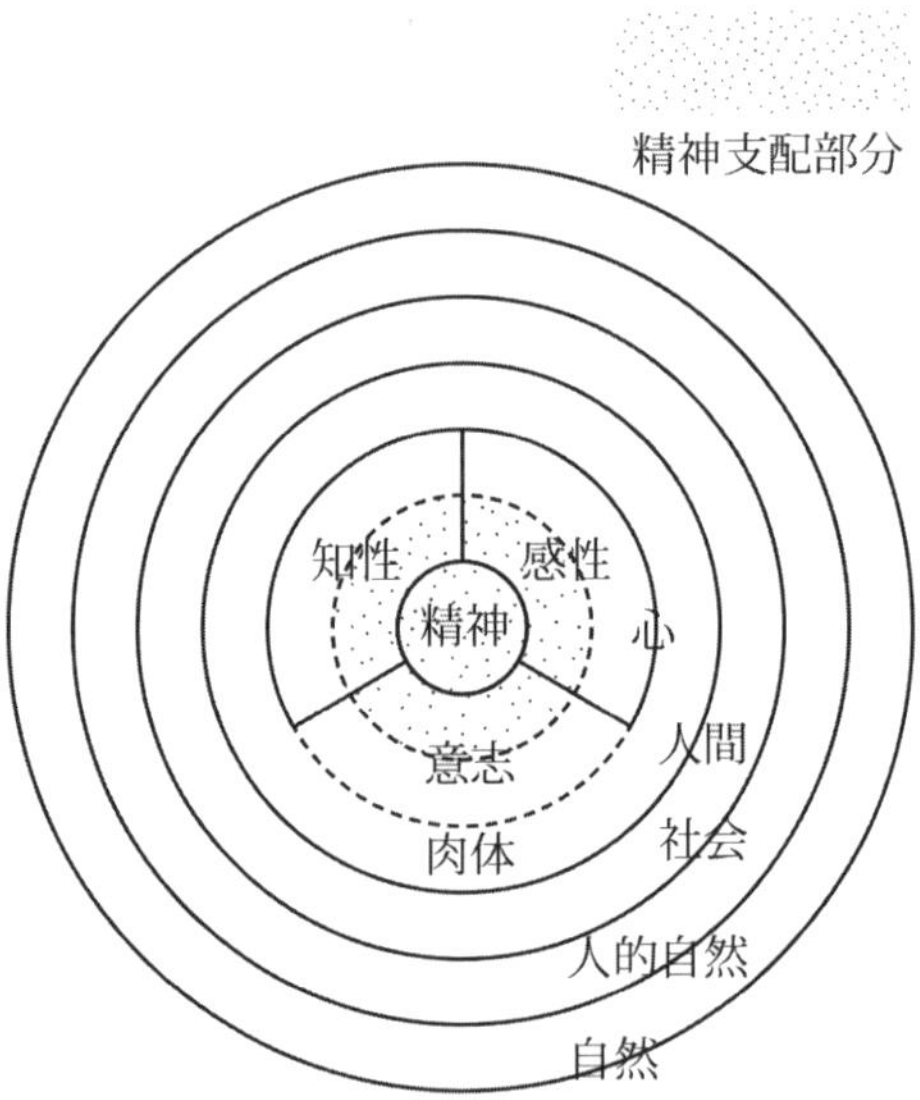

精神支配の生物学的基礎図

◆基礎図の説明

人間を人間にしている本質は、知性、感性、意志から心が構成され、心に精神が宿ると共に意識が存在することにある。

知性とは、世界の構造を努力により、できるだけ客観的、体系的、整合的に内面化したものである。これにより、人間は世界の構造を理解し、世界の構造に適合した働きをすることができるようになる。

感性とは、事物が自己にとってどういう価値（好き・嫌い、善・悪、快・不快等）を持つかの情報を内面化したものである。これにより、人間は世界に独自の意味付を行うことができる。人間が独自の価値観・価値の体系を持つことが可能になる。そして、価値が存在するのは、人間が世界内に存在することによる。すなわち、人間は自身の構造―世界を持っているので、その世界について意味付を行っていかなければ生きていけないからである。人間は意味のない空虚な真空を生きるには弱すぎる。

意志は、生きるということを支える力であり、人間の存在を可能にするものである。すなわち、人間が生存を欲し、ある価値を追求するのは、意志が存在するからである。いわば生命を求める人間の本能である。

知性、感性、意志は、人間の心の本体である脳において次のような対応関係を持つと考えられる。

知性＝左脳
感性＝右脳
意志＝小脳＋脳幹

◆イデア論

精神は、この心のある部分（精神支配部分）を支配し、精神は物質である心の影響を受けてイデアを宿す。プラトン（427 - 347B.C. 古代ギリシアの大哲学者）の洞窟のたとえどおり、イデアそのものを手にすることは不可能であるが、イデアが精神に宿ることは可能なのである。イデアは物事の本質を含むが物事の中に存在するのではなく、イデア界に存在し、イデア界から呼び出されて精神に宿るのである。

イデア論については一般的に次のように理解されている。

　イデア論とは、感覚される多くのものが同じ名前で呼ばれ共通する特性をもつという事態の原因根拠を示す理由である。たとえば、多くの（感覚される）ものが大きいなら、それらはすべて同一の＜大のイデア＞を分有するから大きいのである、というように。
（『はじめてのプラトン』中畑正志著、講談社現代新書 244頁）

しかし、キリンも象も大きいが、＜大のイデア＞を分有しているわけではない。キリンも象も＜大のイデア＞というイデア界のイデアの実現物の一つである。人間は＜大のイデア＞を学習すると、ある物事がそれに該当するか否かを判断できる。だから、人間は、そのキリンを見ても、象を見ても、＜大のイデア＞というイデアを心に抱く（想起する）。キリンと象が共通して＜大のイデア＞というイデアの実現物の一つだからである。多くの（感覚される）ものが大きいとしても、それらはすべて同一の＜大のイデア＞を分有しない。多くの（感覚される）ものは、同一の＜大のイデア＞の実現物（似せてこしらえた物）であるというだけである。

物質とイデアと思考の関係を具体的に見てみよう。

「本」：現実の様々な本
〈本〉：本の概念
『本』：本という文字

・イデア獲得の過程―「本」のイデアの獲得の場合
「本」が『本』と書くものだと教えられる。
『本』が有する〈本〉という概念の持つ特徴（意義）を知る。
それによって、心の中で〈本〉という概念と「本」のイデアが結びつく。

分析哲学者の野矢茂樹氏が「新たな意味の産出可能性の問題」と呼ぶ問題がある。

言葉は新たな意味を無限に作り出せるし、私たちはそれを理解できる。それはなぜだろうかという、私が「新たな意味の産出可能性の問題」と呼んだものです。この問題に対する素直な答えは、新たな文でも、そこに含まれる語の意味は知っているからだというものでした。語の意味を理解し、文法を理解していれば、語を組み合わせて新しい文を作ってもただちに理解できる、というわけです。この考え方は、文の意味を理解する前に語の意味を理解しているという考えにつながります。これが、要素主義です。
（『言語哲学がはじまる』野矢茂樹著、岩波新書 44頁）

この要素主義が正しいと考える。しかし、文の意味を理解する前に存在する語の意味、語の一般観念は形成され得ないと言う。例えば猫という語の一般観念について見てみよう。

問題は、お父さんがどれほど太郎君を連れまわそうと、猫一般なんかには出会えないということなのです。

（『言語哲学がはじまる』17頁）

確かに、猫一般には出会えないが、猫という種族に属する個々の猫にはいくらでも出会える。猫に関する事実にはいくらでも遭遇できる。その個々の猫を通じて、猫という種族に共通する性質を学んで、一般観念を形成できる。そして、そもそも猫という語が存在するのは、ある種類の動物に共通する属性が存在するからだ。

太郎君がお父さんと散歩をしていると、歩いている猫という事実に出会う。その猫は、小型の動物で、四つ足で歩き、丸い顔をしていて、ニャーニャー鳴き、動きがしなやかだということに気づく。そして、その猫は単色だった。お父さんが猫が歩いていると太郎君に教える。

また、太郎君がお父さんと散歩をしていると、ねそべっている猫という事実に出会う。その猫は、小型の動物で、四つ足があり、丸い顔をしていて、ニャーニャー鳴き、動きがしなやかだということに気づく。そして、その猫は縞模様だった。お父さんが猫がねそべっていると太郎君に教える。

この二つの出会からでも、太郎君は、猫は単色であっても、縞模様であっても、猫であり、猫は、小型の動物で、四つ足があり、丸い顔をしていて、ニャーニャー鳴き、動きがしなやかで、歩いたり、ねそべったりすることを学ぶ。

太郎君はこのようにして猫に関する事実から猫に共通する性質、すなわち一般観念を学んで猫のイデアを知る。人間は頭が働くのである。

子どもの言語学習を考えてみましょう。子どもは最初のうちは語を発することでいろいろな要求をします。「マンマ」、「おっぽい」、「ちっち」等々。

（『言語哲学がはじまる』76頁）

子どもの言語学習は、語の意味をおぼろげながら理解した上で、その語を発して、その語の指し示す物を要求することでその語の意味を確認することから始まる。要素主義に適合的である。

ところで、語の意味には内包的側面と外延的側面があり、前者を語の意義、後者を語の指示と言う。『言語哲学がはじまる』から理解した所によると、ゴットロープ・フレーゲ（Friedrich Ludwig Gottlob Frege 1848 - 1925 ドイツの哲学者、論理学者、数学者）は要素主義を拒否したが、語の意義という意味の側面を認めた。ラッセル(Bertrand Arthur William Russell 1872 - 1970 イギリスの哲学者、論理学者、数学者)は要素主義を認めたが、語の意義という意味の側面を認めなかった。ウィトゲンシュタイン（Ludwig Josef Johann Wittgenstein 1889 - 1951 オーストリア・ウィーン出身の哲学者）は、要素主義を拒否し、かつ語の意義という意味の側面を認めなかった。私の考えでは要素主義も語の意義という意味の側面も認める。これは通常の人間の考え方や感覚に近いものだと言える。通常の考え方・感覚を否定して態々、難しい理論を作る必要は無いのである。

・**認識の過程**―新たな「本」を見て、『本』か判断する場合

新たな「本」を見て、〈本〉という概念の持つ特徴を有するか判断する。一致する場合、『本』だと判断する。

すなわち、新たな「本」を見て、『本』のイデアが想起されて一致すれば、〈本〉という概念を持つ『本』だと判断する。

その物の特徴が、完全に『本』のイデアと一致しない場合、再検討が行われ、最終的に「本の模造品」等と判断する。

・**思考の過程**―読書で『本』という文字を読む場合

『本』という文字が、「本」を示し、〈本〉という概念を持つと学習する。

心の中で〈本〉という概念と『本』のイデアが結びつき、〈本〉という概念を持つ『本』という文字を見ると、『本』

のイデアが想起されるようになる。

『本』を見ると、『本』のイデアが現れ、『本』のイデアと結びついた〈本〉という概念が想起される。

『本』の意義が分かって、読書が続く。


「分かる」とはどういうことか。私たちがある物事を理解しているということは、それをくまなく知っているということではなく、細部には不明な点があっても、整合的な意味のある全体が把握できたということである。そして、「整合的な意味のある全体」とはその物事のイデアのことだろう。

・**概念創造の過程**—新たな概念を創造する場合
様々な物事を見て、新たなイデアが想起される。

そのイデアに〈○○〉という名前を与える。

〈○○〉という概念の定義が行われる。


事実に出会って文章が作られる。すなわち心の中に事実の観念を形成し、それを文章にする。作られた文章を理解するときには、個々の語句の意義を心の中で参照する。そして、イデアが精神に宿ると、規範的判断を経て、意志が精神に宿ったイデアを現実世界に現実のものとしようとする。

◆脳と精神支配

意識に命じられた意志が肉体を動かして外界に変化を起こさせる。この時、精神は物質を支配し、物質は精神に影響を与える。

精神支配部分＝灰白質《かいはくしつ》

精神＝間脳の灰白質

灰白質とは、中枢神経系の神経組織のうち、神経細胞の細胞体が存在している部位のこと。これに対し、神経細胞体が無く、脊髄神経線維ばかりの部位を白質《はくしつ》と呼ぶ。灰白質は、大脳や小脳ではその表面を薄く覆う様に存在しているのに対して、間脳、脳幹、脊髄などでは、その表面には存在せず、内部に、灰白質のかたまりをつくる。大脳や小脳と、間脳、脳幹、脊髄とでは灰白質と白質の位置関係が逆になっていることに注意が必要である。

以下、知性等と同様な基礎的概念のうち、基礎図に基礎づけることが可能なものを、基礎図に斜線を引いて示そうと思う。空中を漂う概念は望ましくなく、身体等の現実の構造に基礎づけたい。

【悟性】知性と感性

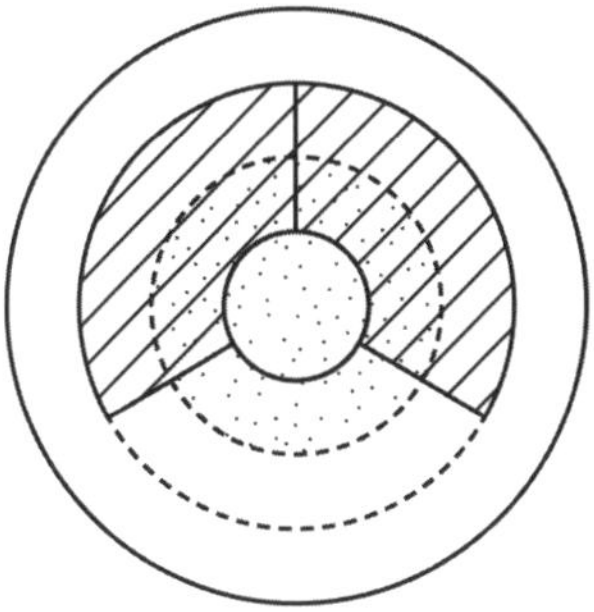

【理性】悟性のうち精神支配部分＝精神の光の及ぶ部分
合理的行動を可能にする

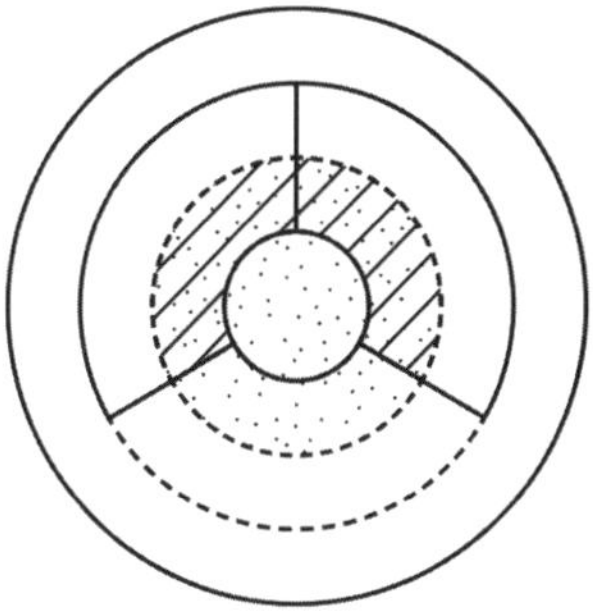

【意識】意志を識るところのもの＝精神＋理性

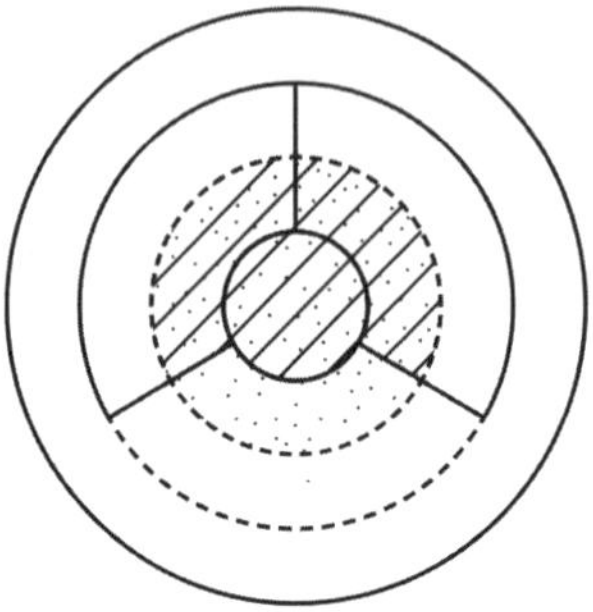

【良心】心のうち精神支配部分

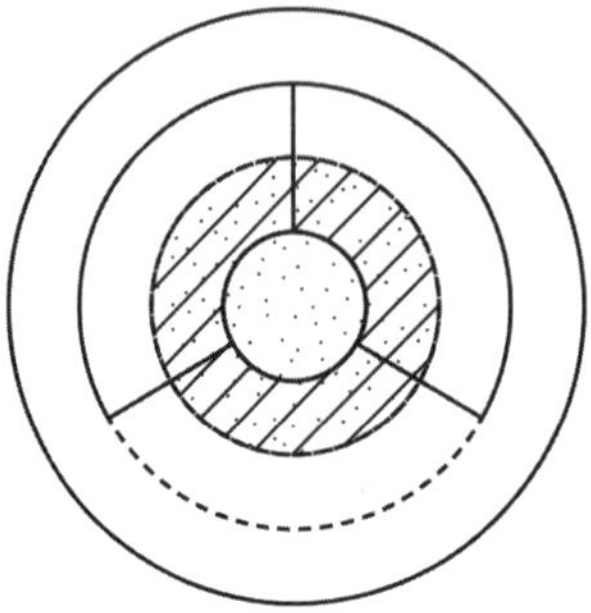

【無意識】意識の否定

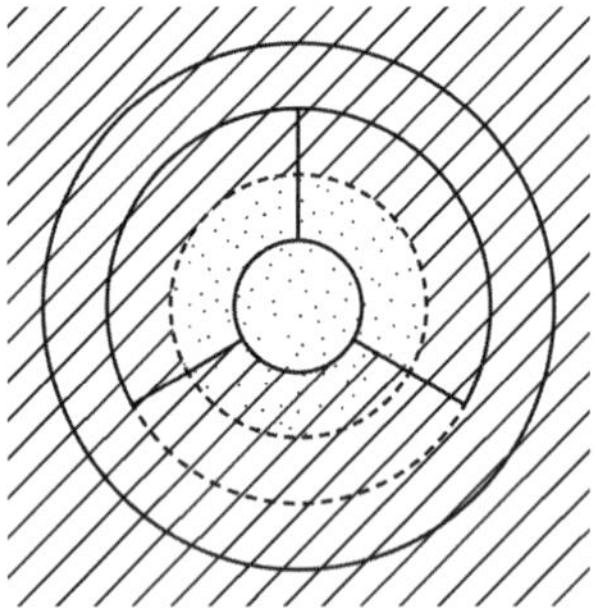

【超自我】心のうち精神の非支配部分

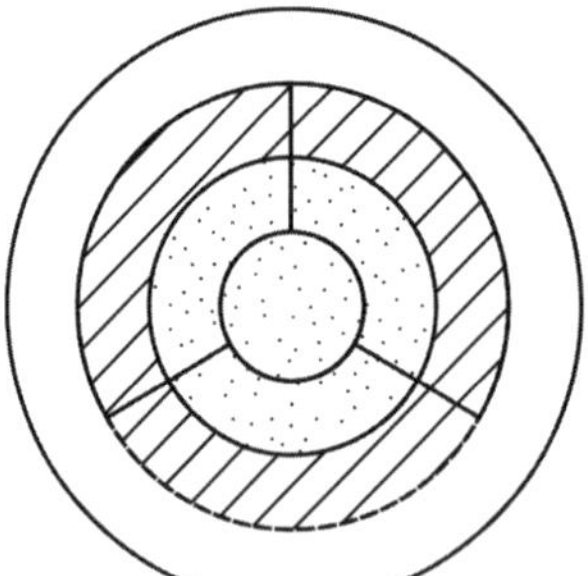

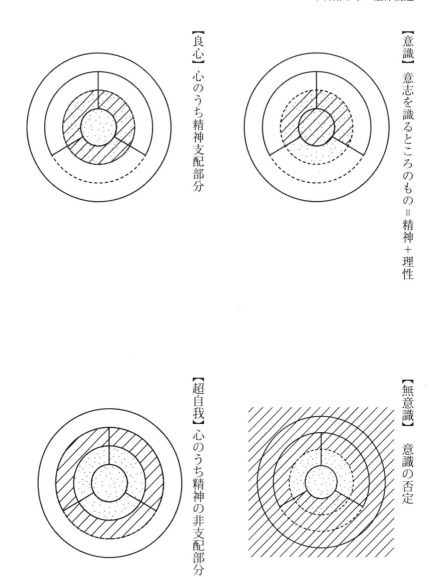

★第2章　基礎図を支える思想

◆価値論

精神が生命の本質であるからには精神が善・光であり、物質が悪の源でなければならない。すなわち、精神の宿る人間は物質によって悪に染まっていると言える。精神の支配が必要とされる所以であり、心に精神の支配部分が存在する理由である。人間の本性は、人間生命の本質である精神が善なのだから、善であることになる。しかし、人間全体として見れば物質である肉体に依存しているので善であるとも悪であるとも断言できない。

神は最高価値であり、善であらねばならない。とすれば精神は神の精である。

愛とはあるものを価値とすることである。人間は一つの形では一つのものしか愛せない構造となっている。しかし、神は最高価値＝絶対者であるから平等に愛せる。従って、人を平等に愛する神を愛することは人類愛となる。

精神＝絶対価値
人間＝標準価値

人間が働くには、人間にとってどういう価値を持つかが基準とならざるをえない。しかし、人間を基準とすると、人間にとりただ快適な方向に向かい、人間を堕落させる恐れがある。精神を基準として堕落を防ぎ、より高い方向をめざす態度が人間にとって必要である。精神の導きに従い、人間存在を高める努力が必要である。

◆基礎図を支えるべき思想―精神について

精神は心にたがをはめ、イデアを宿す。偉大な精神という言葉があるが、精神そのものに偉大などの価値的な差があるわけではない。法の下で差別すべき精神は存在しないということである。いうなれば精神は平等であるし、あらねばならない。精神の現実世界における存在形態である人間に価値的な差があらわれるのは、物質によってもたらされるところが大である。肉体には、祖先の、自身の努力、歴史環境によって、価値的な差が生じてくるのである。言うところは、頭がよい、スポーツに優れている、器用である、これらはすべて精神の価値とは何らかかわりの無いということである。

もちろん、精神は平等であるとはいっても、現実世界においては人間としてその価値は様々であるのだから、現実世界の関係においては、それに応じて様々に取り扱われねばならない。しかし、精神を持つ存在そのものとしては、あくまで平等なのである。また、このことは人間社会における機会均等を要請する。共産主義は、唯物論という誤りの上で、偉大な精神と平等な物質、つまり精神の指導という名の奴隷化を認めるものである。また、これは人間の平等というものを肉体そのものに基礎づけようとする誤った考え方と言わねばならない。精神の平等は仏教にいう仏性の平等と同じ考えに基づくと考える。

★第３章　現実世界

◆人間の生活すべき現実世界

精神の平等は、精神と脳で構成される人格を平等に有する人間として生きていく上での権利の平等でもある。この権利は理想的、理論的には人類社会に対して持つ権利である。その成員として生存を承認される権利である。

人類社会と関係するとき、人間を差別しないことが原理となる。しかし、人間が具体的に属する様々な部分社会に対して持つ権利は、その物質が所属しているので様々な区別を受ける。換言すると、一般に、精神に根拠を持つ権利は妥当する範囲が広く、物質に根拠を持つ権利は妥当する範囲が狭いと言えよう。

精神に近いほど権利を制限するのが難しいと言える。なぜなら、精神を制約するには精神的原理でなければならず（これは物質の精神支配が認められないことによる）、精神が人間に普遍的に存在するからには、そのような普遍的存在を制約する原理をみつけることは難しいからである。反対に、物質を根拠とする権利は、その根拠とするものの狭さにより、制約する原理を見出すことが容易なのである。

精神を制約することは難しいが、精神が精神を支配することがありえ、それは、現実世界においては、人間が人間に命令を下すということである。これは、その関係においては、人間が単なる「物」とみなされるからである。権利が生じるためには精神がなくてはならず、物には権利を認めることはできないのである。だから、物とみなして命令を下すのである。

また、精神は理性により義務という制約を受ける。精神の現実世界における姿である人間には、社会が必要である上に、うまれつき人類社会に所属しており、他人と接触して力を及ぼさないなどということは考えられない。社会の中において権利を行使するからには他の存在（社会の前提条件）が自分に権利を及ぼすこと、つまり、義務を承認しなければならないのである。従って、他者の存在の承認が第一の義務となる。この義務に反して他者の存在を否定したときは「人類社会」の名によって罰することが望ましい。

◆人間の行為と価値判断

我々は「何々が良い」「何々が美味しい」「何々が美しい」などの価値判断を常時、行っていて、その結果を感性に内面化しているのは前述の通りである。そして、人間は内面化された感性の基準に基づいて規範的判断を行っている。規範的判断を導き出すために人間の心理を考察してみよう。

ヒューム（David Hume 1711 - 1776　イギリスの哲学者）的な人間理解に従えば、人間の心理状態は信念と欲求の二種類に大別される。信念（belief）とは、「今、外で雨が降っている」とか「ＤＮＡは二重螺旋形である」など、世界がどうあるかを表した心理状態である。また、信念は世界の実際のあり方と一致していればその信念は正しく（真であり）、不一致であれば間違えている（偽である）という意味で客観性を持つ。それに対して、欲求（desire）とは、「雨に濡れたくない」とか「ビールよりもワインが飲みたい」など、自分を含めた世界がどうあってほしいかを表した心理状態である。また、世界の実際のあり方に照らして真偽が決まるわけではないという意味で主観的である。

ところで、人間心理に関するヒューム的理解によれば、われわれが意図して行う行為には、この信念と欲求という二つの要素の存在が常に前提されている。信念は欲求を満たすための手段を示すだけであり、行為にはその動機づけとなる欲求の存在が必要である。

以上の人間心理についてのヒューム的理解に従えば、科学の議論は世界のあり方についての信念が問題になっているため、その信念は客観的でありえても規範的ではない（それ自体は行為を動機づけるものではない）。その一方、趣味の議論は世界がどうあってほしいかという欲求が問題になっているため、その判断（ビールよりもワインが飲みたいなど）は主観的であるが規範的である（行為の動機づけとなりうる）。科学の議論と趣味の議論をこのように特徴づけると、道徳の議論が持つとされる客観性と規範性という特徴は、実は同時には成り立たないのではないかという疑問が生じる。これがメタ倫理学の基本的な問題である（『入門・倫理学』赤林朗編・児玉聡編、勁草書房刊　154〜155頁）。

しかし、我々の行為は、三段階の心理状態を経て生起すると考える。ヒュームの言う信念と欲求という心理状態の次に、価値判断の一種である規範的判断という心理状態の段階が有る。そして、欲求には、知性が関係する知的欲求と、感性が関係する感性的欲求（感情）と、肉体が関係する意志的欲求（欲望）の三要素があると考える。

趣味の議論について行為に至るまでを見てみよう。

・自分の家にはビールとワインが有るという客観的信念が有る。
・次に、自分はワインを飲みたいという主観的欲求（欲望）が有る。
・そして、ビールよりもワインを飲むべきだという規範的判断が有る。
・その結果、ワインを飲むという行為が生じる。理性が規範的判断を承認したので、意識を通して意志が肉体に命令した結果である。

右に見たように、規範的判断とは、現実の世界が客観的にどうなっているかという事実に関する信念を持った上で、自分の望み（欲求）に従った事実の状態に照らして、現実の事実が望ましいか否か、望ましくないならどうするべきかの判断を行うことである。欲求をそのまま承認すべきかどうかの価値判断を理性が行っているのである。

規範的判断の実際を詳しく見てみよう。現在、私は冷蔵庫にビールが入っていなくて冷蔵庫の外に置いてあるが、冷えたビールが飲みたいとしよう。

冷蔵庫にはビールが入っていないという客観的信念がある。冷えたビールを飲みたいという欲求（欲望）がある。私は冷えたビールを飲みたいという欲求に基づいて冷えたビールが入っている冷蔵庫という変革された現実を望む。ここで、事実に基づく客観的信念と望ましい状態に関する主観的欲求とのギャップを埋めるために、欲求に基づいて、冷蔵庫にビールを入れるべきだという判断をする。これが規範的判断である。その判断を実現させれば望みが叶う。この判断が理由となって、私はビールを冷蔵庫に入れる。

道徳的判断もこの規範的判断の一種であり、客観的信念と主観的欲求に基づき規範的判断を行って、行為の理由となる。故に、道徳的判断は、客観的かつ規範的だと言える。

道徳的議論の実際を見てみよう。或る人が「ヒトラーがくずだ」と言うのは、「ヒトラーが悪だ」と言うのと同じく、道徳的事実ではなく、「ヒトラーという人間が存在した」「ヒトラーがホロコーストを引きおこした」「障害者を虐殺した」等の諸事実（道徳的事実）に基づいた道徳的価値判断の一種である。

まず、その人に、「ヒトラーという人間が存在した」「ヒトラーがホロコーストを引きおこした」「ヒトラーが障害者を虐殺した」等の諸事実についての客観的信念がある。

そして、その人に、「ヒトラーがホロコーストを引きおこした」「ヒトラーが障害者を虐殺した」等の諸事実が望ましくない史実だという価値判断に基づく欲求（感情）がある。

客観的信念と欲求に基づいて、ヒトラーという男を否定的に評価すべきだという規範的判断が生じる。その結果、ヒトラーを「くずだ」と評価した意見を口にすることになる。

以上のように道徳的判断は客観的であるとともに規範的でありうる。

◆歴史論

私の哲学では、前述のように、基本的範疇として世界を構成する実体である精神、イデア、物質を考える。そして、歴史とはイデアの現実化である。イデアが精神に宿り、力を持つ存在である人間がその行為によりイデアに従って物質を改変していくのである。破壊も「破壊」のイデアの実現化である。精神が物質と結合して出来ている人間が精神活動、認識を行って、現実世界を媒介として、イデアの世界からイデアを精神に顕在せしめるのである。イデアと物質を精神―人間が仲立ちしつつ、人間が物質を改変していくのである。この際、なぜ、人間がイデアを抱くかというと意志というものを持つからである。すなわち、人間の存在を維持しようという欲求、これは人間そのものに組み込まれているのであるが、これがイデアを宿らせる力となるものである。生きていくためには現実の改変が必要であり、そのためのイデアが宿るのである。

このような人間を媒介としたイデア、精神、物質の相互運動により、歴史は全体的に結び付いており、複雑にからみあっており、相互に関連している。政治史、経済史、社会史、文化史等の人間の歴史は孤立的に存在するものではない。

歴史が展開する現実世界とは外的世界のことである。つまり内的世界に対立するものであり、そこには物質が様々な形（人間を含む）をもって存在している。その物質はイデアを保存するものだと言える。すなわち、イデアは、人間の力により現実世界に実現し、人間、言語、文学、芸術等の形をとって実現した形を残すものである。この場合、人間がイデアの実現化であるというのは、遺伝子ということに加えて、認識構造としての人間の中にイデアが定着・内面化するものである。内的世界にもイデアが保存されている。人間そのものが進化の過程の中で一つのイデアの実現物といえる。そして、人間存在そのものが、人間関係、その総体としての社会の構造を規制しているといえる。また、制度というものも実現されたものを保存する。

人間存在という構造が、まわりの社会という構造との不整合が大きくなったとき、歴史上の革命・変革というものは起きる。つまり、イデアを宿した人間が、変革された新たな考えを抱くようになった結果、現実との摩擦をひきおこすのである。さらに、他の構造と構造の不整合による変革も考えられる。つまり、ある部分の変革によって、他の部分が関係を維持していくためには変革されざるをえないのである。これは空間的なものと言えよう。また、歴史を動かすものには、イデオロギーというものもある。イデアの現実化した物事、その物事に、歴史の上で現実化されるというイデアとしての力を認めるものである。

歴史が動くには、イデアの力の他に、現実的な力も必要である。そのためには人間が団結することである。団結するには共通の感情、価値観、イデオロギー等を抱くことである。そのためには共通の認識構造を持っていることである。イデオロギーが認識構造となってしまうこともある。また、優れた知性を持つことは、現実世界の構造を正しく認識でき、現実世界に正しく働きかけることが可能となり力となる。また、安定した価値観を持つ感性は価値の充足をもたらし、現実世界の変化に耐えうる力をもたらすと言えよう。意志の力が強ければ、変化を強く推進する力となろう。

歴史は必然的か。すべてを知りうる神にとっては必然的と言えよう。原理的には歴史上の事実についてはすべて説明可能と言えよう。しかし、能力の限られた存在である人間は一部しか説明できない。人間について意志の自由ということについて言えば、いかなることも決定する可能性を持っているが、認識構造、現実世界の構造によって縛られ、事実上決定する範囲は限られてくると言わなければならない。しかし、その限られた範囲では、自己による主体的な決定ができると考える。その決定をもたらした心も自己により主体的に形成されたものである。すべて説明可能であっても、なお自己による主体的決定が歴史を動かしうる以上、人間にとっては歴史が必然的と断言することはできないと考える。

そして精神の支配が強ければ、光である精神の導きにより、必然的に歴史は正しい方向に進むであろう。歴史は精神の光に満ちた方向へ向かわねばならない。

★第４章　現実世界の構造認識

◆認識論

命題の正しさのレベルには三段階ある。まず、文法、語法、綴方などに適合しているか否かのレベル。次に、論理のレベル。知識、理論、法則、原理などに適合しているか否かのレベル。これに適合している場合を「妥当」と言う。そして、命題が事実と一致しているか否かの段階。一致している場合を「真」という。知識、理論、法則などが事実と一致している場合があることは当然だが、命題が知識、理論、法則などに一致していることは必ずしも命題の真であることを保証しない。人間の有する知識、理論、法則、原理は必ずしも真理であるとは限らない。

人間の認識構造を通して得る社会構造の認識が真でありうることは、社会に実在するものが人間の認識構造を通して現実化されたものであることにより確認される。人間が現実を認識して得た認識結果は、人間の認識構造

（となった現実）との整合性をチェックした上で、人間の認識構造の整合的な部分となる。そのために、人間の認識構造は現実に近づく。人間の認識と認識構造（となった現実）との整合性をチェックすれば、力ある知識が得られるからである。認識と認識構造（となった現実）との整合性をチェックしないと、認識構造に矛盾が生じ、現実を認識する力が低下するからである。

他方、人間は認識構造に整合的な計画を立てて、その計画と現実との整合性をチェックした上で、計画に基づき現実を改変する。そのために、現実は認識構造に近づく。計画と現実との整合性をチェックしないと、計画の現実を改変する力が低下する。このようにして、人間の認識構造と現実は等しさに近づく。すなわち人間の認識構造と実在（現実）は一致しうるのである。このような認識構造により、認識される認識結果は、真である蓋然性が高まる。この認識結果、すなわち知識は、「実在」と対応していることによって、現実世界における問題の解決において大きな力を発揮する。逆に言えば、現実世界における問題の解決において発揮する力が大きければ大きいほど、その知識は「実在」と対応している度合いが大きいことになる。

真である蓋然性が高い認識結果と、直接関係する分野において既に多数の人々により真であると確認された認識結果との整合性を照らし合わせる。それにより多数の人々が真であると認める認識結果と、間接的に関係する分野において既に多数の人々により真であると確認された認識結果との整合性を照らし合わせる。このような営みにより、学問が真でありうる。学問が真でありうることは、学問が整合性を確認しつつなされたイデアの現実化であることによる。私のこの著作も権威に依拠せず、一つ一つ整合性を確認しつつなされたイデアの現実化の一例だと考えている。

この営みにより、自然法則の認識においても、人間の認識構造を意図的な努力により実在と一致させることと、認識結果を実在と一致させることが可能となる。但し、自然科学においては、実在との整合性の検証に実験という手段が重要性を持ち、これにより実在との一致を高度に確保できる。整合的な物質とその自然法則に基づく構成物たる実在は、整合的な構造を持ち、努力して整合性を獲得した認識構造により真に認識されうるのである。

ところで、私の哲学と同様に、プラグマティズムにとっても、認識構造自体が我々の認識の産物であることを認める。ネオプラグマティズム（Neopragmatism）の代表的思想家であるローティ（Richard McKay Rorty 1931 - 2007）というアメリカ合衆国の哲学者は、プラグマティズムを徹底化する。

ローティは、ジェイムズなどの古典的プラグマティストの考え方を、さらに推し進めた。表象連関を秩序づける構造がわれわれの選択の所産だとすれば、次の問題は「われわれは何のために当該の構造を選択するか」である。この問いに対して、ローティは「われわれの力のため、われわれの幸福のため」と答える。つまり、探究の目的は真理を獲得することではなく、力と幸福を獲得することだ、というのがローティの立場である。

（『現代哲学の真理論』吉田謙二著、世界思想社刊 162～163頁）

私が、表象連関を秩序づける構造、すなわち自身の知性と感性の構造を選択した理由は、真理の探究のためであった。しかし、実在としての私にとって、その真理の探究も究極においては力と幸福を獲得するためであったことは否定できない。

◆カテゴリー

概念を明確化することにより、人間世界の構造の合理的モデルを作りたいと思う。それには、今までの検討により明らかになった概念とアリストテレス（384 - 322B.C. 古代ギリシアの大哲学者）のカテゴリー、「実体」「量」「質」「関係」「場所」「時」「態勢」「所持」「能動」「受動」とプラトン（427 - 347B.C. 古代ギリシアの大哲学者）の最高類概念、「存在」「同」「異」「変化」「持続」を基礎的な概念として使用したいと思う。カテゴリーは静的な存在が必然的に持つ概念である。そして、最高類概念は動的な存在が必然的に持つ概念である。偉大な二人のカテゴリーと「新しい哲学の原理」によって既に明らかにしてある概念を基礎とする。但し、「実体」は三元論の立場から、「精神」、「イデア」、「物質」に分けられる。また、私の判断で、「付加」と「位置」をカテゴリーとして追加する。また、「態勢」は「状態」と「所持」は「有」と入れかえる。概念の定義を行う際の循環論に陥ることを避けるため、カテゴリーの使用により、説明する必要の無い自明な概念を用意する。

　これらの範疇を前提とすることで使用できる表現の基本的なものを挙げてみよう。

「能動」とは、「〈主〉→〈客〉」ということである。これから「〈主〉が〈客〉に～する」あるいは「〈主〉が〈客〉を～する」という表現が使用できる。

「能動」に「状態」を加えると、「〈主〉が～する」（〈主〉が～という状態である）と「〈主〉が〈客〉を～（という状態）にする」という表現が使用できる。

「受動」とは、「〈主〉←〈客〉」ということである。これから「〈主〉が〈客〉から～される」あるいは「〈主〉が〈客〉により～を受ける」という表現が使用できる。

「受動」に「状態」を加えると、「〈主〉が〈客〉により～（という状態）にされる」という表現が使用できる。

「有」からは「～を有する」という表現が使用できる。

「能動」に「有」を加えると「〈主〉が〈客〉を有する」という表現が使用できる。また、その意味の「の」が使用できる。

「付加」からは「〈Ａ〉と〈Ｂ〉」「〈Ａ〉、それに〈Ｂ〉」という表現が使用できる。

「量」からは「～という量」、「質」からは「～という質」という表現が使用できる。

「関係」からは「〈Ａ〉と〈Ｂ〉との関係」「～という関係」という表現が使用できる。

「場所」からは「～という場所で」「～という場所に」という表現が使用できる。

「位置」からは「～という位置で」「～という位置に」という表現が使用できる。

「時」からは「～という時に」という表現が使用できる。

使用できる。

「状態」からは「＜A＞が～である状態」「＜A＞が～という状態」「～という状態にある＜A＞」という表現が使用できる。

「能動」と「位置」と「状態」からは「＜主＞が＜客＞を～（という位置）にする」という表現が使用できる。

「場所」と「位置」と「状態」からは「～で」「～において」という表現が使用できる。

「同」からは「＜A＞が＜B＞と同じ」「同じ～」という表現が使用できる。

「異」からは「＜A＞が＜B＞と異なる」「異なる～」という表現が使用できる。

「変化」からは「＜A＞が＜B＞に変化する」「＜A＞から＜B＞への変化」という表現が使用できる。

「持続」からは「～が持続する」という表現が使用できる。

「存在」からは「～がある（存在する）」という表現が使用できる。そして「存在」はこれらの表現の大前提である。


これらの基礎を用いて、歴史的な人間存在とその世界の構造の合理的モデルを完成する試みが可能と考えた。以下、単なる言い換えではなく、哲学的根拠に基づき、基礎図とその理論に整合的に概念の定義を行って人間世界のモデルを構築して行きたいと思う。因みにカント（Immanuel Kant 1724 - 1804 ドイツの哲学者）のカテゴリーは、心、すなわち脳内で、現実世界がどのようにして認識されるかを明らかにしたものであり、人間の現実世界の構造を明らかにしたものではない。

◆概念定義集

この概念定義集では、ある語の定義に必要な語は、その語の前に定義してあり、それにより、循環していないことが確かめられる。

もの　：実体
物　　：物質

事（こと）：イデア
性質：状態の質
位置する：位置を有する状態
～に関する：関係を有する状態
～による：受動の関係
ように：～の状態に
未来：時の変化
結果：未来のもの事
～された：～を受ける事の結果
時間：時が変化する性質
世界：存在の場所
逆：同じと異なるの関係
無（無い）：存在の逆
～しない：することの逆
つながり：関係が存在すること
生物：精神を有する物質
生きる：生物が現実世界に存在すること
人生：人間が現実世界に存在すること
生き方：人生の状態
関する：関係を有する状態
場：関する場所

実現　　：イデアから物質への変化
可能性　：未来に実現する質と量
力　　　：実現可能性を有すること
主体　　：人間と意志を有するもの
現在　　：主体が力を有する時
～している：現在すること
過去　　：主体が力を有しない時
～した　：過去にすること
考える　：精神と悟性がする
優れる　：力を有する状態
劣る　　：力が無い状態
優劣　　：優れると劣るの関係
比較　　：優劣を考えること
比べる　：比較すること
高低　　：位置の優劣
高　　　：優れた位置
低　　　：劣る位置
上　　　：高の位置
下　　　：低の位置
持つ　　：有する状態
同時　　：同じ時

かつ：同時に＜A＞と＜B＞が同じ状態を持続する
共に：同時かつ同じ場所に
共通：共に存在すること
または：同時に＜A＞と＜B＞が異なる状態を持続する
や：「と」と「または」
分割：もの事が質と量を持続すると同時にそのもの事の性質が変化すること
因果関係：もの事（原因）と未来のもの事が関係を有すること
～により：～が原因で結果として
現実：世界の状態
事実：分割された世界
価値：イデアの質
価値がある：イデアの質が優れること
価値：「価値がある」もの事
意味：もの事が有する価値
情報：事実の意味
認める：価値があると考える
無視する：存在または価値を認めないこと
現実化する：実現する
欲する：意志が現実化を認める
望む：感性が現実化を認める
仮定：もの事の結果を考えること

（もし〜ならば）
可能（できる）：実現を欲すれば実現すること
〜られる：〜することが可能なこと
作用する：有する力を現実化できる
作用：作用すること
認識：悟性が情報を有する
全体：分割されるもの事
一般：全体に共通すること
評価：価値の質を考えること
尊ぶ：優れていると評価すること
自己：現在の場所で意識している主体
自：自己の関係
ではない：異なる状態
（〜の他）
他者：現在の場所で自己ではない主体
他：他者の関係
従う：他者の力を認めること
使役（させる）：主体が変化を欲すること
動かす：位置を変化させること
従わせる：従う状態に変化させること
権威：従わせる力を有すること

権力　：従わせている力
属する：従わせることができること
生む　：世界に現実化させる
守る　：存在を持続させること
知覚　：悟性が有する情報
使用する：作用させること
努力　：意志を持続して使用すること
べき　：現実化を欲すること
目的　：現実界に実現すべきイデア
のために：〜を実現する目的で
必要　：存在するならば目的を現実化できること
必要とする：必要を欲する
必要としない：必要を欲しない
容易　：努力を必要としない状態
難しい：努力を必要とする状態
困難　：難しい状態
明確　：容易に認識できること
確立　：明確に存在させること
態度　：もの事を認識するならば実現する心の状態
判断する：態度を明確な状態にすること
決める：主体が態度を明確にし、かつ持続させること

対象：されるもの事
～に関して：～を対象として
何か：対象を決められないこと
行為：人間が何かにする事
すべて（全て）：何かの全体
完全：すべてを有する状態
等しい：完全に同じ状態
～という：～に等しい
立場：主体が存在する場の状態の性質
～にとり：～という主体の立場から
財：人間にとり価値を有するもの事
交換：Ａが財Ｍを有し、Ｂが財Ｎを有する状態から、Ａが財Ｎを有し、Ｂが財Ｍを有する状態に変化させること
肯定する：真であるという判断
受け容れる：認めて肯定する
否定する：真ではないという判断
（非、不）
偶然性：非存在が可能　＜九鬼周造作＞
必然性：非存在が不可能　＜九鬼周造作＞
生じる：無から存在への変化
～になる：変化が生じること

本質　：それが無いとそのもの事では無くなるもの事
得る　：主体に属する状態になること
追求　：目的実現のために持続する態度
妨げる　：目的実現を欲しない態度
感覚　：肉体を使用することにより得られる情報
感じる　：肉体を使用することにより情報を得る
知識　：認識により得られた情報
意欲（しようとする）：欲するもののために努力すること
条件関係　：もの事（条件）が無ければもの事（結果）が現実化しない関係
断ち切る　：つながりを無くして関係を無くすこと
絆　：断ち切るのが難しい主体と主体の関係
部分　：全体の否定
所　：場所の部分
相違　：変化が存在する所
特徴　：他のものと異なる所
区別する　：特徴により異なるもの事にする
記憶　：認識した結果が心の部分となったもの
思う　：精神と感性がする
感情　：思った結果
宿す　：存在するようになる

意識する　：意識が精神に情報を宿す
支配　：従わせることのできる状態
支配者　：支配する主体
達成する　：目的の現実化
充足　：望む物事の達成
まとまり　：優れた意味を有する全体
まとめる　：優れた意味を有する全体にすること
構造　：人間が力を作用させれば目的が実現するまとまり
構成　：構造の部分になること、またはなっている状態
形相　：構造の意味
作る　：努力して構造を生むこと
組み立てる　：部分をまとめて構造を作ること
性格　：心の構造の意味
仕組み　：目的を実現するための構造
決まる　：判断できること
適用範囲　：Ｐに関して、もの事がＰであるかの判断
概念　：意味が決まることにより適用範囲が決まるイデア
内包　：概念の意味
定義　：概念の内包を明確にすることにより適用範囲を決めること
分類　：概念の適用範囲を決めることにより他と区別する
種類　：分類により生じるまとまり

質料　：構造を構成するものの種類
物理力　：（物理学により定義される）
影響　：物理力による精神に宿るイデアの変化
違い　：同の否定
差　：違う状態
一致　：違いが存在しないこと
意思　：精神に宿ったイデア
合意　：意思が一致すること
知る　：主体が意識して知識を得ること
知らせる　：知る状態にする
示す　：明確に知らせること
尺度　：量を示すもの事
基準　：価値を決めるために使用する尺度
序列　：基準に従って優劣を決めること
身分　：社会関係を構成する人間の上下の序列
地位　：身分の位置
資格　：地位のために必要とされる条件
～として　：～の状態で、～の資格で
定める　：従うべきものとして決める
頼る　：力として従う関係
的　：～の、～として

特性　　：特徴的性質
人格　　：性格の本質的特性
規範　　：主体が従うべき基準
約束　　：自己と他者が合意する規範
空間　　：ものが無い場所
関心　　：主体が優れた知識を欲する態度
予想　　：未来を意識すること
期待　　：イデアの実現を欲し、かつ実現を予想する態度
効果　　：結果が有する力
成功　　：目的を達成し、かつ期待した効果を得ること
使う　　：主体が作用させる
道具　　：目的を実現するために使うもの
成る　　：構造の部分となること
方法　　：道具により成る目的を有する構造
考え方　：考える方法
社会通念：社会一般で受け容れられている考え方
体系　　：構造により成る構造
道徳　　：人間が共に生きるために守るべき行為規範の体系
伝達　　：他者に知らせること
言語　　：意思を伝達するために概念を使う方法の体系
目　　　：（生物学により定義される）

見る：目を使うことにより認識すること
表す：見ることができる状態にすること
名称：事物を他の事物と区別するために言語により表した情報
述べる：言語で情報を伝達すること
主語：主体が関心を有して述べるもの事
様子：状態の情報
互い：同じ状態に存在する様子
形：ものが存在する空間の様子
公的：社会に関する様子
印：概念を示す約束、かつ決められた形を有するイデア
記号：情報を伝達するために使う印
字：言語を表すために使う記号
語：概念を表す状態にある字のまとまり
意義：語の意味
文：意味を有する状態にある語のまとまり
命題：主語の情報を知らせる文
矛盾：命題を肯定すると同時に否定すること
矛盾がない：矛盾を現実化させないこと
説明：もの事の意味を明確にすること
理論：異なる事実と認識を矛盾なく説明できる知識
体系化する：体系を現実化すること

学問　：理論に従って体系化された知識と方法
法則　：学問が真であると判断した理論
多少　：全体と部分の量の関係
多　　：部分に対する全体の多少
多様性：種類が多いことを認めること
少　　：全体に対する部分の多少
減少　：多から少への量の変化
増加　：少から多への量の変化
大小　：全体と部分の形の関係
大　　：部分に対する全体の大小
広　　：場が大きい
広がる：広くなる
広がり：広くなること
範囲　：一定の決まった広がり
重要　：人間が大きな価値を認めること
尊重　：重要だと尊ぶこと
小　　：全体に対する部分の大小
狭　　：場が小さい
縮小　：大から小への形の変化
拡大　：小から大への形の変化
正しい：価値基準が認めること

決まり：決められたこと
秩序：もの事が正しい状態を持続するために支配するべき決まり
理：イデア界全体の秩序
数：量を正しい状態で認識するために使う記号
整数：（数学により定義される）
一：全体の性質が有する整数
場合：場の一
領域：一の場所
含む：領域に存在する
出：含む状態から含まない状態への変化
～より：比較する場合
二：一と一
一部：部分の一
の中の：の一部の
半分：二つに分割したものの中の一
大部分：半分より多くの部分
或る：何かの一
置く：或る位置に存在するようにさせる
程度：物事の性質や価値を比べる場合に、その物事の置かれる位置
最も：或る範囲の物事を比べる場合、程度が他のすべての物事よりも優れていること
最高：最も高い

理想　　　　　：考え得る最高の状態
方向　　　　　：或る物事から見た他の物事の位置関係
どこか　　　　：或る場所
各　　　　　　：或るまとまりに属する物事のすべて
広い意義の平等：各人が等しい数量の何かを有すること
複数　　　　　：一より多い整数
二　　　　　　：整数一と整数一
比　　　　　　：（数学により定義される）
比例　　　　　：二つの量の比が他の二つの量の比と等しいこと
与える　　　　：ＡがＣを有する状態からＢがＣを有する状態に変化させること
配分　　　　　：物を複数の人間に分割して与えること
柔らかい　　　：物理力を与えると容易に形を変化させること
固い　　　　　：柔らかいの逆
内容　　　　　：物事に意味を与える物事
実質　　　　　：物事の本質と成る内容
執行　　　　　：実質を実現すること
生産　　　　　：生み出すこと
より優れる　　：優れる性質が～より多い
改善　　　　　：より優れた状態になること
利益　　　　　：得るならば主体の状態が改善するもの事
より劣る　　　：劣る性質が～より多い

改悪：より劣った状態になること
不利益：得るならば主体の状態が改悪するもの事
規制：規範に従わせること
制度：意志により現実化された社会を規制する構造
働く：有する力を使うこと
配慮：人のために心を働かせること
狭い意義の平等：平等（広義）な配慮と尊重
思考：心を働かせること
問題：思考を必要とする性質の命題
意見：主体の問題への態度
相手：同じ問題に関心を有する人間
主張：自己の意見を相手に認めさせようとすること
賛成する：相手の主張を認めること
反対する：相手の主張を認めないこと
争い：同じ価値を得るために相手に主張する関係
当事者：自己と相手
紛争：解決するために当事者の他の人間が必要な争い
～に該当する：～という概念に属する状態
正当：正しく該当すること
一般的：同じ種類のものの大部分に該当すること
普遍的：同じ種類のものの全てに該当すること

本人　　　：該当する人間
関係者　　：関係する状態にある人間
解決　　　：関係者すべてが成功だと認める結果
平和　　　：制度により紛争が解決されている状態
間　　　　：ものとものの位置が同じならば存在しない場所
隔たり　　：ものとものの間に他のものが存在すること
間隔　　　：隔たりの量
直接　　　：或る物事と物事の間に間隔が無いこと
近　　　　：自他の間隔が少ない
並ぶ　　　：複数のものが互いに秩序を有して近くに位置する
一定　　　：一に定める
順序　　　：一定の基準による並ぶ方法
系統的　　：順序を守って並んで組み立てられている様子
格差　　　：系統的差
遠　　　　：自他の間隔が多い
移動する　：ものの存在する場所が変化する
遠ざかる　：移動により間隔が増加すること
去る　　　：意思に従った移動により間隔が増加すること
動く　　　：自らを移動させること
活動　　　：働き動くこと
生活　　　：社会で生きて活動すること

依存　　　　　　　：他に頼って存在、または生活すること
接近（近づく）　　：移動により間隔が減少すること
来る　　　　　　　：～に近づく
向かう（行く）　　：どこかに近づく
対する　　　　　　：或る対象に向かって位置する
直面　　　　　　　：直接に物事に対すること
状況　　　　　　　：人間が直面する場
向こう　　　　　　：向かう所
進む　　　　　　　：目的の方向へ向かう
過ぎる　　　　　　：物事が近づいて、向こうへ遠ざかること
通過する　　　　　：或る場所を過ぎて他の場所へ向かう。
道　　　　　　　　：通過できる場所
経路　　　　　　　：通過する場所
過程　　　　　　　：物事の進む経路
越える　　　　　　：物事の上を過ぎて行く
もたらす　　　　　：持って来る
幸福　　　　　　　：本人が望む人生をもたらすもの事の充足と充足の努力
不幸　　　　　　　：本人が望む人生をもたらすもの事の非充足
運　　　　　　　　：幸福や不幸をもたらすことにより状況を動かす作用の中、
　　　　　　　　　　人間の力により変化させられないもの
善　　　　　　　　：自己と他者の幸福を尊重すること

悪　　　：自己と他者の幸福を無視すること
正義　　：善に比例して利益を与え、悪に比例して不利益を与えること
公正さ　：正義に従っている状態
法　　　：幸福の追求を妨げられないようにするための公的規範
正当性　：法と社会通念から正当であると認められる状態にあること。
支配　　：法を決めて執行すること
支配者　：支配する主体
政治　　：法を生み出す構造
正統性　：政治権力が支配者として確立し、支配されるべき人間から権威とされることの正当性
機構　　：政治を執行する仕組み
主権　　：（法学により定義される）
国家　　：主権を持つ支配機構を有する社会
経済　　：幸福を実現するための財を生産・交換・配分する構造
選ぶ　　：可能性を減少させる
選択　　：優れた状態のために選ぶこと
自由　　：自己の価値への接近可能性と自己の価値の選択への接近可能性
倫理　　：生き方の選択に関する規範

★第5章　人間存在に関する論点

◆精神という範疇と魂について

なぜ、精神という範疇（カテゴリー）を樹てるか。物質とは区別された精神を範疇として認めなければならない理由について述べる。精神という範疇を認めるかどうかは別として、人間に精神的な作用があることは、唯物論であっても認められるだろう。

その精神的な作用には、次のようなことが挙げられる。精神は五感を統合し、それを客体として認識できる。貯蔵された認識の結果を引き出し、認識の結果や五感を相互に比較検討できる。しかも、その過程を意識することができ、統制できる部分もある。これを言い換えると次のようなことになる。心を統合する。思考ができる。意識の元となる。肉体を動かせる。感覚が意識される。こういったことである。

こういった作用を物質の働きだけで説明できるものだろうか。たとえば、視覚について考えてみよう。人間は意識して見ることが可能である。その仕組みは目に映ったものをある主体が意識して見ていると言える。しかし、その主体はどうやって見ているのであろうか。その主体も目のようなスクリーンに映ったものを何かが見ていることになる。その何かも主体であるから、何かのスクリーンを見ている。このように主体の正体は限りなく遠くに退行することになる。そして、精神作用は、認識や感覚の統合を特徴とする。認識や感覚を統合するからには、他の機能もこの統合に依存することになり、統合を行う特別の実体が必要となる。そして、精神作用は意識を生じさせる。

精神という範疇をたてることで、これらの問題を解決できる。精神をスクリーンであるとともに、認識や感覚を統合し、かつ意識を生じさせる実体とすることによってである。科学が科学的分析的手法で脳を切り刻んで残るものは何も無いという結果が予想される。哲学的総合的全体的思考によって、精神という範疇は存在すると考える。

他方、唯物論では、スクリーンと主体の分裂を克服し得ない。精神という範疇を認め、精神とは生命の本質であるとともに、イデアを宿すスクリーンでもあることにより、この分裂が克服される。

そして、精神は生命の本質であるからには、人間存在の平等も基礎づけるものでなくてはならない。精神は価値的に平等でなければならない。であるから、「新しい哲学の原理」では精神を無色なものとして論述した。また、魂ではなく、「精神」という名を与えたのは、魂にはあの世に関係する響きがあるからである。では、精神という範疇で魂の問題も解決するであろうか。

次の考えは仮定である。確定したものではない。魂はイデアの一種ではないだろうか。人間の魂とは精神に恒常的に宿り、人間の精神に基本的な色や形を与えるイデアの一種だと考えられる。

◆人間の思考とは

『ロボットの心　７つの哲学物語』（柴田正良著、講談社現代新書）を読むと、唯物論の立場から知性の働きと感情の働きを実現できる機械を作れることを理由に、一応の結論としてドラえもんや鉄腕アトムを作れるとしている。しかし、知性の働きと感情の働きを実現できる機械を作れることだけでは、人間型ロボットを作れることを証明してはいないと考える。なぜなら、知性の働きや感情の働きを主体的に意識できてこそ、人間型ロボットであり、右の理由だけでは意識の発生を証明するものではないからである。

私の立場では、主体的に意識できるためには精神が機械に宿る必要がある。そして、現在の機械の思考は、情報処理の数学的計算を行っているに過ぎない。人間の思考はこれとは全く違う。人間の思考は集合論的である。すなわち、精神に色や形などを持つイデアが宿る。その様々なイデアの形や色などの重なり合いを判断するのだ。こうした思考を可能にするのが、精神であり、精神は意識と生命の基盤となるのだ。

だから、ロボットにも精神が宿ってこそ、人間的な主体を創造したということになる。従って、人間型ロボットを作れると言えるためには、機械に精神が宿りうるのかという問題を解決せねばならない。私は生物が生じて精神が宿るためには、長い進化の歴史が必要で有った以上、人間が短期間で作るロボットには精神は宿らないと考える。ＡＩの精神とみえるものは、電子の集団に過ぎない。

◆人間の永続性

人間は、イデアという範疇に属する魂、精神という範疇に属する精神と、物質という範疇に属する肉体からなる。物質である肉体の永続性には遺伝が関係する。精神については、死した人間の精神は精神の大海に還る。人間が誕生するときには精神の大海から人間の精神が与えられる。イデアに属する魂については、輪廻転生する。その過程で何らかの裁きが行われる可能性は否定できない。魂と精神については科学的に確実なことは今の時点では言えない。しかし、右に述べたことはほぼ間違いないことだと考える。だから、人間は死ねば終わりだというのは間違いだと考える。

それから、精神は動物などにも存在する。動物などの精神も人間と同じ精神の大海に還るし、動物などが誕生するときには精神の大海から動物の精神も与えられる。精神は平等である。だから、動物の精神を傷つけることは人間の精神を傷つけることでもある。このことからも動物愛護の精神が導かれる。

そして、私は、個々の人間が有する個性の根源が魂に由来すると考える。また、どの魂がどの人間の精神・肉体に宿るのかそれを決定する原理は科学的には不明なのだ。

★第6章　時空について

◆時間の実在

頁数は『時間は実在するか』（入不二基義著、講談社現代新書）のもの。

ゼノン（前五世紀古代ギリシアの哲学者）の飛ぶ矢のパラドックスとは「飛んでいる矢も、各瞬間にはある一点に位置して止まっている。そして、どの瞬間についても同じことが言えるので、結局、飛んでいるあいだじゅう矢は止まっている」（15頁）というものである。これは時間の実在に影響を及ぼし得ない。なぜなら、各瞬間において飛ぶ矢の位置は異なっていて、変化が存在する。時間の本質は変化である以上、ゼノンの飛ぶ矢は位置を変化させているので、時間の実在に影響を及ぼし得ないことは明らかだ。

イギリスの哲学者ジョン・マクタガート（John McTaggart 1866 - 1925）は次の四段階で時間の非実在を証明しようとする。

ステップ1　時間の捉え方には、A系列とB系列の二種類ある。
ステップ2　B系列だけでは、時間を捉えるのに不十分である。
ステップ3　A系列が、時間にとって本質的である。
ステップ4　A系列は、矛盾している。
ゴール　　時間は実在しない。
（60頁）

Ａ系列、Ｂ系列とは次のようなものである。

どの出来事・時点も、それぞれ「過去である」「現在である」「未来である」という特徴づけを持つ。この「過去―現在―未来」という特性によって捉えるとき、出来事・時点の系列はＡ系列を構成する。一方、どの出来事・時点も、その中の二者のあいだには、「より前」「同時」「より後」のいずれかの関係が成り立っている。この「より前」「同時」「より後」という関係によって捉えられた出来事・時点の系列は、Ｂ系列である。
（70～71頁）

Ｃ系列とは次のようなものである。

Ｃ系列は、ふつうの意味での「順序」から、時間的な方向を差し引いた抽象的な順序なのである。いわば、時間の持つ方向性から解き放たれた、ある種の無時間的な「秩序」が、Ｃ系列なのである。
（103頁）

Ａ系列、Ｂ系列、Ｃ系列の間には次のような関係がある。

Ｃ系列＋Ａ系列＝Ｂ系列
無時間的な順序・秩序＋時間的な変化・動き＝時間的な順序関係
（102頁）

これらを前提にマクタガートのA系列は矛盾を含むという証明を考えるとおかしなものとなる。マクタガートの「A系列は矛盾している」という証明は次のようなものである。

1．出来事は「過去である」「現在である」「未来である」の三つのA特性をすべて持たなくてはならない。

2．「過去である」「現在である」「未来である」の三つのA特性は、変化を表すためには、互いに排他的でなければならない。

ゆえに、

3．A特性が出来事に適用されるならば、その出来事は、互いに排他的な三つの特性をすべて持たなくてはならない。これは、矛盾である。

（123頁）

マクタガートの証明に対しては、「出来事もまた、『過去である』『現在である』『未来である』という両立不可能な三つの特性を、それぞれ異なる時間的視点（時制）に応じて、すべて持つことができる。」（126頁）と反論できるのである。この反論に対するマクタガートの反論は「反論する者は、B系列的な『時間』の観念（時間的な順序関係）を使うことによって、『矛盾』を回避している。」（127頁）、すなわち、証明の結果であるB系列を証明の手段として使っているというものである。『時間は実在するか』ではこれを認めた上で別の反論の道を探るが、私の考えではマクタガートの反論は成り立たない。

出来事に過去・現在・未来が帰属することを説明するには、過去・現在・未来が同時ではないこと、過去・現在・未来がC系列の関係にあることを持ち出せば十分だからだ。すなわち過去・現在・未来が別の時点であれば、A系列は矛盾がなくなるのであり、A系列に矛盾が無いことを言うのに過去・現在・未来の進行順序まで述べる必要はないのだ。

C＋A＝B

C系列にA系列が加わってB系列が生じる。この式そのままでよいのだ。

物理学は実在に関する科学である。その物理学において時間（t）を導入せざるを得ないのだから、時間は実在すると考えるのが自然である。なぜ、時間の非実在を証明しなければならなかったのか。その思想史的意義こそ問われるべきだろう。

◆宇宙を織りなす時空

頁数は『宇宙を織りなすもの―時間と空間の正体』（上下　ブライアン・グリーン著、青木薫訳、草思社刊）のもの。

『宇宙を織りなすもの』では、宇宙を織りなす時間と空間について、私の考える限り、妥当な論理と結論が一貫している。ただし、次元のコンパクト化に関しては賛成できない。『銀河への道』（久保田英文著、ブイツーソリューション刊）で述べているように、次元のコンパクト化は存在せず、追加次元も広大な時空が保有する次元なのである。

量子力学の大問題「時間の矢」から見てみよう。私は「新しい哲学の原理」で、時間を「時が変化する性質」と定義した。この定義から分かるように、時間の本質は変化である。ある状態（A）から、ある状態（B）への変化である。

（A）→（B）

時間の矢印が出てこざるをえない。そして、原理的には（A）と（B）には、どのような状態でもよい。これが「『ものごとは逆向きにも生じうる』と物理学は主張する」（『宇宙を織りなすもの』上244頁）の「時間反転対称性」をもたらすのであろう。

しかし、「コップのミルクはこぼれるが、こぼれた状態からコップのなかに戻ることはない」（上243頁）し、「卵は割れて飛び散ることはあっても、割れた状態から割れていない卵に戻ることはない」（上243頁）のである。すなわち、事実上、（A）と（B）の間には大きな違いがある。このことを丁寧かつ上手にこの本は説明している。まず、「エントロピーが増大する方向として未来を選び出す熱力学第二法則」（上265頁）を援用する。すなわち、エントロピーが増大する方向が時間の矢の方向だと。しかし、それには、宇宙の始まりにおいて、エントロピーが大変小さくなくてはならない。そこで、宇宙の始まりにおいて、エントロピーが大変小さい理由を物理的に解説している。

次に、量子力学のもう一つの大問題「測定問題」を見てみよう。

《量子力学の測定問題》（または量子力学の観測問題）と呼ばれるこの問題は、量子力学の限界と普遍性にかかわる問題なのである。なぜそうなのかは容易に理解できるだろう。第一段階／第二段階と、二つの段階に分けるアプローチは、観測される対象（電子、陽子、原子など）と、観測している実験家とのあいだに分割線を引く。実験家が介入するそのときまで、波動関数は何の問題もなくシュレーディンガー方程式に従って徐々になめらかに変化していた。ところが、実験家が測定をするために介入したとたん、ゲームのルールが変わる。第一段階のシュレーディンガー方程式は捨てられ、その代わりに第二段階の『波動関数の収縮』が採用されるのだ。しかし、実験家や実験装置を構成している原子や陽子や電子と、実験対象である原子や陽子や電子とには何の違いもないのに、なぜ量子力学においてはそこに分割線が引かれなければならないのだろう？　量子力学に、理論としての限界がなく、あらゆることに適用できる普遍理論ならば、観測される対象と、観測する主体とは、まったく同じように扱われるべきなのだ。

（上334頁）

量子力学は、物質に関する理論である。現在のところ、精神やイデアを包括していない。実験者が測定することにより波動関数が収縮する理由は、実験者が精神を有する主体だからである。測定される物質とは違うカテゴリーに属する精神が測定に関与するから波動関数が収縮するのである。観測される対象は物質であり、観測する主体は精神を有するのである。しかし、私も他の物質の干渉による「デコヒーレンス」（量子世界で起こる状態の重ね合わせの崩壊）を否定しない。精神によるデコヒーレンスと物質によるデコヒーレンスは両立する。

このようにして精神というカテゴリーの存在が導かれるが、現代物理学はイデアについては何か述べているであろうか。

ホログラムは、エッチングされたプラスチックの二次元片で、適切なレーザー光線を当てれば三次元の像を映し出す。一九九〇年年代のはじめ、オランダのノーベル賞受賞者ゲラルド・トホーフトとレナード・サスキンド（ひも理論を共同発明した物理学者と同一人物）は、宇宙はホログラムと似た方法で機能しているのではないかという説、《ホログラフィック原理》を提唱した。二人は、三次元の日常の暮らしのなかで私たちが目にする出来事は、遠くの二次元表面で起こっている物理過程のホログラフィックな投影かもしれないという、驚くべきアイディアを打ち出したのである。斬新で奇妙な彼らの考えによれば、私たち自身も、私たちが行うことや見ることのすべても、ホログラムの像のようなものである。プラトンは、普通の知覚が見せてくれるものは実在の影にすぎないと考えたが、ホログラフィック原理はそれに賛同しつつも、そのメタファーを逆転させる。すなわち、影（低次元の表面上で潰れたようにして生きるもの）のほうが実在であり、より豊かな構造をもつ高次の存在と思われるもの（私たち自身と、私たちを取り巻く世界）は、その影を投影した儚い存在だというのだ。

（下367〜368頁）

遠くの二次元表面がイデア界ということになる。しかし、私の考えとは、違う点がある。「新しい哲学の原理」で示した私の考えでは、イデア界も現実界も実在し、相互に影響を与えあうということになる。

以上から、現代物理学には、精神とイデアの端緒が見られることが分かった。では、神についてはどうであろうか。ところで、私は、インターネットを始めた頃、「未来は存在するか」ということについて掲示板で議論したことがある。私の立場は、未来は存在するというものである。私の経験からした感覚、相対性理論の知識などから、この立場が正しいと考えたからである。この本を読んで私の立場が正しいことが裏付けられた。

私たちは、空間には広がりがあると思っているが、時間も広がりをもって実在している（過去も未来も実在している）と考えなければならないのである。過去と現在と未来には、明確な区別がありそうに思われるかもしれない。しかしアインシュタインが述べたように、『合理的な判断をする私たち物理学者にとって、過去、現在、未来の区別は、それがいかに執拗なものであれ、幻影にすぎない』のである。実在しているのは、全体としての時空だけなのだ。

（上235〜236頁）

全体としての時空は存在する。過去・現在・未来を区別できるかどうかは別にして。現在は存在し、そして未来は存在し、過去も存在する。であるなら、未来から過去への連絡も可能となりはしないであろうか。遙かな未来の超越的存在が神であり、神が過去に連絡したものが預言ではないであろうか。これが物理学から考えられる合理的な神ではないであろうか。

精神、イデア、神も現代物理学の狭間から見えてきた。では、死後の世界はどうであろうか。残念ながら、時空に関する現代物理学の考えを集大成した『宇宙を織りなすもの』からも、その端緒が見いだせなかった。しかし、精神、魂、イデアの存在を認める私の哲学からは、存在を認めるのが合理的である。魂と肉体を分かつケルベロスの顎《あぎと》、死後の裁き、前世を忘却させるレーテの泉の観念などは、レーテの泉を飲みながらも消え去り難い記憶、死後の世界を経験して生まれ変わった人類の経験がもたらした集合的記憶の産物なのではないであろうか。そして、私の哲学からは、魂がイデアの一種ならば、魂が還る場所が死後の世界なのだから、死後の世界はイデア界の一種ということになろう。

私は、これ以上、死後のことを述べるつもりはない。科学的に確認できたことではないからである。しかし、精神、イデアを初め、魂や死後の世界なども科学的探究がなされるべき対象であると考えている。物質宇宙だけではなく、これらのことが全て科学的に明らかになったときに、全世界が解明されたと言えるであろう。

「新しい哲学の原理」では、概念による世界の組み立てを試みた。私の組み立て方が唯一のものであり、絶対正しいとは言わない。しかし、世界を言葉で組み立てる可能性は示せたのではないかと思う。私が基礎を置いたこの形而上学は、皆さんが参加すれば、より精密に、より完全なものに進化しうるだろう。そのようにして完成されて行く体系は、現実世界の力となる。現実世界の矛盾を解消しうる力となる。「知は力」なのだから。孤独な「哲学する」営みにより生まれた「新しい哲学の原理」が、フッサール氏（Edmund Husserl 1859 - 1938 ドイツの現象学者）も夢見た「厳密な学としての哲学」の実行となっていることを願う。

第Ⅱ部　新しい幸福の原理

哲学の理想の一つである善とは何か？ 正義とは何か？ 現代は価値相対主義が横行する時代である。個々人がそれぞれの善や正義を主張することを奨める動きがある。本当の自分でありさえすればよいと言うのである。

ウィリアムズも当該箇所で引用している政治哲学者、チャールズ・テイラー（1931 - ）もまた『〈ほんもの〉という倫理』（1991）という著作の中で、この「本当の」という概念について、検討しています。テイラーによれば、唯一絶対の真理は存在しないという考えは、現代の人々によって広く信じられるにつれ、徐々に他人の道徳に口出しをすべきではないという考え方と結びついていきました。その結果、自分自身に対して「本当」であることこそが、そしてそれだけが、私たちの目指すべき理想と考えられるようになりました。

（『「倫理の問題」とは何か』佐藤岳詩著、光文社新書 200頁）

この価値相対主義の横行により、社会が混乱し、人々の幸福が損なわれている。それに対して、客観的な「善」「正義」の観念や「善行」の概念を明らかにして、価値の収斂による社会の安定化・活力の増進を図りたい。善が十分に明らかになれば、人間は善に従えるだろう。善が十分に明らかになれば、社会は安定的に善に基づく正義を執行できよう。善が十分に明らかになれば、人々はその対極にある悪を指弾できよう。安易な相対主義には陥らないことが重要である。道徳的問題についてより良く、すなわち、より合理的に考える方法を見つけるよう努力しながら、自分の思考と行動に一貫性を持つことに努め、それと同時に、自分も他者も共有できる倫理道徳を見つける努力が必要となる。

倫理道徳や善が忘れられ、正義が行われない社会は崩壊の運命を招くと考える。客観的倫理道徳を明らかにし、善に基づく正義を確立したい。それにより社会を安定化して人間の幸福を増進したい。客観的な「道徳哲学」（倫理学）を目指して、葬られようとしている倫理・道徳を復興したいと願う。

なお、カントに倣い、道徳的な素晴らしさについては「善」の漢字を当て、他方で、それ以外の卓越性や結果に関るすばらしさについては「良」の漢字を当てて区別し、使い分けていくことにする。

★第１章　客観的倫理

◆価値の混乱

終末期。価値は混乱し、男は女に、女は男になり、異様な犯罪が頻発する。このような状況下では、社会を進歩させてきたとされる人権、自由、デモクラシーは無力である。責任のない自由一般は、価値の混乱を増大させている。政治制度としての人権、自由主義、民主主義は対策となりえない。これらは、内部規範を持った自律的個人を前提として機能するものであるのに対し、現在は人間が確固たる内部規範を失っている時代だからである。

日本には、恥の文化、他からの視線を気にする文化があった。母親が子供を叱るときに、「〇〇さんが見ていますよ」と言うように、他人の視線が行為の準拠となる。自律的個人が支配的であったことはない。日本の全体主義は、恥の大元締めである「お上」が音頭取りをしてファシズム・スターリニズムの時流に乗ろうとしたものであった。戦後、お上は変化させられ、人権、自由主義、民主主義を奉じるようになり、個人は自由を得た。しかし、恥の文化は変わらず、自由な個人の行動を他者の視線が掣肘し、伝統社会に由来する共通の道徳的感情が支配し続けた。そのため、擬似的に自律的な個人が多数を占め、社会はうまく機能してきた。

しかし、自由原理主義プロパガンダ、道徳廃棄プロパガンダが功を奏し、他者の視線からも自由であろうとする動きが強くなった。また、時の経過とともに権威的視線も失われていった。ここに、拠り所を喪失し、浮遊する原子的個人が支配的になりつつある。そして、安全を誇った日本社会を悩ませる凶悪な犯罪の増加。なぜ悪いことなのか分からなくなっている。物質文明としての日本は成功した。一応近代化は終了した。しかし、心の貧しさは明らかで、確固たる内部規範を持った自律的個人は異様なほど少ない。

自然な道徳感情が失われ、倫理道徳の根本が問われるような時代になったのである。基本的倫理道徳を軽視して欲望を解放し、人としての道を無視する社会がよいのか。自由を徹底した社会の行く着く先がこれである。日本人は伝統的に普遍的客観的原理を持たなかった。それを補っていた共同体内の視線や自然の道徳感情が失われつつある。その結果、倫理道徳についての説得的で基本的な説明が必要となってきている。基本的倫理道徳に原理的基礎づけを与える必要がある。

◆目的論と義務論

ところで、基本的倫理道徳を基礎付ける倫理学には、目的論的倫理学と義務論的倫理学がある。

「目的論的倫理学」とは、人間の行為や存在の究極目的は幸福にあると考える倫理学である。つまり、人間が様々な行為をすること、また、そもそも存在していること、その究極的な目的は幸福にあると考え、どのように幸福を実現していくかを考える倫理学である。「幸福とは最高善である」という言い方がされるように、幸福という最高に善いものを探求していくという立場が目的論的倫理学である。目的論倫理学は「善」を判断する基準によって、「帰結主義」と「徳倫理学」に分かれる。

帰結主義によれば、行為の善さは、その行為の結果生まれる幸福によって決まる。そして、帰結主義のひとつに「功利主義」がある。ベンサム（Jeremy Bentham 1748 - 1832 イギリスの功利主義哲学者）は、あらゆる人間は快楽と苦痛に支配されており、社会全体の快楽量を最大化し、苦痛量を最小化するのが正しい行為だと考えた。

この功利主義の三つの特徴を形式的に示そう。

（１）帰結主義。行為の正しさを評価するには、行為の帰結を評価することが重要である。帰結主義は通常、「こう行為すると、こういうことが結果として起きるだろう」という事前の予測に基づいて、行為の正しさを評価するものである。

（２）幸福主義。行為の帰結といっても色々あるが、行為が人々の幸福に与える影響こそが倫理的に重要な帰結であると考える立場が幸福主義である。

（３）総和最大化。功利主義では、一個人の幸福を最大化することを考えるのではなく、人々の幸福を総和、つまり足し算して、それが最大になるように努める。その際、一人一人が等しい配慮を受けなければならないとする。

一方、徳倫理学によると「善さ」とは、快楽の量ではなく、人間として善い生き方をすること、つまり徳をもつことだという。アリストテレスによると、徳には知恵や思慮などの知性的徳と、勇気や誇り、節制などの倫理的徳がある。このような徳を身につけ実践することが人間にとっての幸福であるとした。

「目的論倫理学」と対比されるのが「義務論的倫理学」である。これは読んで字のごとく、「〇〇すべきだ」という義務や、「〇〇してはいけない」という禁止に基づいて倫理を考える学問である。幸福は道徳とは基本的に無関係であり、正義を果たすとか約束を守るといった道徳的義務は、自分や他人が幸福になるかどうかとは無関係になされるべきものだと考えた。この場合、道徳は個人や社会の幸福（利益）追求に歯止めをかける役割を果たすことになる。その代表的論者がカントだ。カントは、人間は義務に基づいた行為をする必要があり、道徳法則に対する尊敬が重要であると主張する。

しかし、人生の目的は幸福になることではないのか。そして、幸福になる目的を問うことに、果たして意味はあるのだろうか？　幸福になれれば、それでよいのではないか、そのためにこそ他のあらゆることを為しているのではないか。「幸福になる」ことは、目的にはなるが手段にはならないものとして、他の目的とは決定的な違いがある。なので、幸福になる目的は問えず、問わず、「幸福になる」ことが人間の行為のすべてを支えている究極的な目的としてあるのだと考えられる。

従って、倫理学は幸福に基づいて構築されるべきである。この点については、功利主義が正しいが、功利主義のように善＝幸福だとすると、幸福追求に歯止めが掛からなくなる。義務論が歯止めをかけようとするこの過剰な幸福追求は、後述の幸福に基づいた倫理学・《幸福の原理》によっても歯止めをかけることが可能である。私が導き出した《幸福の原理》は幸福へと続く諸規範を導き出し、それらの規範に、各人の義務として従うことを求めるので、義務論と同じように際限の無い幸福追求に歯止めを掛ける役割を果たす。

◆幸福とは何か

では人生の目的である幸福とは何か。一般的に言って「幸福」とは、「本人が望む人生をもたらすもの事の充足と充足の努力」ではなかろうか。そして、「幸福な状態」とは、本人が望む人生をもたらすもの事を充足している状態か充足のために努力している状態のことだろう。

具体的に事例を基に幸福について考えてみよう。

◇主観的幸福と客観的幸福

☆騙されている実業家

青山さんは成功して引退した大金持ちの実業家である。彼は今でも財界に隠然たる勢力を持つ一方で、自分が関心を持っている文化事業を気前よく支援している。こうして彼はその財力のために親類縁者や知人や部下たちからいつも機嫌を取られ大切に扱われているが、実は彼らはみな蔭《かげ》では青山さんの見苦しい振る舞いや俗悪な趣味や自己満足の態度を心の底から軽蔑し嘲笑し合っている。しかし青山さんはそのことを知らず、自分はたくさんの人々に愛され尊敬されている幸せ者だと信じ切っている。

（『幸福とは何か』森村進著、ちくまプリマー新書 ９頁）

☆大望ある数学者

井上さんは少壮気鋭の数学者である。彼女は才能と研究環境に恵まれて、学界で高く評価される業績をすでにいくつも残している。また彼女はその人柄と仕事をよく理解し評価してくれる家族と同僚に囲まれているし、健康にも財産にも足りないところは何もない。だが井上さんは自分を幸福だとは全然感じておらず、逆に無力感に打ちひしがれている。それは彼女の最大の欲求が、整数論の分野で未解決のある重要問題を解決することであるのに、何年間もの熱心な研究にもかかわらず、これまで試みてきたアプローチが行き詰まってしまったからだ。彼女はその問題を結局解決できなかったら――残念ながらそうなりそうなのだが――自分の一生は失敗だと考えている。

（『幸福とは何か』９～10頁）

この二つの事例を見ると、幸福には、本人が主観的に幸福と考えているかどうかの面と、他者が客観的に幸福と評価するかどうかの面があると考えられる。

「主観的幸福」は、その人自身が幸福と感じているかどうかの問題なので、「主観的幸福」とは、「本人が望む人生をもたらすもの事を主観的に手に入れて満足しているか、手に入れられると思って努力している状態」だろう。

「客観的幸福」は、他の人がその人を幸福な人と評価するかどうかの問題なので、「客観的幸福」とは、「本人が望む人生をもたらすもの事を客観的に手にいれて満足しているか、客観的に手に入れようとして努力している状態」だろう。

主観的幸福と客観的幸福の観点から四つに場合分けして、道徳的介入が許されるかも見てみよう。

	主観的幸福	客観的幸福	道徳的介入
Ⅰ	幸福	幸福	許されない
Ⅱ	幸福	不幸	原則として許される
Ⅲ	不幸	幸福	許される
Ⅳ	不幸	不幸	許される

この分類を参照して、二つの事例を個々に検討しよう。

〈騙されている実業家〉

・主観的幸福

「本人が望む人生をもたらすもの事」は愛や尊敬。それを手に入れたと思って満足しているので幸福と言える。

・客観的幸福

「本人が望む人生をもたらすもの事」は愛や尊敬。それを手に入れていないのに、手に入れたと思い込み、更なる努力を続けている状態にあるので、幸福とは言えない。

　Ⅱの事例となる。「自分の置かれた状況を全く誤解している」と忠告することが許される。「財界に隠然たる勢力を持つ上に、自分が関心を持っている文化事業を気前よく支援している」人物を心の底から軽蔑し嘲笑し合う周囲の人々が悪い。周囲の人々の態度を改めさせるべきだろう。

〈大望ある数学者〉
・主観的幸福
「本人が望む人生をもたらすもの事」は数学の業績。それを手に入れられず、虚しい努力をしている状態なので、幸福とは言えない。
・客観的幸福
「本人が望む人生をもたらすもの事」は数学の業績。それを手に入れていないが、良い環境で手に入れようと努力している状態にあるので、幸福と評価できる。

Ⅲの事例となる。「実際には十分幸福なのに、自分の状態を悲観的に見すぎている」と忠告することが許される。

以上から、倫理道徳的に見て、真に幸福な状態とは、主観的にも客観的にも幸福で、望む人生を送れて人生に満足しているⅠの場合ということになる。

対して、功利主義は、善とは幸福のことだと規定し、幸福の理解に関しては、快楽説、選好充足説、客観的リスト説があるが、いずれも問題が有る。

◇快楽説

快楽が幸福だという快楽説に対しては偽りの経験をもたらす機械に関する思考実験が有効である。思考実験は現実に起きそうな事例の予行演習ではない。それは、現実の状況を複雑化させ、かつ明快な回答を難しくしている様々な要素を敢えて捨象するとともに、ある特定の前提や条件を設定した上で、思考をめぐらさせることにより、我々が持っている直観・信念を明確に意識させるために役立つ道具として提出される。

快楽説に対するロバート・ノージック（Robert Nozick 1938 - 2002 アメリカの哲学者）が案出した経験機械という思考実験を見てみよう。

☆ノージックの経験機械

経験機械は、天才脳科学者が作った機械で、あなたの脳に電気的な刺激を与えることで自分の望むことを仮想体験することができるものだ。小説を書いてノーベル文字賞をもらう経験や、この教科書にはとても書けないような経験もすべて思いのままに経験することができる。しかし、その経験をしているあいだ、あなたは頭に電極を刺した状態で水槽に浮いている。科学者は、ほかにも経験機械を使いたい人がいれば、みなつなぐことができるという。あなたは経験機械につながることを望むだろうか。

（『正義論：ベーシックスからフロンティアまで』宇佐美誠著・児玉聡著・井上彰著・松元雅和著、法律文化社刊 051頁）

経験機械につながれば永続的に快楽を経験できる。しかし、経験機械に永続的につながれたい人はいないだろう。人間の望む幸福は、現実の世界で望む人生を送れて人生に満足している状態であり、仮想現実の世界での快楽を経験し続けることではないからだ。しかし、一時の楽しみとして、一時的に経験機械に繋がれて快楽を楽しむことも幸福の形の一つとして認められるだろう。現に、経験機械に似た仮想現実の世界がデジタル技術によって提供されるようになり、それを楽しむ多くの人々が居る。

このような快楽説の難点に対して、Ｊ・Ｓ・ミル（John Stuart Mill 1806 - 1873 イギリスの哲学者、経済思想家）は、質的快楽説を唱え、快楽にはより優れた快楽とより劣った快楽があるとする。この立場では、経験機械は質的に劣った快楽として退けられよう。しかし、それでは快楽以外の価値、快楽の優劣を判断する価値が幸福の内実として必要となってしまい、快楽説とは言えなくなってしまう。

◇選好充足説

選好充足説によれば、たとえば私が蜜柑よりもバナナが食べたいという場合に、私は蜜柑よりもバナナを欲するような選好を持ち、その選好を充足させることが幸福であり、充足させないことが不幸だとされる。

選好充足説の短所として、充足されたが経験されない選好を、すべて幸福と考えるべきかという問題がある。

☆ノーベル文学賞発表の前日に死んだ文学者

著名な文学者のハルキは、ノーベル文学賞を長年欲しいと思っており、多くの人もいずれは彼が受賞すると思っていた。ところが、彼は今年のノーベル文学賞発表の前日に急死してしまう。ノーベル賞は通常は死者には与えられないが、ノーベル財団の事務局はその作家の死を知らずに彼にノーベル文学賞の授与を公表する。この場合、彼は文学賞の受賞を経験しないが、彼の選好は充たされたことになる。彼はすでに死んでいるが、この事実によって彼の人生はより幸福になったと言えるだろうか。

（『正義論：ベーシックスからフロンティアまで』052頁）


ハルキの選好は充足されているが、ハルキ自身が文学賞の受賞を経験していないので、主観的にも客観的にも幸福とは言えないと考える。選好充足説には他に深刻な問題がある。

☆オイディプス王

別の深刻な問題として、十分な情報を得ていたらもたないであろう選好を充たすことが善と言えるかという問題がある。オイディプスはそれと知らずに父を殺して王座につき、それと知らずに母を妻にして子どもをもうけ、のちにそのことを知って自ら針で目を刺して盲目となり王座を追放される。しかし、かりに彼がそれに一生気づかなかった場合、彼は父である人を殺し、母である人を娶るという欲求を充足させたことで幸福になったと言えるであろうか。これは、より一般化すれば、不合理と思われる選好を充たすことが善であるのかという問題である。
（『正義論：ベーシックスからフロンティアまで』053頁）

私の立場によれば、オイディプスは主観的に望みを遂げて幸福だった。しかし、客観的には不幸な人生を送っていた。オイディプスはそれと知らずに父を殺して王座につき、それと知らずに母を妻にして子どもをもうけるという人生を送っていたが、それは到底人として、オイディプスも含めて、客観的には望む人生ではない。Ⅱの事例である。

オイディプスが真実を知ったときには、主観的にも客観的にも不幸であって、本当に不幸だと言えるようになる。この場合、真実を知らせることは不幸のどん底に突き落とすことである。しかも、真実を知っても幸福になる見込みは立たない。例外的に進んで道徳的に介入することが許されない場合だろう。本人自らが真剣に問うたときにのみ真実を答えることが許されると考える。

類似の論点として、順応的選好形成の問題をどう考えるかという問題もある。

たとえば非常に貧しい国で生まれた子どもは高等教育を受けようという選好をもたないという場合のように、かりにある選好をもったとしても充足できない可能性が高い環境においては、そうした選好をもたない方が、充足できない選好が少ないという意味で幸福な人生を送ることができる場合がある。単に選好充足のみが重要だとすると、こうした「高望みしない人々」を多く育てる方が望ましいことになりうる。しかし、そのような人々が本当に幸福と言えるのかは疑わしいだろう（エルスター2018：第3章、原著1983）。

（『正義論：ベーシックスからフロンティアまで』053頁）

人は生活する環境に応じた夢を持つ。その環境は人によって様々である。順応的選好形成を問題とするなら、様々な夢をもたらす、人によって違う環境を均さなければならない。これはそのような環境をもたらす世界を変える問題である。平等の問題である。他方、高望みという言葉も有る。また、劣った環境においても高い志を持つ人々も居る。人はその人の資質に応じた夢を持つのであり、環境によってすべてが決まってしまうわけでもない。順応的選好形成は、選好充足説に対する批判としては有効だとしても、幸福が何かという問題に含めるべきではない。

選好充足説の問題点に対して、十分な情報を得た上での合理的選好の選択に限定するという考え方もあるが、どの選好が合理的か確定が困難で、確定できたとしてもそれは選好の客観的リストになってしまう。その客観的リスト説だが、私の立場では、「本人が望む人生をもたらすもの事」は人によって様々であるから、リスト化して限定するには適さないということになる。

功利主義のように幸福＝善としてしまうと、幸福の意義について争いが生じると共に、そうして一義的に決定された幸福の追求に歯止めをかけることが難しくなるという問題が残る。

◆自己の幸福追求の限界

生きる目的は幸福になることだが、何をめざせば幸福になるのか、どのような手段をとれば目指す幸福にたどりつくのか、人それぞれであるので、一般的に言って「幸福の増大と不幸の減少」が人生の目的となる。

従って、本人が人生に何を望むか、すなわち幸福の内容は個人の自由に任されていると考えるべきである。幸福の内容を個人が自由に選択できるので、思慮を加えて選択を行えば、本当の自分にも近づける。価値相対主義は幸福の内容にこそ、適用されるべきであり、その上に立って客観的な善と正義が追求されるべきである。

幸福の内容（幸福追求の自由）について、参考になるのはＪ・Ｓ・ミルの「他者危害の原理」である。倫理道徳的な幸福追求の自由の限界を示していると考える。

不幸なことに、現代という時代は自分を表現する古典をもっていない。私が判断して、現代の倫理にもっとも近い古典は、Ｊ・Ｓ・ミルの「自由論」（一八五九年）である。その内容は、要約すると、①判断能力のある大人なら、②自分の生命、身体、財産などあらゆる〈自分のもの〉にかんして、③他人に危害を及ぼさない限り、④たとえその決定が当人にとって不利益なことでも、⑤自己決定の権限をもつと要約できる。「他者危害の原理」がその中心となる考えである。これを自由主義の五つの条件と呼んでおこう。

（『現代倫理学入門』加藤尚武著、講談社学術文庫　５頁）

五つの要件の中、「他者危害の原理」に関しては、「③他人に危害を及ぼさない限り」を「他人に悪を為さない限り」に変更したい。危害を加えなくても、いじめやハラスメントは倫理道徳的な悪と考えるからである。

◇愚行の権利

第四の要件にも問題が有る。

第四の「たとえその決定が当人にとって不利益なことでも」という条件は、愚行を行なう権利を認めているのだから、「愚行権」の規定と呼んでもよい。「理性的に振る舞え」とか「物心両面の幸福を達成せよ」とかの申し分のないほど立派な理由があっても、それで他人の行為に干渉することは許されないという考え方である。「あなた自身のためになるんだから」という口実で干渉の手を伸ばしてくる者は、自由の敵なのである。
（『現代倫理学入門』177頁）

第四の要件「④たとえその決定が当人にとって不利益なことでも」は「④たとえその決定が当人にとって不利益なことでも当人に悪を為さない限り」に変更したい。倫理は幸福を目的にするものなのに、「④たとえその決定が当人にとって不利益なことでも」のままでは、自殺等の自己に不幸をもたらす自由も認められてしまうからである。四番目の要件の眼目は、自己を犠牲にして他者の幸福を図る善を認めることにあるから、その趣旨を損なわない範囲で、そういう解釈も許されると考える。

だから客観的に見て、「どうしてあんな馬鹿なことを白昼堂々しらふでするのか」というような、馬鹿げたことをする権利が人間にはある。たとえば、宗教上の理由で輸血を拒否する、タバコを吸う、命がけの危険なスポーツをする、仮装して歩行者天国で踊る、大きな建造物を梱包してみせるなど、合理的でない、自分の不利益になることをする権利がある。しかし、そのような行為に対して、他人は説得する権利はあるが、強制する権利はない。
（『現代倫理学入門』178頁）

確かに、人は馬鹿げたことができて良い。しかし、その馬鹿げたことが自己や他者の不幸につながることが有る。そのような場合に、馬鹿げた事を悪として他人が説得できるようにするためである。

以上、見てきたように、何を幸福とするかは原則として、個人の自由とすべきである。徳倫理学を説くアリストテレスに従い、徳を身に付けて幸福になる道を選ぶのも自由である。アリストテレスの倫理学は、「徳」を身につけることで「性格」をよりよい方向に変容させていき、それによって「幸福」を実現するという基本構造を有している。徳を自己の幸福として、アリストテレス的な生き方をすることも自由である。他方、自分の欲望に忠実に、欲望の満足を目指す道を選ぶことも自由である。人様々な幸福を人生の目的とすることができて良い。また、他者に危害を加えることを幸福とする場合の幸福追求行為ではないにしても、自己の幸福追求が他者の幸福とぶつかる場合は、自他の幸福の調整の観点から、後述の標準規範が参照されるべきと考える。

現代自由主義社会においては、ミルの自由主義の五つの条件が法的にも当てはまる。これが現代自由主義の基本原則である。ミルの自由主義は自己の幸福選択に関する自由を支えると言えよう。他者に危害を加えるものではないかぎり、どのような幸福を選択しようとも法的に自由である。そして、もう一つ重要な法的原則がある。

もう一つは、法的パターナリズムである。他者が当人の利益のために当人が必ずしも望んでいない介入を行うことをパターナリズム（父権主義）と言う。ミルは、判断能力のある成人に関しては、当人の自由を制限してよいのは他者に危害を加える場合に限るとした一方で、下記で述べるように、子どもや「未開人」にはパターナリスティックな介入が許されうると考えていた。現代社会では、ミルが認める以上に、こうした法律を用いたパターナリズムが行われている。

（『実践・倫理学』児玉聡著、勁草書房刊　126頁）

法的な場合についても、ミルの「④たとえその決定が当人にとって不利益なことでも」は「④たとえその決定が当人にとって不利益なことでも当人に悪を為さない限り」に変更したい。それは、この現代的な法的パターナリズムを認めるためである。

自己に悪を為す行為、例えば煙草は健康に害をもたらすことが明らかにされている。また、自動車のシートベルトの不着用は危険である等々。これらの行為に対して、法的規制を加えることを認めるためである。

ミルはパターナリスティックな介入が許される理由を次のように考えていた。

ミルにとって個人の自由に価値があるのは、自分の利益については他の誰よりもよく当人自身が関心を持っており、それゆえ人々に自由を認めれば各人は自分の幸福や個性の発展に益することを自ら進んで行ない、ひいてはそれが社会の進歩につながるためである。したがって、自由にさせておくと他人に危害を与えるばかりでなく自分自身にとっても害悪になることをする可能性が高いと思われる人々に関しては、他者が当人の利益を考えて介入をすることが認められる、というのがミルの立場である。ミルは、判断能力のある成人に関しては、当人の自由を制限してよいのは他者に危害を加える場合に限るとした一方で、子どもや「未開人」にはパターナリスティックな介入が許されうると考えていた。

（『実践・倫理学』136頁）

ミルの提示した「①判断能力のある大人なら」という条件から判断能力の無い子供や重度の知的障害者や、認知症で判断能力の無い成人に関してもパターナリスティックな介入が許される場合があるだろう。法的に問題の有る極端な幸福追求の事例を見てみよう。

☆合意による食人

二〇〇一年、ドイツのローテンブルクという村で、奇妙な出会いが現実のものとなった。ソフトウェア技術者のベルント＝ユルゲン・ブランデス（四三歳）は、殺され、食べられたいと願う者を募集するインターネット広告に応募した。広告を出していたのはコンピュータ技術者のアルミン・マイヴェス（四二歳）だった。マイヴェスは金銭的報酬はいっさい支払わず、「その経験」を味わわせるだけだとしていた。

（『これからの「正義」の話をしよう』マイケル・サンデル著、鬼澤忍訳、ハヤカワ・ノンフィクション文庫 122頁）

ブランデスの行った幸福追求は自由の範囲外となる。この極端な幸福追求に手を貸したマイヴェスが嘱託殺人となるのは適当ではない。殺人罪となるべきである。嘱託による殺人の違法性が低いとされるのは、殺される本人の逼迫した理由による真摯な依頼に応じ、それに同情して殺すからであり、自分の食人趣味を満たすための場合、それに当てはまらない。

自己の幸福追求の基盤である自分の生命・肉体を自由に処分することは倫理道徳的にも法的にも問題が有る。他者がそれに手を貸すことは悪となり得る。自由にさせておくと、他人に危害を与えるばかりではなく、自分自身にとっても害悪になることをする可能性が高いと思われる人々を放置することには問題が有り、パターナリスティックな介入が許される。

◆善とは何か

「幸福」が「本人が望む人生をもたらすもの事の充足と充足の努力」とする私の立場からすると、善とは何か、悪とは何か。

善悪について考える前に、倫理と道徳とは何かを考えてみよう。

倫理（ethics）と道徳（morality, morals）はしばしば同義に用いられることがあるが、本書では、道徳を法と対比される社会規範の一つとして理解し、道徳とは、「人間が共に生きるために守るべき行為規範の体系」だと考える。そして、道徳的に正しいとは、「道徳（法則）に従うこと」であり、道徳的に不正とは、「道徳（法則）に違反すること」である。道徳法則に含まれる具体的規範の数々は今後、明らかにしていく。

一方、倫理学の主要な目的は、困難な倫理的ジレンマを解決するための合理的方法を模索することであるから、倫理とは、本書では困難な問題を解決するための「生き方の選択に関する規範」だと考える。また、倫理規範は道徳法則に含まれると考える。

そして、私の立場からは、倫理道徳規範の目的は、人生の目的と同じく「幸福の増大と不幸の減少」となる。加えて、幸福は、定義はできるものの、多様性を持っていて、その内容は、あるもの一つとは決められない。しかし、善は客観的一義的に定義したい。そのため、幸福そのものを善とはしない。そこで、「倫理的に善い」とは、生き方の選択に関して「自他の幸福を尊重すること」であり、「倫理的に悪い」とは、生き方の選択に関して「自他の幸福を無視・毀損すること」だと考える。他方、「道徳的に善い」とは、共に生きる上で「自他の幸福を尊重すること」であり、「道徳的に悪い」とは、共に生きる上で「自他の幸福を無視・毀損すること」だと考える。

要するに、善とは、「自他の幸福の尊重」であり、悪とは、「自他の幸福の無視・毀損」である。そして、「自他の幸福の尊重」とは、「自分の幸福の尊重」と「他者の幸福の尊重」とこの二つの調和を含めた概念としたい。

私は、このような自利と他利の調和を説く思想こそが、近代西洋的な人生観に替わって、人類の思想になる必要があるのではないかと思うのです。

（『人類哲学序説』204頁）

梅原猛氏の言うように、これからの時代には自己と他者の幸福の調和が必要だろう。

著名なケンブリッジの倫理学者であるジョージ・エドワード・ムーア（George Edward Moore 1873 - 1958）が一九〇三年に『プリンシピア・エチカ（倫理学原理）』という本を出版した。彼は、その本で、善とは何か定義できないとした上で、結局、友愛と美の鑑賞こそが「善の状態」だと述べる。私の立場からすれば、善は定義でき、友愛と美の鑑賞は「美の状態」に過ぎないことになる。

また、ムーアは「何が善であるか」と「何が正しいか」は別のことであるとも主張している。

近年の規範倫理学における重要な区別として、正の理論と善の理論という分類がある。正の理論（theory of the right）は、行為の正・不正（正しいか、正しくないか）を主題にする。正の理論は、ある行為が道徳的に義務であるか（なされるべき行為であるか）どうかを問題にするため、道徳的義務の理論とも呼ばれる。一方、善の理論（theory of the good）では、人格、動機、意図などが善いか悪いかについて論じられる。善の理論は、どのような人格や動機に道徳的な価値があるかを問題にするため、価値の理論とも呼ばれる。

日常的には、われわれは「正しい」と「善い」、「不正である（正しくない）」と「悪い」をしばしば交換可能なものとして用いている（「彼のあの行為はよくなかった」など）。しかし、フランケナも指摘しているように）、人は悪い動機から正しいことをすることや、善い動機から正しくない行為をすることもあるため、「正しさ」と「善さ」は上で述べた仕方で区別して用いることが望ましいと考えられる（BOX3）。

（『入門・倫理学』赤林朗編・児玉聡編、勁草書房刊　86～87頁）

私の立場からも、倫理道徳規範の順守に関わる正・不正と自他の幸福の尊重に関する善悪は区別されることになる。

◆倫理の問題とは何か

私の立場からは善悪が一義的に決まり、倫理とは善い生き方と悪い生き方の選択に関する規範でもあるから、倫理の問題とは善悪に関する問題だということになる。しかし、倫理の問題とは何かについては諸説がある。まず、フィリッパ・フット（Philippa Ruth Foot 1920 - 2010 イギリスの哲学者）の重要性基準。私たちの生にとって重要で深刻なものを示すものが倫理・道徳。重要なものを保護し維持することが倫理的に優れたことであり、その逆が倫理的に劣ったことであるとする（『「倫理の問題」とは何か』50頁）。道徳判断は善悪に関するものであり、善悪に関する行為は我々の幸福にとって重要なものなので、重要性基準が唱えられていると説明できる。

リチャード・マーヴィン・ヘア（Richard Mervyn Hare 1919 - 2002 イギリスの哲学者）の理想像基準。私たちにとっての理想像を示すものが倫理・道徳。理想に近づくことが倫理的に優れたことであり、その逆が倫理的に劣ったことであるとする（『「倫理の問題」とは何か』55頁）。善を「自他の幸福の尊重」と定義するときも、善悪の概念は、私たちにとって倫理的に優れたものが何かを指し示す指針となるが、第一に優れていることは決めない。目指す理想は人それぞれとなる。

フットの友人であったエリザベス・アンスコム（Gertrude Elizabeth Margaret Anscombe 1919 - 2001 イギリスの哲学者）の行為基準。意図に基づいた振る舞いを示すのが倫理・道徳。良い意図に基づく行為が倫理的に優れたことであり、その逆が倫理的に劣ったことであるとする（『「倫理の問題」とは何か』72頁）。アンスコムの行為基準は、畢竟、行為が道徳的判断の対象であることを示しているに過ぎない。すべての行為は道徳的判断の対象となり得るが、その中、倫理道徳的に問題となるのは善悪に関係する行為である。

アイリス・マードック（Jean Iris Murdoch 1919 - 1999 アイルランド出身の哲学者）の見方基準。倫理・道徳とは世界の見方そのもの。世界の良い見方が優れた倫理であり、その逆が劣った倫理であるとする（『「倫理の問題」とは何か』87頁）。

☆姑と嫁の事例

母親Mは息子の嫁Dに敵意を抱いている。MはDが気のいい娘であることは承知しているが、洗練されておらず子供っぽいと思っている。しかし、Mは大変礼儀正しい人物で、Dに対して終始立派に対応し、決して本心を表すようなことをしなかった。だが、時を経てMは考えを改める。Dは洗練されていないのではなく、すがすがしいのであった、子供っぽいのではなく溌剌としていたのだ。ただし、このとき、Ｄの振る舞いは、一切変わっていないし、Ｍも引き続き立派に振る舞っている。すべての変化はＭの心の中で生じている。

（『善の至高性』26‐28頁）

（『「倫理の問題」とは何か』90頁）


しかし、Ｍは確かに変わったのだ、とマードックは論じます。「Ｄをただ正確に見るのみならず、正しく愛情をもって見る」ようになったことで、その振る舞いは何も変わっていなかったとしても、Ｍは倫理的に優れた方向へと進むことができたというのです。「歪んだ仕方で捉えること」しかできなかった過去の自分から、「正しく愛情をもって捉える」ことができるようになったこと、これが倫理的な成長に他なりません。ここからマードックは、倫理とは世界の見方そのものであると考えます。

（『「倫理の問題」とは何か』91頁）


自己の倫理的な成長は、自己の幸福の尊重に含まれる。自己が倫理的に成長することで、他者の幸福も増大するので、他者の幸福の尊重にも繋がる。

以上、見てきたように、倫理の問題とは善悪の問題だと考える事により、諸説の指摘する倫理の問題の特徴に関する観点にも応答できる。


マードックに言わせれば、倫理を勧めと理解することそれ自体もまた、ヘア自身の倫理のレンズを通じて世界を見た結果です。レンズを通さずに世界を映すことができないのと同じように、倫理から中立の地点から、何かを眺めることはできません。それゆえに、マードックは、事態を自分の都合で歪めることなく、愛をもって正しく見つめることこそ、倫理にとってもっとも重要なことだと考えます。
（『「倫理の問題」とは何か』94頁）

倫理を生き方の選択と考え、倫理の問題を善悪に関する問題と考える私の立場も自身の倫理のレンズを通じて世界を見た結果であることを認める。しかし、多くの事が良く見え理解できるレンズだと思って、皆さんに、このレンズを採用して欲しいと願っている。

ところで、功利主義を倫理の問題、すなわち善悪の問題に全面的に適用することは妥当ではない。本来、功利主義は第三者的立場から政策的判断をする際の基準として考え出されたものである。

ロバート・グッディンは、功利主義を個人道徳ではなく公共政策に関わる統治理論と位置づける。すなわち功利主義は、社会制度と公共政策の設計・運用基準や、それに関与する政治家を含む公務員の順守する規範である。

功利主義が統治理論に徹するメリットについて、18世紀の功利主義者ゴドウィンの挙げた次の事例をもとに考えよう。燃えさかる家の中に自分の母親と大司教が取り残されており、救出できるのは一人だけである。不偏性の観点から社会的功利性を考慮すると、あなたは大司教を助けるべきである。自分の母親だからという理由だけで優先することを不偏性は許さないが、これは個人道徳の領域では直観に反する。
（『入門・倫理学』245頁）

倫理道徳の問題として母親を助けるべき事となる。

しかし、この事例を改変して、あなたが消防士であるとすれば事情は一変する。救出できる可能性が等しいとして、自分の母親だからという理由だけで優先的に救助すれば、心情は理解できるにせよ、消防士という公務員として適切な行為であったかについては議論の余地がある。個人道徳の領域では功利主義の弱点とされる不偏性が、統治理論の領域ではむしろ長所となる。社会制度や公共政策とそれらに関わる公務員には、特定の個人を優遇せず、関係者に等しく配慮する不偏性が強く要求される。われわれの社会が背負っている、資源の稀少性や予算の制約などの条件を考慮すれば、統治理論に不可欠であるのは、優先順位をつける際に依拠する不偏性の観点である。

（『入門・倫理学』245頁）

公的立場に立つ消防士として功利主義に基づいて判断する事が求められるが、母親を救助したとしても倫理道徳的には非難できないことになる。功利主義は当事者的立場における善悪の問題よりも、第三者的立場における正・不正の問題に有効である。

◆倫理道徳の再構築

以上の立場に立つとして、現在の価値の混乱はどうやっておさめるのか。恥の文化を再構築すべきなのか。恥の文化には限界が存在する。他者の視線が存在しない所では規範が機能しない。海外旅行に出掛けた日本人が恥のかき捨てをしたように。それに、他者の態度が重要なので、大勢に抵抗できないことになる。周りの人がみんなしているなら、自分も同調することになってしまうのである。こうした欠点が存在する上に、視線の正しさを保証する権威が失墜してしまった。価値の混乱は権威の失墜でもあった。同志的倫理を提供するマルクス主義は破綻したし、伝統的権威は機能しないし、自由主義は自由の権利を強調するばかりで倫理を後押しするようなものではない。

そこで、幸福を原理として標準的規範を提案したい。なぜ、標準的規範かと言えば、高すぎる道徳的目標を避け、現実的な目標を示して道徳的向上を促したいからである。なぜ、幸福を原理とするかと言えば、人間自体の目的も、社会を構成する目的も社会の成員の幸福にあるからである。また、善が自他の幸福の尊重だからである。幸福の概念を中心として現代社会に適合した倫理を生み出したいのである。

しかし､カントは明白に幸福の原理（功利主義）を否定している。私は､カントの言う幸福の原理とは違う《幸福の原理》の可能性を示したい。「新しい幸福の原理」を提示したい。カントが幸福主義を否定したのは、幸福になれなければ義務を実行しないというようになること、道徳の純粋さが失われることを恐れたからである。

しかし、一般的に反論不可能な、幸福を目指す客観的な体系として倫理道徳規範が定礎され、それが、普遍的な規範として受けいれられれば、カントの懸念は当てはまらないと考える。なぜなら、客観的な規範となれば、幸福のために義務を実行するのではなくて、まず義務として幸福の体系である倫理道徳規範を実行するようになると考えられるからである。そして、幸福につながらないから規範に従わないという主観的な反論は封殺されるだろう。そのような客観的法則を樹立したいと思う。

この《幸福の原理》は規則功利主義の一種である。規則功利主義によれば、正しい行為とは有益な規則に合致した行為であるとされる。有益な規則とは、それらが一般に受け入れられるかまたは遵守されるときに善い帰結をもたらすと考えられる規則である。このように、規則功利主義は、規則毎に個別的に幸福をもたらすかどうかを判断するが、《幸福の原理》は規則全体が全体として幸福をもたらすように、総合的観点から原理的に諸規則を構成する点が新しい。

カントは、理性によって導き出される普遍的な究極の道徳規則というものの存在を提起し、それに無条件に従うことが倫理の達成であると提唱した。私の《幸福の原理》も、理性によって導き出される普遍的な究極の道徳規則となるように努力した成果である。

また、現代の日本では、強盗や汚職の多発に見られるように、遵法精神も低下しつつある。倫理道徳は個人的道徳だけの問題ではなく、法の規範意識を支えるものでなければならない。法は明らかに国民一般の幸福を目的とする（幸福一般に解消しえない正義の問題は別として）。倫理道徳規範と法規範が共通の「幸福」という理念により定礎されれば、倫理道徳規範で培われた規範意識が、法規範の遵守に役立つこととなろう。

加えて、倫理道徳規範、法規範が一般的に幸福により定礎されれば、規範の遵守が幸福につながる。カントは『実践理性批判』において次の趣旨を述べた。「一方では道徳の命令が道徳と幸福の一致とは無関係になされる。他方では行為者が自分の意志のままに自然を動かすことはできないから道徳と幸福の一致は実現不可能だ。こうした理由で、道徳的世界支配者である神の存在を要請する。」しかし、規範が幸福の体系であれば、これを実践する行為者には、少なくとも幸福に至る蓋然性が生じるのではないか。道徳的原理の根拠となる一神教の神を持たない大多数の日本人にとり、信仰なしに幸福への道が開かれることは望ましいことである。神が命じるから正しいのか、正しいから神が命じるのか。プラトンは対話篇『エウテュプロン』の中でこの問題を論じ、正しいから神が愛して命じるのだと示している。

歴史的に見ても、倫理道徳は人間の幸福に奉仕するものとして生み出されたのである。だから、幸福を原理として倫理道徳規範を体系づけることが可能である。以下で、基本的倫理道徳についての理解を深めながら、自分と他者の幸福の尊重とその調和を原理とした道徳法則を提示したい。

★第2章　善・正義と道徳法則

善の概念から導かれる道徳法則を列挙して説明する。

◆一　善悪の基準

前述のように、「善」とは「自他の幸福の尊重」である。「自他の幸福の尊重」とは、「自分の幸福の尊重」と「他者の幸福の尊重」とこの二つの調和を含めた概念である。

アリストテレスは、正義とは人びとにふさわしいものを与えることだと教えている。何が誰にふさわしいかを決めるには、どんな美徳が栄誉や報奨に値するかを決めなければならない。アリストテレスは、まず最も望ましい生き方について考えなければ、何が正義にかなう法律かはわからないと述べている。アリストテレスにとって、法律は善き生という問題から中立ではありえないのだ。
（『これからの「正義」の話をしよう』22頁）

自由で多元的な社会においては、善き生とは、自他の幸福の尊重を守って生きる生き方であるべきだ。

カントとロールズにとって、善き生に関する特定の考え方に基づく正義論は、その考え方が宗教的であれ世俗的であれ、自由とは相容れない。そうした理論は他人の価値観の押しつけとなるため、目的と目標を自分で選べる自由で独立した自己としての人間を尊重しない。つまり、自由に選択できる自己は中立的国家と密接な関係がある。われわれはまさに自由で独立した自己であるがゆえに、どんな目的にも中立な、道徳的・宗教的議論においてどちらにも与しない、国民がみずから自由に価値観を選べるような権利の枠組みを必要とするのだ。
（『これからの「正義」の話をしよう』339～340頁）

そもそも、倫理道徳理論からすれば、自由で独立した自己であっても、善と悪のいずれの立場に立つかと問われたとき、善と答えるべきである。国民がみずから自由に価値観を選べるにしても、それは悪の立場に立つものであってはならない。倫理道徳理論はまず、悪を否定するものでなくてはならない。そのためには、第一に善悪を明らかにしなければならない。そうして、私が明らかにした善は自他の幸福の尊重であった。善が内容として持つ幸福は原則として個人が自由に選択できる。国民が国家を構成する目的も自他の幸福である。なので、私の善の構想は国民の自由と相容れる。

◇囚人のジレンマ

囚人のジレンマという種類の問題がある。ゲーム理論におけるゲームの一つで、お互いに協力する方が協力しないよりも良い結果になることが分かっていても、協力しない者が利益を得る状況では互いに協力しなくなるというジレンマに陥る。

トムとダンという二人の兵士が敵の侵攻を食い止めるため、二つの近接する拠点をそれぞれ守っているとする。もし二人とも持ち場に留まれば、救援の来るまで持ちこたえ、二人とも助かる可能性がかなりある。もし二人とも逃げるならば、敵は直ちに追撃し、二人のどちらも助かる可能性はずっと小さくなる。しかし一人が持ち場に残り、他の一人が逃亡したとすれば、逃げた者の助かる可能性は二人とも留まった時よりも大きくなるが、留まった者の助かる可能性は二人とも逃げた時よりも、もっと小さくなる。（マッキー『倫理学』加藤尚武監訳、哲書房、167頁）

トムとダンの二人が協力して抵抗を続ければ生存確率が相対的に大きくなり、裏切りは最大と最小に運命を分かち、二人とも逃走すれば最悪の運命が待っている。二人が協力して抵抗を続ければ、二人とも良い結果を得られる。よって、二人とも自分の幸福とともに他人の幸福を尊重する態度の持ち主であれば、二人は協力して抵抗を続ける道を選ぶだろう。その結果、最善の結果が得られることになる。この問題の解決策は、二人が協力して抵抗を続ける道を選ぶような道を選ばせる社会、すなわち自分の幸福とともに他人の幸福を尊重する善なる社会を作り上げることだ。

◇完全義務と不完全義務

道徳法則の命じる義務は、二種類に分けられ、完全義務と不完全義務に区別される。

完全義務は、履行するのが当然で、背けば重く非難される義務。誰もが普通は完遂できる義務。権利に対応する義務である。正義、平等も関連深い規範である。これらの規範に反するのは不正である。

不完全義務については次のように言われる。

> 不完全義務は履行すると賞賛される義務。完全にはやりとげられない義務（世界中の困窮者を助けるほどの富者はいない）。関連深い規範には善意（benevolence）、善行（beneficence）、宗教的背景をもつ慈愛（charity）などが挙げられる。これらも義務であるからには不履行が非難を招かないわけではない。冷淡、冷酷、無慈悲といった非難が浴びせられうる。ただし、権利の蹂躙ではないゆえに不正とは呼びがたい。むしろ、不履行が世間の通例であるために、看過、黙認されることが多く、だからこそ履行が賞賛の対象となる。
>
> （『倫理学入門』品川哲彦著、中公新書 17～19頁）

しかし、私は善意（benevolence）、善行（beneficence）、宗教的背景をもつ慈愛（charity）などの不履行が、権利の蹂躙ではないとはいえ、冷淡、冷酷、無慈悲といった非難が浴びせられうる以上、不正となりうると考える。すなわち、完全にやり遂げることを求めることはできず、完全にやり遂げなくとも不正では無いが、自分の余裕有る範囲内で可能な時は、可能な範囲の義務を果たさなければ不正となり、それは完全義務となると考える。

◇**ロスの「一応の義務」論**

ロス（Ross, W. D. 1877 - 1971）によって、私たちが直観的に「どうしても、それをやらざるをえない」と思う七つの義務が示されている。

1930年にロスが発表した『正と善（The Right and the Good）』では、７つの義務が提示されている。約束を履行する「誠実（fidelity）」の義務、他人に与えた損害を償う「補償（reparation）」の義務、快楽や幸福の配分に関する「正義（justice）」の義務、恩恵を受けたことに対する「感謝（gratitude）」の義務、他人に不当な侵害をしない「無危害（non-maleficence）」の義務、他人に善をもたらす「善行（beneficence）」の義務、自分の状態を改善する「自己研鑽（self-improvement）」の義務である。これらの義務は他のより大きな拘束力を持つ義務が存在しない限りで絶対的な効力をもつ、という意味において「一応の義務」と呼ばれる。

（『入門・倫理学』42頁）

私も、これらは「どうしても、それをやらざるをえない」と思うので、以下では、ロスの「一応の義務」七つ（◎で示す）も私の善と正義に関する理解に基づいて位置付けてみよう。

◆二「諸悪莫作。諸善奉行」

日本の歴史学者で「聖徳太子」の実在を疑う大山誠一氏は、聖徳太子の実在性に関わる推古朝記事の他に、舒明即位前紀の記事をあげる人がいるので、この記事の中の「諸悪莫作。諸善奉行」思想についても言及している。


研究者の中には、この記事の中の「聖皇」と「先王」が、共に聖徳太子を指し、先王の遺言の「諸悪莫作。諸善奉行」を、聖徳太子の思想として高く評価する人がいる。その根拠は、聖皇と先王の語と、法隆寺の薬師像銘の「東宮聖王」や釈迦像銘の「上宮法皇」とが似ていることであるが、元来、『日本書紀』と法隆寺系史料とはまったく一致しなかったのだから、ここだけ参考にするのはおかしな話である。

加えて、『日本書紀』は、聖徳太子を一貫して皇太子と呼んでいるし、また、古来、これら二つの語が、「みかど」と訓まれてきたことからも、亡くなった推古女帝を指していると考えるべきなのである。推古の死後、その遺詔をめぐって起こった混乱だから当然だし、同じ記事の中で、推古は山背大兄王を「—汝《いまし》本より—朕《わ》が—心腹《こころ》たり」と言っているのだから、大兄の言葉に不自然はないのである。

また、「諸悪莫作。諸善奉行」は、法句経などの仏典に見える語で、山上憶良が「万葉集」所収の「沈痾自哀文」の中で、仏教を「諸悪莫作諸善奉行之教」と称しているように、仏教の基礎的表現で、さほど高度な思想が込められているわけではない。

（『〈聖徳太子〉の誕生』大山誠一著、吉川弘文館刊　77～79頁）


私は「聖徳太子」が実在したと考えるとともに、「諸悪莫作。諸善奉行」を唱えて、日本における倫理道徳の基本的義務の基盤を置いたと考える。そして、「諸悪莫作。諸善奉行」は現在でも倫理道徳の基盤だと考える。「諸悪莫作。諸善奉行」は、「悪を為すな。善を為せ。」ということである。

◇1．悪を為すな。

○自他の幸福を無視・毀損するな。
善が「自己の幸福の尊重」と「他者の幸福の尊重」とその調和であるからには、悪は、自己の幸福を無視・毀損したり、他者の幸福を無視・毀損したり、自分と他者の幸福の調和を無視・毀損したりすることである。倫理道徳法則は、悪を為すことを禁止する。すなわち、自他の幸福とその調和を無視・毀損・破壊することの禁止を命じる。

▼自分の幸福についての悪

○自殺をしてはならない
自己の幸福の尊重とその毀損禁止の観点から自殺は原則として認められない。その理由としては、第一に、「生きていればよいこともある」とよく言われるように、自殺してしまうと、将来得られた可能性が高いであろう幸福が得られないことになる。また、家族や友人等も悲しむことになる。第二に、本人が自殺によってしか自分の苦境は変えられないと思っていたとしても、それは思い込みであり、実際には適切な助けがあれば、苦境を脱することができる可能性が有る。本人は何らかの手段により必ず自殺せずに苦境から逃れることができる。つまり、本人の問題を解決するのに自殺という手段は非常に望ましくないと考えられるため、自殺よりも望ましい選択肢を探し出して、そちらを選ぶべきだということだ。

○少女は売春をしてはならない
援助交際と呼ばれる少女売春について。交際は正しいという考えが根底にある。未成年の恋は推奨されるべきものではない。さらに、援助交際する者自身については、自分を汚し自分という人格の尊厳を傷つけ自ら幸福になる権利を捨てているようなものである。逆に言えば、強姦は幸福を奪う重大犯罪である。

▼他者の幸福についての悪

◎不当な侵害をしない「無危害（non-maleficence）」の義務

無危害の義務は、他人に対して害を与えないことに関連している。この義務は「他人に害を加えない」という最小限の倫理的要求を表す。すなわち、他人への不当な侵害を加えないように努力することが求められる。なぜなら、不当に他人に危害を加えることは、他者の幸福を損なう悪だからである。

○他者に危害を加えない。

○他者に意地悪をしない。

○他者にいじめをしない。

○他者にセクハラ・パワハラ等のハラスメントをしない。

○一般的に不幸な存在を創造してはならない。

クローン人間を創造してはならない。この点については生命倫理を検討する所で詳説する。

◇２．善を為せ。

○自他の幸福を尊重せよ。

善が「自分の幸福の尊重」と「他者の幸福の尊重」とその調和であるからには、倫理道徳法則は自他の幸福の尊重を命じる。

▼自分の幸福についての善

○自分の幸福の基盤、生命等を尊重しなければならない。

◎自分の状態を改善する「自己研鑽（self-improvement）」の義務

自己研鑽の義務は、自己啓発や成長に関連している。個人は自己を向上させ、知識を増やし、個人的な資質や能力を発展させる努力をするべきである。これにより、他人により多くの価値を提供できるようになって、社会の幸福を増すことができる。

自己の倫理道徳的な成長は、自己の幸福の尊重に含まれる。自己が倫理的に成長することで、他者の幸福も増大するので、他者の幸福の尊重にも繋がる。

▼他者の幸福についての善

○他者の幸福の基盤、生命等を尊重しなければならない。

人間以外の他の生物を殺してもよいのか。人間を殺してはならないことは明らかだが、他の生物は殺してもよいのか。牛は殺してよいが、鯨はだめだと言えるか。すべて殺してはならないという立場と、人間以外はよいという立場の間で線を引くことはできないと考える。中間線として、家畜以外は殺してはならないとしよう。牛と鯨はうまく区別できる。しかし、この線の基礎は人間が家畜の種としての繁栄という幸福を保証しているので、その代償として殺してよいという考えにあるが、それでは海で獲る魚も殺していけないことになる。では、すべて殺してはいけないという規範が望ましいか。理想的にはこの態度が望ましいであろうが、現実的ではない。合理的な倫理としては、生命尊重の立場に立ち、不必要な殺生を避けるべきということになる。そのような態度こそが人間に徳を与え、幸福をもたらすのである。

◎他人に善をもたらす「善行（beneficence）」の義務

善行の義務は、他人に善をもたらすことに関連している。他人の幸福や福祉を促進し、善意を行動に表すことが求められる。自己中心的にならず、他人の幸福も考慮することが重要である。

○他者が幸福になるように接しなければならない。

二人の見知らぬ者が、海で、あるいは砂漠で、あるいは良きサマリア人〔苦しむ人の真の友〕の話のように、道の傍で、出会う。彼らの相互の義務は正確には何であるのかは決して明らかでないが、次のような場合には、積極的な援助が求められていると一般に言える。（一）積極的な援助が当事者の一方によって必要とされている、あるいは緊急に必要とされているとき、（二）援助を与えることにともなう危険と費用が他方の当事者にとって比較的低いとき。これらの場合には、私たちは立ち止まって、被害にあっているその見知らぬ人を当然助けるべきである。私が彼にどこで会おうとも、また彼の成員資格あるいは私の成員資格がどうであろうとも。これは私たちの道徳である。そして、たぶん彼の道徳でもあろう。それはさらに、集合的なレベルでもだいたい同じ形で言うことができる義務である。

（『正義の領分』マイケル・ウォルツァー著、山口晃訳、而立書房刊 64頁）

右の見知らぬ人を当然援助する場合は、そうしなければならない完全義務である。

◆三　ケアと責任の倫理

◇強者の弱者に対する責任

ドイツ生まれの実存主義哲学者であるハンス・ヨナス（Hans Jonas 1903 - 1993）は責任原理を提唱する。

「Yが存在を脅かされうるもの、つまり命あるもので、そのYの存否がYならざるXの行動次第にかかっているとき、XはYの存続にたいする責任を帰せられる。」と定式化できる責任の原理がある。

ドイツ生まれのユダヤ人哲学者で独自の生命哲学を構築したハンス・ヨナス（一九〇三―一九九三）はこの責任概念に立脚して『責任という原理』（一九七九）を著わした。

（『倫理学入門』118～119頁）

責任原理も他者の幸福の尊重に基礎付けられる。強者が弱者に対して責任ある立場に立つ場合、弱者の命運を左右する力を持つ強者は弱者の幸福に配慮しなければならないということである。

ヨナスの定式では、「Yの存否がYならざるXの行動次第にかかっているとき」なので、XというY強者がYという弱者に対して責任ある立場に立つ場合と言える。その弱者Yの命運を左右する力を持つ強者Xは、「Yの存続にたいする責任を帰せられる」。すなわち、他者Yの存続という幸福に配慮しなければならないということである。

○強者が弱者に対して責任ある立場に立つ場合、弱者の命運を左右する力を持つ強者は弱者の幸福に配慮しなければならない。

○今生きている者は未来世代の幸福に配慮しなければならない。

今生きている者はその生き方により未来世代の幸福を左右しうる地位にある強者である。従って、弱者である未来世代に対して責任を負っている。

◇ケアの倫理

○ケアする者は他者に寄り添い、耳を傾け、他者の必要としているもの（ニーズ）を細やかに感じとり、その訴えを受け止め、自分にできるかぎりそれに応答しなければならない。

ひとは幼時にあって、また病気のさいに、さらにまた高齢において他人の気づかいと援助を必要とする。いや、自分ひとりでやっていけると思いがちな健常な壮年にあっても実のところはそうなのではないか。この認識に立ってケア（気づかい、世話）という規範を基礎において組み立てられた倫理理論がケアの倫理である。

（『倫理学入門』120頁）

ケアの倫理も強者の弱者に対する責任から他者の幸福を用いて説明できる。弱者である幼児を世話する立場にある強者の親等、弱者である病人を世話する立場にある強者の看護師等、弱者である高齢者を世話する立場にある強者の介護士等は、弱者である幼児、病人、高齢者の幸福に配慮しなければならないということである。その配慮に際しては、具体的には、寄り添い、耳を傾け、ニーズを細やかに感じとり、その訴えを受け止め、自分にできるかぎりそれに応答しなければならないということである。しかし、何にでも応答しなければならないというものではない。弱者の真の幸福を考えることが必要である。

◆四　真理に対する誠実さ

○問題に対処するに当たって、正しい情報を手に入れて、それを元に対処しようとする誠実さがなければならない。

○問題の解決方法を伝えるに当たっては、自分が本当に信じているものを伝えようとする誠実さがなければならない。

情報を正確に入手し、人に誠実に語ることではじめて、私たちは自分自身を信頼し、自尊心をもって自分らしさを追求できるようになる。この態度を欠くと、名誉を失い、恥や後悔、罪悪感に苛まれることになり、自分らしく生きることは難しくなる。自分自身が不幸になる。また、知は力である。間違った知識が蔓延ると社会を支える力が弱くなり、他者の幸福も損なわれる（『「倫理の問題」とは何か』197頁）。

○相手が真摯に語るとき、聞き手も真摯に受けとめなければならない。

相手に真摯に語られた聞き手は、正しい情報を手に入れようとする誠実さと、自分が本当に信じてよいかどうか真剣に検討する誠実さがなければならない。話し手が真摯に語るという善行をなすとき、それに応じて、真摯に聞くという利益を与えなければならない。それが後述の「正義」に適う。

◆五　自他の幸福の調和・標準規範

以上の幸福と善に関する考察と哲学的反省を元にして、自他の幸福の調和の為に、次のような規範を提案したい。

◇人間社会の標準規範

○Ⅰ．私的行為について

A．自己の幸福追求（積極的幸福の拡大もしくは幸福の維持と自己の不幸の解消）

a．他者の幸福と両立しうる場合。

この場合は一次的に自己の幸福を追求してよいが、二次的に他者の幸福に配慮しなければならない。

①他者と特別に関係しない場合。

将来、他者の不幸を生むに至る行為を避け、他者の幸福と両立しうる行為を選ばねばならない。

②他者と特別に関係する場合。

自己の幸福を追求する際に、現在及び将来の他者の幸福を損なう行為と将来他者の幸福と両立しえなくなる事態に至る行為を避けて、他者の幸福と両立しうる行為を選ばねばならない。

b．他者の幸福と両立しえない場合。

①他者と特別に関係しない場合。

自己の幸福追求は原則的に認められる。

但し、将来、他者の不幸の少ない行為を選ばねばならない。

②他者と特別に関係する場合。

・他者の幸福よりも自己の幸福の方が重いか等しい場合
自己の幸福追求は許される。

但し、他者の不幸の少ない行為を選ばねばならない。
・自己の幸福よりも他者の幸福の方が重い場合
自己の幸福追求は原則として許されない。

但し、他者の同意があれば、自己の重大な幸福のために他者の幸福を犠牲にすることが許される。

その場合、他者の不幸の最も少ない行為を選ばねばならない。

加えて、他者の不幸に対して補償を行わねばならない。

▼寄付の義務について
他人に善をもたらす「善行（beneficence）」の義務について、功利主義者のピーター・シンガー（Peter Singer 1946‐　オーストラリア出身の倫理学者）は次のような形式的な議論を主張する。

前提１：食料、住居、医療の不足から苦しむことや亡くなることは、悪いことである。
前提２：もしあなたが何か悪いことが生じるのを防ぐことができ、しかもほぼ同じくらい重要な何かを犠牲にすることなくそうすることができるのであれば、そのように行為しないことは間違っている。
前提３：あなたは援助団体に寄付することで、食料、住居、医療の不足からの苦しみや死を防ぐことができ、しかも同じくらい重要な何かを犠牲にすることもない。
結論：したがって、援助団体に寄付しなければ、あなたは間違ったことをしている。
（『実践・倫理学』186～187頁）

誰かが特別の関係に無い遠くの他人の不幸を見て、自己の幸福如何にかかわらず、他人の不幸を解消して幸福にする義務が問題となっている。

自己に余裕が有って、遠くの他人の不幸に配慮する余裕が有る場合。この自己の幸福追求が特別に関係しない他者の幸福と両立しえる場合は、標準規範ＩＡａ①の問題となるので、自己の幸福追求は原則的に認められる。自己の幸福追求が原則的に認められるのだから、自己の幸福を毀損してまで、寄付をする義務は無いと言える。但し、「二次的に他者の幸福に配慮」し、「将来、他者の不幸を生むに至る行為を避け、他者の幸福と両立しうる行為を選ばねばならない」という義務に従って、自己の幸福実現の上で、余裕があれば、余裕の大きさに比例した大きさで、その余裕の何分かを寄付する義務がある。しかし、自分の夢の為に必要な金まで寄付する義務は無いと言える。

自己に余裕が無くて、遠くの他人の不幸に配慮する余裕が無い場合。この自己の幸福追求が特別に関係しない他者の幸福と両立しえない場合は、標準規範ＩＡｂ①の問題となるので、自己の幸福追求は認められる。自己の幸福追求が認められるのだから、自己の幸福を毀損してまで、寄付をする義務は無い。但し、「将来、他者の不幸の少ない行為を選ばねばならない」。具体的には、寄付を求める活動の妨害をしてはならない義務が生じるだろう。

この標準規範ＩＡｂ①の場合は、受験競争のように自分の合格という自己の幸福追求の過程において他人を蹴落とさざるを得ないような場合が典型的である。

標準規範ＩＡｂ②の場合とは次のような例である。

☆ＩＡｂ②の一例

ここで生命倫理学者のジョン・ハードウィッグの報告する実例を紹介したいと思います。すでに病気がかなり進行していた八七歳の女性は、半年の生存率は五〇パーセント以下と見積もられていました。結局彼女は徐々に弱っていきながらも、その後二年間生き長らえたのですが、その間の治療費を払うために、唯一の肉親である五五歳の娘は、自らの貯金だけでは足りずに、住んでいた家まで売り払わなければなりませんでした。また、つきっきりで介護しなければならず、仕事も辞めざるをえませんでした。つまり、その高齢の母親は寝たきりの状態で自分が二年間生き長らえるために、娘の人生を狂わせてしまったのです。

（『いまを生きるカント倫理学』秋元康隆著、集英社新書 130～131頁）

母親の幸福追求（最大限の延命）と娘（一般的に言って母親と特別の関係にある）である他者の幸福（経済的利益）が両立しえない場合の例である。母親の幸福追求の方が娘の幸福追求よりも重いので、母親の幸福追求が許される。但し、母親は可能なら他者の不幸が少ない行為を選ばねばならない。母親が自ら延命治療を断念し、自己の幸福を犠牲にして、娘の幸福を優先した場合、賞讃されるべき場合と言える。他方、娘は幸福追求が許されない。娘が幸福追求するには母親の同意が必要である。

ⅠＡｂ②の場合は、自己の幸福と他者の幸福の軽重で場合分けしてあるが、その軽重を判断するに際しては、価値位階を参照すべきこととなる。哲学的省察からすると価値には位階があり、位階の中で上位の価値が優先される。価値位階は価値に順序を付与しているが、その価値を選び取って幸福として追求する場面においても、その順序は生かすべきだと考えるからである。これを「精神の原理」と呼びたい。例えば、満員電車の中では、心臓病の人のペースメーカーに対する影響を考えて、自己の経済的利益を犠牲にして携帯電話の利用を避けなければならないといった場合である。この価値位階の例としては、現象学者、マックス・シェーラー（Max Scheler 1874 - 1928 ドイツの哲学者）が理論的に導き出したものが参考になる。

Ⅰ．聖的価値（Holy values）：宗教的な価値や神聖な価値
Ⅱ．精神的価値（Spiritual values）：知識、真実、美、愛に関する価値
Ⅲ．生命的価値（Vital values）：健康、生命の維持、活力に関する価値
Ⅳ．快楽的価値（Pleasure values）：肉体的な快楽や苦痛に関する価値

マックス・シェーラーは『倫理学における形式主義と実質的価値倫理学』において価値位階を唱えている。しかし、シェーラー自身が個々の具体的価値の細かな順序を詳細に列挙しているわけではなく、彼の理論を基に一般的な解釈として唱えられているのが、次の詳細な価値位階である。

Ⅰ．聖と非聖の対立が包括する価値系列（聖的価値）
1．聖：神聖、信仰、宗教的体験、崇拝、神聖な義務。
2．神聖な愛：無償の愛、アガペー。
3．宗教的義務：祈り、礼拝、宗教的儀式。
Ⅱ．精神的諸価値の領域（精神的価値）
1．真理：知識、学問、科学、哲学的探求。
2．正義：道徳、倫理、公平さ、法の遵守。
3．美：芸術、美学、創造的表現、音楽、文学。
4．愛：友情、家族愛、博愛、慈善。
5．文化的価値：伝統、歴史、教育、文化的遺産。
Ⅲ．生命的感得作用がとらえる諸価値の総体（生命的価値）
1．生命：自己保存、生存、繁殖。

2. 健康：肉体的健康、精神的健康、病気の予防と治療。
3. 身体：体力、健康、身体的な活力。
4. 生存に必要な本能：例えば、自己防衛や栄養摂取。
5. 動物的本能：繁殖本能、保護本能、社会的本能。

Ⅳ. 快適・不快適の価値の諸系列（快楽的価値）
1. 生命に直接関わる快適さ：例えば、基本的な身体的快適さや苦痛の回避。
2. 生存や健康に影響する快適さ：例えば、健康的な食事や適切な休息。
3. 日常的な快適さ：例えば、便利な住環境や高品質の道具。
4. 贅沢品や娯楽：例えば、豪華な衣服やエンターテインメント。

シェーラーの価値位階においては、「愛」が「生命」よりも、優先されることになるが、そのような場合として挙げられる例を見てみよう。

兵士が戦場で仲間を守るために自らの命を犠牲にする場合。この場合、兵士の行為は仲間への愛や忠誠心（精神的価値）を示しており、それが自身の生命（生命的価値）よりも優先されている。しかし、自ら進んで生命よりも愛を選び愛のために生命を犠牲にする兵士の幸福追求と仲間たちの生命という幸福追求は、調和しており、どちらか一方しか実現しないものではない。両方実現して、美しい自己犠牲のケースとなる。

親が災害時に子供を守るために命を懸ける場合。この場合も、親の行為は子供への愛を守るためのものであり、自己の生命よりも優先されている。しかし、自ら進んで生命よりも愛を選び、子供への愛のために生命を犠牲にする親の幸福追求と子供たちの生命という幸福追求も、調和しており、どちらか一方しか実現しないものではない。両方実現して、美しい自己犠牲のケースとなる。

精神的価値一般を生命よりも優先する場合を見てみよう。宗教的な修行や瞑想において肉体的な快適さや生命の維持よりも精神的な悟りや内面的な平和が重視される場合、科学者や探検家が新しい発見や真理を求めて危険な状況に身を置く場合、アーティストや作家が自分の身体的な健康を犠牲にしてでも作品を完成させる場合、ある人が不正行為に巻き込まれないために生命のリスクを冒してでも告発を行う場合などが挙げられる。しかし、いずれも、自己の中において、生命よりも精神的価値を優先させる場合に過ぎない。

ガリレオは、地動説を支持する研究を続けたことで、カトリック教会と衝突した。教会側は彼の生命を守るために地動説の撤回を求めたが、ガリレオは真理の追求という精神的価値を優先した。この場合は、精神的価値を優先する人と彼の生命を心配する人がいて、精神的価値を優先する人が心配を無視する例に過ぎない。これも自己の中において、生命よりも精神的価値を優先させる場合に過ぎない。

従って、精神的価値が生命よりも優先されるのは、或る人と別の或る人の幸福追求が両立しうる標準規範ⅠＡａの場合であることになる。

これに対して、生命が愛よりも優先される場合を見てみよう。ある人が愛する人と一緒にいたいという気持ちを持っていても、緊急手術が必要な場合には、医師はその患者の生命を守ることを最優先にする。愛する人と一緒にいること（精神的価値）よりも、生命の維持が優先される。臓器移植の際、家族が脳死者に対する愛情からその脳死者をドナーとすることを望まなくても、移植を受ける患者の生命を救うため、家族に対して説得を行い、結果として、その脳死者をドナーとする場合がある。

二つとも、或る人の幸福追求と別の或る人が特別に関係し、二人の幸福追求が両立し得ない標準規範ⅠＡｂ②の場合である。

精神的価値一般と生命を比較しても、患者が生命の危機に瀕している時の医師、登山中に遭難した人々を救助する際の救助隊員、交通事故が発生し誰かが重傷を負った時の近くにいる人々等は、自己の追求する精神的価値を後回しにして、生命の危機に瀕する人々を救わねばならない。これらの例に共通しているのは、極限状況下で「生命」を守ることが最優先とされることである。「生命」が優先されるのは、それが基本的な存在条件であり、生命がなければ精神的な価値の追求自体が不可能になるからである。

なのに、シェーラーの価値位階は「精神的価値」を「生命」よりも優先する。シェーラーの価値位階は、価値の「質」や「高貴さ」を基にした理論的な枠組みである。「精神的価値」は、人間の内面的な充実や、真理、美、道徳といった高次の理想を指し、これらは本質的に高貴であるとされるからである。シェーラーの価値位階は、価値そのものの質的な優劣を示すものであるが、具体的な行動や選択においては、状況に応じた柔軟な判断が必要であり、特に緊急時には生命の優先が実務的に重要とされるのである。これは、生命が無ければ精神的価値の追求が不可能であるという現実に基づくものである。

従って、標準規範ＩＡｂ②の場合で、生命と精神的価値を比較する時、生命が危機に瀕している緊急時を念頭に置くものであるから、生命が精神的価値よりも優先されるべきこととなる。

以上から、愛等の精神的価値が優先されるのは、標準規範ＩＡａの場合であり、生命が優先されるのは、標準規範ＩＡｂ②の場合であることが分かる。すなわち自己と他者の幸福が両立し得ない場合は、生命の方が愛よりも重いこととなる。このことから、標準規範ＩＡｂ②の場合の幸福の軽重に関しては、価値位階の順序を次のように変更したい。

Ⅰ．生命的価値
Ⅱ．聖的価値
Ⅲ．精神的価値
Ⅳ．快楽的価値

この新しい価値位階に従って、標準規範ＩＡｂ②の場合には、「生命的価値」が、「聖的価値」や「精神的価値」よりも重いこととなる。シェーラーの価値位階は、価値そのものの質的な優劣を示すものだが、具体的な行動や選択においては、状況に応じた柔軟な判断が必要であるとされる。

標準規範ⅠＡｂ②の場合、同レベルの価値の間では、自己の幸福追求を認めているが、同レベルの価値の間では精神の原理がどう働くか。自己の生命と他者の生命が両立しえない場合を考える。その場合の脳死と臓器移植に関して、識者の意見は人の命は地球よりも重いから、人の命の重さを量る違法性阻却事由にはなじまないというものである。しかし、正当防衛でも明らかなように、法は生命の重さを量って一方に否定的判断を下す場合がある。そして、人一人の命が地球よりも重いので量るのに適さないというのは、精神論というか、感情論に近い。ギリギリの具体的場合においては、十人の命が一人の命よりも重くなるのである。一九九六年一二月に起こったペルー日本大使館人質事件が一九九七年四月に平和的解決ではなく、武力で解決されたように。「人一人の命が地球よりも重い」と言って済ませていられたのは日本があまりにも平和だったからである。

Ｂ．Ａ．の標準規範の下、幸福の追求もしくは不幸の解消が可能であるときは自らを不幸にする行為をしてはならない。

かつ、他者の不幸や法律に違反する行為を自己の幸福としてはならない。

また、他者の幸福や法律に適合的な行為を自己の不幸としてはならない。

Ｂ．は、カントの時代とは違い援助交際など自分の幸福を損なう行為を平気でする風潮が蔓延しているので、標準規範に追加したものである。これは幸福になるように努力することを期待する規範である。

なぜ、不幸になる人間を放置できないかと言えば、不幸な人間は、周囲の人間を不幸にするからである。すなわち、幸福な人間は価値的に満足し周囲に価値を分け与えることができる。これに対し、不幸な人間は、価値を所持せず、価値を分け与えられない。そればかりか、周囲の幸福を妬み、憎悪し、周囲の価値を奪って自己のものとしようとしたり、周囲の幸福を破壊して満足したりしようとすることが顕著だからである。不幸な人間は、自分ばかりか、他人をも不幸にするのである。

しかし、何が幸福で何が不幸であるかは自らが決定することを原則として認める。人は自らの幸福を選び取らねばならないし、幸福の押し売りは望ましくないからである。そして、自己の幸福を選ぶことができるといってもストーカー行為のような他人の不幸や犯罪行為のような法律に違反する行為を自己の幸福とすることは許されない。他人の不幸を自己の幸福とすることは、他者の幸福への配慮を原則とする《幸福の原理》の立場からは許されないのは当然である。

幸福を選べるとは言え、どのような行為が幸福をもたらし、どのような行為が不幸をもたらすか、科学的研究を行い、啓蒙活動をしたり、学校で教育したり、他人が忠告したりすることは、認められるし望ましい。

例えば、タバコは健康の害が明らかだが、それを認識したうえで、それに勝る喫煙による快感という幸福を選択することも認められる。これに対し、公的機関が啓蒙活動をしたり、学校で喫煙の害を説いたり、友人が忠告したりなどできる。私は少女売春（援助交際と呼ぶ人もいる）が明らかに自分を不幸にすると考えている。

しかし、タバコを許されるとしても間接喫煙を放置することは許されない。他者の幸福と両立しうる場合であるので、標準規範ⅠＡａ②に基づいて近くの他人に間接喫煙の害が及ばない喫煙方法を選ばねばならない。

カントは『道徳形而上学の基礎づけ』で、「みずからを真に幸福にするものが何であるかを、何らかの原則にしたがって十分確実に突きとめることができない」と言う。

確かに具体的幸福が何かは人により様々であり、原則にしたがって十分確実に突きとめることはできない。だから、人は生きて行く中で実存的決断をして価値を選び取って幸福とせねばならない。そのため、私的行為においては自己の幸福追求を原則的に認めた。

○Ⅱ．公的行為及び第三者的立場の行為について

この場合は一次的に他者の幸福を考えなければならない。

職業倫理の範囲内で自己を犠牲にし、自分で実現できる最大多数の最大幸福を図らねばならない。最大多数の最大幸福を図った内容は道徳規範に違反してはならない。

公的行為で「最大多数の最大幸福」という用語を使ったのは、功利主義の立場そのものではなく、大まかに言えば、同じ価値の間では「最大」に従うが、異なる価値の対立の場面では精神の原理に従い、価値の分配の場面では正義に従って幸福を目指すことを指す。

たとえば、自動車を使えば当然ながら人命が犠牲になるものと予想される――アメリカでは年間四万人を超える人が亡くなっているのだ。だからといって、社会が自動車を手放すことはない。それどころか、制限速度が引き下げられることさえないのだ。一九七四年の石油危機の際、連邦議会は制限速度を全国的に時速五五マイル（約九〇キロメートル）とするよう命じた。その目的はガソリンの節約だったが、制限速度が引き下げられた結果、交通事故による死者も減少した。

（『これからの「正義」の話をしよう』78頁）

現在の自動車を使えば当然ながら人命が犠牲になるものと予想されるのに、政府が自動車交通を禁止しないのは、最大多数の最大幸福を図って、高速度自動車交通を認めていることになる。現在の高速度自動車交通を利用するのに伴う不可避の犠牲であり、高速度自動車交通を利用する限り、交通事故による死者は避けられない。

しかし、他者の幸福の尊重の観点から、高速度自動車交通を維持した上で避けられる死者は生じさせてはならない。

☆爆発するガソリンタンク

一九七〇年代、フォード社のピントはアメリカで最も売れているサブコンパクトカーの一つだった。ところが不幸なことに、そのガソリンタンクは追突された場合に爆発しやすかった。この欠陥による火災事故で五〇〇人以上が命を失い、多くの人びとがひどい火傷を負った。事故の被害者の一人がフォードを設計不良で訴えると、フォードの技術者たちがガソリンタンクに起因する危険に気づいていたことが明らかになった。ところが、フォードの経営陣は費用便益分析を行ない、一台当たり一一ドルのコストをかけてガソリンタンクの安全性を高める部品をつけても、その便益（命を救いケガを防止すること）は費用に見合わないと結論していたのだ。

安全性を高めたガソリンタンクによって得られる便益を計算するにあたって、フォードはタンクを改良しなければ一八〇人が死亡し、一八〇人が火傷を負うものと見積もっていた。そして、失われる命と生じる火傷をそれぞれ金額に換算した――命は二〇万ドル、火傷は六万七〇〇〇ドルと。さらに、この金額に焼失するピントの数と価格を加え、安全性を改善することの総便益は四九五〇万ドルとはじき出した。いっぽう、一二五〇万台のピントに一台当たり一一ドルの部品をつければ、一億三七五〇万ドルのコストがかかる。したがってフォードの結論は、ガソリンタンクを改良する費用は、車両の安全性を向上させる便益に見合わないというものになった。

（『これからの「正義」の話をしよう』75～76頁）

フォードという会社が公的立場に立つⅡの問題である。この場合、道徳規範の一種であるⅠの標準規範を準用すべきこととなる。フォードという会社の幸福追求の問題で、ⅠBの場合となるので、他者の不幸や法律に違反する行為を自己の幸福としてはならない。ところが、自動車会社には安全な自動車を製造する法的義務がある。ガソリンタンクに起因する事故は避けることが可能だった。自動車製造業者は避けられる事故の原因はすべて除去しなければならない。そうしなければ法律違反だ。ガソリンタンクを改良する費用と人命の損失を秤にかけることは許されない。

○Ⅲ．二重結果原則

第三者的立場で行う一つの行為から善い結果と悪い結果が生じる場合、二重結果原則が適用される。

二重結果原則の起源は十三世紀に遡る。神学者トマス・アクィナスが著書『神学大全』において、「自己防衛のための殺しは許される」と説いたのが最初である。カトリックの教えの基本には、仏教と同様に、善をなし悪を避けよという原則がある。しかしトマスは、ひとつの行動には２つの結果が生じ得ることを見抜いた。物事には善い結果と悪い結果があり、善い行動が悪い結果を生むこともある。そして状況によっては、通常なら避けるべき悪い結果が容認されることもあると説いた。

（『「正義」は決められるのか？』トーマス・カスカート著、小川仁志監訳、高橋璃子訳、かんき出版刊　83頁）

自己防衛のために他人を殺したなら、彼はみずからの存在のために他人の存在を犠牲にしたことになる。だとしても、特定の条件下においては、善い結果を得るために悪い結果を引き起こしてもよいのだというのがトマスの教え、二重結果原則である。彼のいう「特定の条件」とは、以下の４つである。

1　その行動自体は、道徳的によいことであるか、少なくとも中立である。

2　行為者は積極的に悪い結果を望んでいない。もしも悪い結果を引き起こさずによい結果が得られるなら、そちらを選ぶべきである。

3　よい結果は、少なくとも悪い結果と同程度には、行動の直接的結果でなくてはならない。いいかえれば、よい結果は行動によって引き起こされねばならず、悪い結果によって引き起こされてはならない。そうでなければ、行為者は悪い結果を手段として用いることになる。これは許されてはならない。

４　よい結果は、悪い結果を相殺するに足るだけの効果を持たねばならない。

（『「正義」は決められるのか？』84～85頁）

元々、二重結果原則は自己防衛の場合、すなわち自己の幸福に関する場合を念頭に置いて形成されたものらしいが、自己の幸福に関する場合は、標準規範Ⅰに任せて、私は二重結果原則を第三者的立場に関する場合に限定する。また、自己防衛の場合は法的には正当防衛問題の領域に含まれるからだ。

例えば、新種の病気の蔓延にあたり、有限な医療資源を適正に配分する場合を見てみよう。医師は治癒する可能性の高い患者だけを選別して治療し、治療困難な患者は放置しようと決断する。選別されなかった患者たちが死亡してしまう悪い結果が生じてくるのを予見してはいるが、意図してはいないので、四つの要件に基づいて正当化することができる。

医師がこの新種の病気の特質をよりよく知るために、治療困難な患者を意図的に放置するような実験計画を策定する場合はどうか。治療困難な患者の病状の悪化という悪い手段により、長期的な医学的善という善い結果を達成しようとしているので、第三の要件が欠けていて、許されない。

二重結果原則に関しては、フィリッパ・フットが案出したいわゆる思考実験「トロッコ問題」がある。

☆フランクの事例

フランクは路面電車の乗客だが、電車の運転手が「ブレーキがきかない！」と叫んでショック死してしまった。線路の前方には五人の人がいるが、線路から逃げ出せない。その線路には、右に曲がる支線があり、フランクはその電車を右に曲げることができる。ところが、不幸にも、右の線路には一人の人がいる。フランクは電車を右に曲げて、一人を殺すことになる。そうでなければ、彼は電車を右に曲げることを控え、五人を死なすことになる。

（『異議あり！生命・環境倫理学』62頁）

前方の五人についてと右の一人についてはⅠＡｂ②の問題となる。自己の生命と他人の生命は同等なので、どちらも他方に進めと求めることができる。

フランクについては、一つの行為から善い結果と悪い結果が生じるので、標準規範Ⅲの二重結果原則が適用される。

フランクの行為自体は五人を助けるという善いものである。しかし、その行動には、一人を犠牲にするという悪い結果を伴ったが、悪い結果は意図したものではない。五人を救うという良い結果は、一人を犠牲にするという悪い結果を相殺するに足る。よって、フランクの行為は道徳的に認められる。

戦争においても、二重結果原則が適用されるとする見解もある。戦時に指導者が市街地に対する爆撃を命じた場合について考える。敵の工場の生産能力に致命的な打撃を与えるために爆撃を行うが、近隣に居住する無辜の一般市民が巻き添えとなる悪い結果が伴う。この例は、４つの要件を満たし、正当化することができるという。

敵の士気を挫くために、指導者が意図的に一般市民への殺戮を命じた場合はどうか。戦争の早期終結は無差別殺戮の結果によって生じてくるため、第３の要件が欠けているという。

しかし、二重結果原則の「よい結果」とは、道徳的に「善い」結果のことであり、通常、戦争では自他の幸福の尊重をもたらす善い結果は意図されないので、二重結果原則は戦争には適用すべきではないだろう。その代わり、戦争では戦時国際法に従った行為が求められる。

○Ⅳ．特定の他人に代わってその他人の幸福を判断する立場にある場合、その他人の最善の利益を代表しなければならない。

○Ⅴ．**人類社会の幸福を現実的に損なう幸福追求は許されない。**

修正された価値位階において、自己保存、生存、繁殖が第一の位置を占める。故に、人類の自己保存、生存、繁殖等の人類社会の幸福を現実的に損なう幸福追求は許されない。

この標準規範が狙うのは、自己の幸福追求と他者の幸福追求の間の調整である。倫理道徳法則に従うと、自己犠牲は高い道徳的価値を持つであろう。しかし、今日、自由な幸福追求が原則とされる中で、常に自己犠牲を求めることはできない。原則的に自由な幸福の追求を認めねばならない。しかし、その過程で他者の幸福を損なうことを放置する訳には行かない。そこで、私的行為においては自己の幸福追求を原則としつつ、他者の幸福の配慮を求めるのである。一方、公的行為においては自己の幸福追求は後退せざるをえない。そして、カントは、他者の幸福とともに「自己の完成」を義務である所の目的としているが、実存的な自己の幸福追求を認める中で、人格的完成を押し付けることは望ましくないと考えたので、標準規範には出て来ない。

◆六　形式的正義の規範

○法に従った行動をしなければならない。

法律に違反する行為は、幸福の基礎的環境である社会秩序を維持する一般的観点からしても許されない。幸福を守る社会秩序が失われれば幸福も失われるのだから、当然である。善を実現するためには、善、すなわち自他の幸福の尊重のために作られた法を遵守する必要があるのである。

◆七　実質的正義の規範

◎快楽や幸福の配分に関する「正義（justice）」の義務

正義の義務は、幸福や資源、機会の公正な配分に関連している。社会的な公正を実現し、他人に対して公平で平等な取り扱いを提供することが求められる。不正義や不平等に反対することも含まれる。

◇０．正義論

「自由が正義だ」「平等が正義だ」などと様々な概念が正義だと主張される。また、「自分が正義だ」などと言う者もいる。これらすべてが「正義」だと考えることは当然できない。これらの主張は、それぞれが正義だと主張するもの事が正義という概念の中核と同じ程度に正しいと主張しているのだと考える。

ところで、日本語の不正義の概念には、「道に外れたこと」、すなわち非道という概念が含まれる。非道とは「ひどい」ということだ。人々がひどさを感じるときには、正義にたいする侵犯が起きていることが多い。このひどいという感情から正義について考えてみよう。最もひどいという感情が喚起されるのはどのような時か。犯罪が処罰されずに褒美が与えられたり、善行が賞められずに処罰されたりする時、がそのような場合の典型例ではなかろうか。

☆トルーマン学位授与事件

アンスコムのもっとも有名なエピソードは、トルーマン学位授与事件でしょうか。これは彼女も在籍していたオックスフォード大学が、アメリカの元大統領トルーマンに名誉学位を授与するという決定を下そうとしたとき、アンスコムが一人、敢然と反対を表明したものです。彼女に言わせれば、トルーマンは日本への原子爆弾の投下命令を出した人物であり、その意味で無辜の人間の大量虐殺を指示した人物です。そのような行いはたとえ、戦争に勝利するためであったとしても、決して正当化され得ません。したがって、トルーマンに名誉を与えるようなことには、決して賛成できない、そう彼女は論じました（もっとも最終的に賛成多数で、学位は授与されました。アンスコムに賛同して学位授与に反対した四人のうち、一人はフットでした）。

（『「倫理の問題」とは何か』73頁）

トルーマン学位授与事件を検討すると、無辜の人間の大量虐殺は、他者の大きな不幸を大量にもたらす大悪である。その大悪に対して利益を与える例と言え、正義に反する例となり得る。また、前述のように、二重結果原則は戦争に適用されないので、二重結果原則によって倫理道徳的に正当化することもできない。

こうしたことから、違犯するとひどい不正となる正義という概念の中核が見えてくる。「義」とは元々、「すじ道」のことである。だから、正義とは正しいすじ道を示すものでなければならない。また、正義とは価値の分配に関わる概念である。そして、正義の課題とは共同体の秩序を守ることである。正義という概念の中核は共同体の秩序の維持に効果がなければならない。従って、正義とは、価値の分配のすじ道を示すことで共同体の秩序を維持する効果を持たねばならない。

そのようなものとして、アリストテレスは、『ニコマコス倫理学』のなかで、古代ギリシアの都市国家、ポリスにおける正義を二種類に区別している。

分配的正義（比例的正義）

一つは〈各人に対して各人の諸価値（真価）に比例したポリスの名誉や財産を分配すること〉を意味する分配的正義。これは比例関係にもとづくため、比例的正義とも呼ばれます。当時のポリスでは、市民階級の男性は政治の役職につくことができましたが、女性や奴隷はそうではありませんでした。他のポリスや文化圏との戦争を勝利に導いた武将の多くは戦利品を受け取ったり、立派なお墓に埋葬されたりしましたが、ヒラの重装歩兵はそうではありませんでした。ポリスの名誉や財産、とくに政治的地位は、各人の地位や功績といった諸価値（真価）に比例したかたちで分配されることが正しいとされたのです。

（『正義とは何か』42頁）

是正的正義（矯正的正義）

もう一つは〈各人にほんらいあるべき名誉や財産の回復〉を意味する是正的正義（矯正的正義）です。アリストテレスは、この是正的正義には「自発的なもの」と「非自発的なもの」があるとしています。自発的な是正的正義の対象は、「たとえば販売、購入、貸与、担保入れ、融資、委託、賃貸など」。非自発的な是正的正義の対象には、「窃盗、姦通、毒物使用、売春斡旋、奴隷誘拐、暗殺、偽証のような密かに行われるものと、暴行、監禁、殺害、強盗、傷害、中傷、虐待のような暴力的なもの」が含まれるとされています。この是正的正義の構想は、今日の日本の民法で言うところの「現状《ママ》回復義務」や、刑法学で言うところの「応報刑主義」に通じていると言えるでしょう。

（『正義とは何か』42〜43頁）

是正的正義から想起されるのはハンムラビ法典（前一八世紀中頃、南部メソポタミアを統一したバビロン第一王朝第六代王ハンムラビが制定した楔形文字法典）にさかのぼる古い概念、「目には目を、歯には歯を」というすじ道である。この同害報復の概念は刑罰の基礎を支えるものとして正義の典型だとされてきた。現代でも正義という概念の中核にはこれが含まれるべきであろう。そして、そのすじ道としての意味を「悪に比例して不利益を与える。」と一般化できる。そして、価値の分配の全体を示すために、それとの均衡を考えて、分配的正義を取り入れるべきだろう。すなわち、「善に比例して利益を与える。」という「利益」に関するすじ道も追加されるべきだろう。すなわち、正義とは、「善に比例して利益を与え、悪に比例して不利益を与えること」とされるべきだろう。ここに言う善悪の概念は既に明らかにしてある。

この正義の概念は平たく言えば、勧善懲悪の効果を持つ。善に利益という褒美を与え、悪に不利益という罰を科すからである。法がこのような原則に貫かれれば、社会秩序が維持されるとともに善の拡大と悪の縮小が期待できる。一般の人も広く支持できるのではなかろうか。

ところが、カントやリベラリストのロールズ（John Bordley Rawls 1921 - 2002 アメリカの哲学者）は善を前提にして正義の概念が決まることを忌避する。

対照的に、一八世紀のイマヌエル・カントから二〇世紀のジョン・ロールズにいたる近現代の政治哲学者によれば、われわれの権利を規定する正義の原則は、美徳、あるいは最善の生き方についてのいかなる特定の考えをも土台とすべきではないという。正義にかなう社会とは、各人が善き生に関するみずからの考えを選ぶ自由を尊重するものなのだ。

（『これからの「正義」の話をしよう』23頁）

私の考えでは、「各人が善き生に関するみずからの考えを選ぶ自由」とは、自らの幸福が何であるかを選ぶ自由であり、善を自他の幸福の尊重とするときにも、守られる。そして、その善の概念を元にして、正義の概念を定義できる。

ところで、サンデル（Michael Joseph Sandel 1953 - ）はコミュニタリアニズム（共同体主義）の代表的論者である。共同体主義（communitarianism）とは、20世紀後半のアメリカを中心に発展してきた共同体（コミュニティ）の価値を重んじる政治思想である。コミュニタリアニズムとの表記も一般的である。これに立脚している論者をコミュニタリアン（communitarian）という。現代社会の様々な問題を理解・解決するために共同体を持ち出している。

その共同体主義者サンデルの思想的革新は、「正と善」の関係性の考察にあるのであり、「善と相関する正」が彼の提示する命題なのである。この正義の観念を「善相関型正義」と呼ぶことができる。これは、単純化すれば、ロールズ等が主張するリベラリズムの「善なき正義」に対する「善ありし正義」であり、アリストテレス以来の倫理的正義の観念と言ってもよいだろう。私の正義の概念も「善ありし正義」の立場に立つ。

そして、右の場合の「正」とは「正義に従うこと」であり、その「正義」とは、「善に比例して利益を与え、悪に比例して不利益を与えること」である。この正義の中核概念から論理的に自然に導かれる道徳規範がある。その道徳的規範が示す完全義務に対応する権利が生じる。

正義は社会秩序にとり、極めて重要な意味を持つ。

というのも、社会は慈愛なしでも存立することができるが、正義なしでは存立できないからである。慈愛は「建物を美しくする装飾であって、建物をささえる土台ではなく、したがってそれは、住めば十分であり、けっして押しつける必要はない」ものである。これにたいして正義は「大建築の全体を支える柱である。もしそれが除去されるならば、人間社会の偉大で巨大な組織は、一瞬にして崩壊して諸原子になるにちがいない」ような重要な意味をもつものである。

（『正義論の名著』151～152頁）

この極めて重要な正義から導かれる権利に反する不正には、道徳的サンクションを課しうると考える。ところで、正義と公正さには重要なつながりがある。

その意味ではこの正義という概念は、共同体においてどのような状態がフェアであるかを重視するものであり、道徳哲学だけでなく、政治哲学の重要な概念でもある。そして正義が語られるときには、フェアで正しいありかたが問題にされると同時に、その公正さや正しさが踏みにじられているという憤慨の念が伴うものである。人が正義を声高に要求するとき、その人にとって我慢のできないような公正でない事態が発生しているのであり、その事態を公正さの原理にしたがって是正することが求められているのである。正義の概念は、政治哲学と道徳哲学の交わる場において、結節点のような役割をはたしているのである。

（『正義論の名著』007～008頁）

確かに、正義という概念は、共同体においてどのような状態がフェアであるかを重視する。しかし、私の立場では、正義が公正さを前提とするのではなく、正義を前提として公正さの概念が決まると考える。公正さとは「正義に従っている状態」と定義でき、公正さは正義に従属する。

以下、私見の正義の中核概念から論理的に自然に導かれる道徳規範を論じる。

◇1．善に比例して利益を与えること

○業績を正当に評価しなければならない。

自他の幸福のために努力して得た善なる業績や自他の幸福を尊重して成し遂げた功績を無視したり、誹謗中傷したりしてはならず、業績や功績の善の大きさ、すなわち自他の幸福に貢献する程度に応じて評価し、利益を与えなければならない。

○悪行に対して利益を与えてはならない。
悪を奨励することは許されない。

▼一般的な報恩の義務

○現在の世代は地球を守らなければならない。

現在の世代は制裁（サンクション）を予期して、未来世代に責任を負うのではない。緑の地球を受け取ったのだから、緑の地球を返さなくてはならない。バトンタッチの関係の中に完全義務が成り立つ。

地球を守ることは、未来の世代に与える恩恵ではない。現在の世代が背負う責務である。

（『現代倫理学入門』218頁）

私が考える「善」である「他者の幸福の尊重」の他者には未来世代が含まれる。また、緑の地球という善の成果を受け取ったのだから、それに対して利益をあたえねばならない。その報恩を次世代に、緑の地球を受け渡すという形で果たすのが正義に適う。

▼特別な報恩の義務

○特別な恩恵を受けた場合、恩に報いなければならない。

所属するなど特別な関係にあることによりそれらから利益を得てきた個人や集団に対しては、それらの個人や集団が危機的な状況にあるときに、報恩の義務が生じ、それらの恩に対して利益を返さなければならない。この義務を果たさない人間は恩知らずである。自己の利益を図ってくれた善に対して、報恩による利益で返す正義の義務である。

☆フランスのレジスタンス

話題を家族の責務からコミュニティの責務に移そう。第二次世界大戦中、フランスの抵抗勢力のメンバーは、飛行機でナチス占領下のフランス上空から爆撃を行なっていた。工場や軍事施設を標的としていたものの、一般市民の犠牲者を出すことは避けられなかった。ある日、ある爆撃機のパイロットが指令を受けとり、標的が故郷の村であることを知る（この話の真偽は定かでないが、興味深い道徳的問いを含む）。彼はその任務を免除してほしいと願い出る。昨日遂行した任務と同様、この村の爆撃がフランスの解放という目標に必要であることに異存はないし、自分がやらなければほかの誰かがやることもわかっている。それでも彼は、自分の家族や村の仲間を殺すかもしれない爆撃はできないという理由から、二の足を踏む。たとえ正当な大義があっても、この爆撃の実行は、特別な道徳的過ちになると彼は考える。

（『これからの「正義」の話をしよう』356頁）

以上の例から、報恩の義務の準用として、次の規範が導かれる。

○軍人は、自分が特別に関わった共同体に対して攻撃してはならない。

特別な報恩の義務は自分を生み出してくれたこと及び養育してくれたことに及ぶ。

○自分の余裕の範囲内で親を介護しなければならない。

母親の介護をする道徳的責任は、自分が幼いときに母親が世話をしてくれた事実から生じるという意見もあるかもしれない。母親が私を育て、世話をしてくれたから、私にはその恩を返す責務がある。母親が授けた恩を受けることにより、私は暗黙のうちに、彼女が必要とするときに恩返しすることに同意した。このように合意と恩のやりとりを計算するのは、家族の責務の説明としては冷たすぎるという人もいるかもしれない。それでも、仮にこの意見を受け入れたとしよう。親が育児を放棄したり子供に無関心だったりした人については、どうだろう。子育ての質によって、介護が必要になった親に対する息子や娘の責任の度合いが決まると言えるだろうか。たとえ悪い親でも、面倒を見る義務が子供にはあるというならば、道徳的要求はリベラル派の互恵主義と合意の倫理を超えることになる。

（『これからの「正義」の話をしよう』355～356頁）

たとえ悪い親でも、子は親の面倒を見る義務が有る。子供は親に命をもらったという大きな恩を受けている。道徳的要求は悪い親に及ぶ。但し、悪い親であったことにより、その義務は軽くなる。自分の余裕の有る範囲で必要な援助を行えばよい。余裕の範囲内の介護は完全義務だが、それを超えた場合は不完全義務となるだろう。

特別な報恩の義務は共同体主義に立脚するコミュニタリアンの言う連帯の責任にも通じる。

ロールズの言う負荷なき自我の概念に対して、共同体主義者は物語る存在を打ち出す。負荷なき自我とは、通常の個人主義が想定している経験的で具体的な個人ではない。具体的に個人が置かれてしまっているあらゆる状況、場面、といったものから超越し、生来の能力からも切り離されて定義された抽象的個人のことである。物語る存在は、「私はどの物語のなかに自分の役をみいだすことができるか」という問いに答えようとする。そして物語を語るということは、自分の家族や、自分の都市や、自分の民族や、自分の国家の過去の様々な負債、正当な期待、責務を受け継ぐということである。サンデルは、ロールズの負荷なき自我の概念よりも、物語る存在という概念のほうが好ましいと考えるのである。

その理由は、道徳的な責任には三つのカテゴリーがあるが、負荷なき自我の概念ではそのうちの一つのカテゴリーをまったく説明できないためである。道徳的な責任としてカントやロールズが認めるのは、理性的な存在として他者を尊重し、正義を遂行すべき普遍的で自然的な責任と（これは合意を必要としない）、他者と結んだ約束を守るべきであるという個別的で自発的な責任（これは合意を必要とする）の二つだけである。しかしサンデルは第三の責任が存在すると考える。それは個別的であるが、合意を必要としない連帯の責任である。

この連帯の責任の実例としてサンデルがあげるのは、母親の介護をするような家族、自分の住んでいた村を破壊する爆撃を拒んだレジスタンスのパイロット、エチオピアの難民キャンプのユダヤ人を救出したイスラエルなどである。「公的な謝罪と補償、歴史的不正にたいする共同責任、家族や同胞がたがいに負う特別な責任、兄弟や子としての忠誠、村やコミュニティにみられる連帯の要求は、われわれの道徳的、政治的体験によくみられる特色」であり、この第三の責任の存在は否定できないとサンデルは主張する。そしてカントやロールズの正義の理論は、こうした種類の正義を認めることができないのである。

（『正義論の名著』241～242頁）

私もサンデルと同様に、負荷なき自我の概念よりも、物語る存在という概念のほうが好ましいと考える。但し、サンデルの言う第三の個別的であるが合意を必要としない連帯の責任は、私の定義する「正義」から導き出せる報恩の概念により説明できる。同様に、愛国心と愛国者の存在も報恩の概念により説明可能である。

Ｘにとっての善い生は、その人の人生に統一性をもたらす物語によって決まる

（『正義とは何か』128頁）

コミュニタリアンはこう言うが、私の善悪の定義によれば、一般的に言って、善悪は自他の幸福を尊重したかどうかによって決まり、良い生は、その人の人生に統一性をもたらす物語によって決まることもあるということになる。但し、幸福について或るものごとを選択した場合、そのものごとを獲得し、尊重した人生は善い生と言えるだろう。

◎恩恵を受けたことに対する「感謝（gratitude）」の義務
感謝の義務は、他人から受けた恩恵や善意に感謝することに関連している。他人が善行を行い、恩恵を提供した場合、それに感謝することは倫理的な義務である。

他人から受けた善に対しては善意で答えなければならない。

◇２．悪に比例して不利益を与えること

◎不当な侵害をしない「無危害（non-maleficence）」の義務
前述のように、無危害の義務は、善悪の悪から基礎付けることもでき、他人に対して害を与えないことに関連している。この義務は「他人に害を加えない」という最小限の倫理的要求を表す。他人への不当な侵害を加えないように努力することが求められる。なぜなら、不当に他人に危害を加えることは、悪に比例して不利益を与える正義に反し、悪行が無いのに不利益を与えるからである。他人への不当な侵害は悪であると共に正義に反する。

◎他人に与えた損害を償う「補償（reparation）の義務」

補償の義務は、他人に与えた損害を償うことに関連している。他人に対して不正や損害を与えた場合、その損害を修復し、補償する義務がある。これは他人に対する責任を負うことを意味する。

損害を加えるという悪を行えば補償の義務という不利益を受けなければならない。

▼差別をしないこと

悪に比例して不利益を与えるということは、悪が無ければ不利益も無いということである。正義の要請からは、悪のような合理的な理由無くして不利益を与えてはならないということになる。合理的な理由無くして不利益を与えるのは、差別のような場合が該当する。

そもそも「差別」とは何なのでしょうか。この語は定義を定める作業自体が非常に困難なものと言えますが、本書ではとりあえずこの言葉を、①自分ではどうすることもできない属性によって、②不当な扱いをすること、という意味で使用します。
（『いまを生きるカント倫理学』191頁）

「自分ではどうすることもできない属性」によって扱いを異にする場合でも、その属性の特殊性に応じて区別することは不当な扱いではなく、許されると考える。その属性の特殊性は区別する合理的理由となり得る。

○不当な理由で不利益を与えてはならない、すなわち差別を行ってはならない。

不道徳・不倫がなければ、道徳的非難を加えることが認められないように、不利益を与えるには、悪が存在しなければならない。不当な理由により、すなわち正当な理由無くして、不利益を与える差別を行うことは正義に反する。

◆八　交換的正義と商取引上の道徳

人間は経済活動を行い、財貨、サービスを売買したり、交換したりする。その際には、交換的正義が行われなければならない。交換的正義とは、両者の同意に基づいて行われる売買や交換において引き渡される物やサービスと引き換えに渡される貨幣もしくは物やサービスの価値が等しいことを意味する。たとえば物の売買において、売主が引き渡す物の価値と買主が支払う貨幣の価値が等しければ両者の関係は正しく、等しくなければ不正である。

交換的正義も、「善に比例して利益を与え、悪に比例して不利益を与えること」という正義の中核概念の中の「善に比例して利益を与える」から説明できる。売主は買い主という他者の必要とする物を与えて他者の幸福に寄与するので、その善に比例する代価という利益を得られる。買主は金銭という売主の必要とする物を引き渡して他者の幸福に寄与するので、必要とする物という利益を得るに値する。売主、買主相互に正義が成立するので、交換的正義となるのである。

近江商人の経営哲学のひとつとして「三方よし」が広く知られている。「商売において売り手と買い手が満足するのは当然のこと、社会に貢献できてこそよい商売といえる」という考え方だ。「『売り手によし、買い手によし、世間によし』を示す『三方よし』という表現は、近江商人の経営理念を表現するために後世に作られたものであるが、近江商人の先達に対する尊敬の思いが込められている。自らの利益のみを追求することをよしとせず、社会の幸福を願うのが「三方よし」の精神である。

確かに、交換そのものは、売り手と買い手による交換によって双方の機会を改善するであろう。しかし、市場参加者すべての機会を改善するとしても、市場は、社会の機能の一部を担うのだから、なお、社会に貢献する面が無ければならないと考える。故に、売り手と買い手が満足するのは当然のことで、社会に貢献できてこそよい商売といえるという「三方よし」が求められる。

○「売り手によし、買い手によし、世間によし」でなければならない。

◆九　人格性の原理

私たちが道徳法則として想起する原理の一つが、カントの定言命法から導かれる人格性の原理である。

「汝の人格の中にも他のすべての人の人格の中にもある人間性を、汝がいつも同時に目的として用い、決して単に手段としてのみ用いない、というようなふうに行為せよ」

これが、否定しえない倫理の根本原理であることは間違いないと考える。人格を目的とされるのは一般的に言って幸福なことだとも言える。そして、カントの「人格の尊厳」という価値は、一般にはシェーラーの価値位階の「Ⅱ．精神的諸価値の領域」に位置づけられるが、私は、「Ⅲ．生命的感得作用がとらえる諸価値の総体」の「1．生命：自己保存、生存、繁殖。」と同価値としたい。生命あってこその人格、人格あってこその生命だからである。この根本原理に導かれて以下のような規範が生じる。

◎約束を履行する「誠実（fidelity）」の義務

誠実の義務は、約束や契約を履行することに関連している。個人は他人との合意や約束を守るべきであり、言葉を守ること、約束を守ることが誠実の義務の一部である。他者の人格を目的として尊重することは、他者に対して誠実に対応することを要請する。

◇不倫

○婚姻に基づく約束である貞操義務は守らねばならない。

なぜ、不倫はいけないのか。第一に、結婚式で神、仏の前で永遠の愛を誓ったのではないか。約束は守られねばならない。たとえ、神が死んでいても。第二に、他人や自分を不幸にする道を避けるのが人としての道である。不倫の結果、現在の家族を不幸にするのは目に見えている。自分でさえ、不幸になる。例えば、略奪愛が成功したとしよう。しかし、手に入れた相手は前の家族を捨てるような人間であり、現在の家族を捨てないという保証はない。因果応報となるのも不思議ではない。

しかし、不倫には刑罰は適さないと考えられる。ベンサムは刑罰が適さない事情として四つ挙げている。彼は刑罰が適さない事情として、①そもそも不正でないため根拠がない、②効果がない、③刑罰のコストと見合わない、④訓育などの他の手段でできるため必要ない、の四つに分けている（Bentham 1970, chaps. 13, 17）。このうち、不倫は刑罰による効果と、犯罪を見つけて罰するためのコストが見合わないという三つ目の理由から、法による禁止は適切でないとしている。

（『実践・倫理学』245～246頁）

確かに、不倫は法による刑罰に馴染まないが、民事法上の損害賠償義務が生じるとともに、道徳的非難の対象となりうる。

◇嘘

○嘘をついてはならない。

他者の人格を目的として尊重するならば、他者に対して嘘を用いてはならない。

ところで、古くはローマの哲学者キケロ（Marcus Tullius Cicero B.C.106 - B.C.43）は約束が無条件に守られなければならないという主張を退けて、例外を認める。

ａ自分の側に極端な不利益が伴う時、

ｂ相手の側の不利益になる時、

ｃ約束が暴力や詐欺によって結ばれている時、

ｄ相手側に不誠実がある時、

には、約束は守らなくてよいとする。

ａｂは自他の幸福の為であり、ｃｄは約束の基礎にある信頼関係が損なわれていて、人格性の原理の及ばない場合と言えるだろう。そして、「嘘をついてはならない」義務の例外として、嘘が認められるのは、善の観点、自他の幸福の尊重の為に嘘をつく場合だろう。善も定言命法と同程度に重い道徳原理だと考えるからである。

加藤尚武氏は、嘘をついてよい場合も、キケロの指摘とほぼ同じだと考えてよいだろうとして、次の例を挙げる。

①誰もが認めざるをえない自分の基本的な利益を守るため、たとえば、夜、駐車場で骨折した時、人の助けを求めて「火事だ」と嘘をつく。②相手を救うため、たとえば、子どもに「苦くない」と嘘をついて薬を飲ませる。③暴力や詐欺から身を守るため、たとえば、私に「ホールド・アップ」と言う強盗に向かって「私はお金を持っていない」と言う。④相手が誠実でない時、たとえば無礼な訪問者に対して居留守を使う。

（『現代倫理学入門』20頁）

①は自己の幸福追求のために「嘘をついてはならない」という義務を無視してついた嘘の事例である。自己の幸福追求が特別に関係しない他人の幸福と両立し得ない例であり、標準規範ＩＡｂ①の場合にあたるので、自己の幸福追求は原則的に認められる。但し、将来、他者の不幸の少ない行為を選ばねばならないので、嘘をつく前に、他に連絡手段が無く、「助けてくれ」等と真実を大声で叫ぶ等の他の手段を試みても駄目だったという条件が付くだろう。

②は他者の幸福追求のためについた嘘の事例である。親の愛が「嘘をついてはならない」という義務に勝り、愛に基づいて義務違反の嘘をついた。嘘をつく対象の人と「他者の幸福」の他者が同一人物の場合である。この場合は、標準規範に当てはめると、「Ⅳ．特定の他人に代わってその他人の幸福を判断する立場にある場合、その他人の最善の利益を代表しなければならない。」に当たり、一次的に他者の幸福を考えなければならず、道徳規範の範囲内で自己の幸福を犠牲にしなければならないことになる。まず、自己の真実性の義務の遵守は犠牲にしても許される。その上で、子供のために最善の道を選ばねばならないが、配慮すべき子供の幸福には、子供自身の生命や健康の他に、子供自身の人格の尊厳が含まれる。よって、総合的に判断して、嘘をついて薬を飲ませるには、子供の病状が重大で、直ぐに飲ませなければならないのに子供が拒んでいる状況にあり、飲ませるには嘘をつくしかない場合であることが必要だろう。

③は自己の幸福追求のために、第一に尊重すべき相手の人格性を無視した例であって、相手は面と向かって特別に関係する人間であり、標準規範ＩＡｂ②の相手の幸福が重い場合に当たる。しかし、相手が犯罪者等で相手の幸福を無視してもよい場合か、自己の幸福が生命等の極めて重大な場合に、相手の人格と幸福をなるべく傷つけない嘘が例外的に認められるだろう。③の場合は相手が犯罪者であり、嘘が認められる。

④は相手が犯罪者等に当たるかどうかだが、単なる無礼では該当しないと考える。無礼を指摘して追い払う等

の他の手段を使うべきだろう。

嘘をつく対象の人と「他者の幸福」の他者が別人である場合はどうか。

嘘をつく対象の人と「他者の幸福」の他者が別人である場合はどうか。

しかし友人があなたの家に隠れていて、殺人者が彼女を探しに戸口へやってきたら、殺人者に嘘をつくのは正しいことではないだろうか。カントの答えはノーだ。真実を告げる義務は、どんな状況でも適用される。

カントと同時代を生きたフランスの哲学者バンジャマン・コンスタンは、このカントの主張に断固として反対した。コンスタンによれば、真実を告げる義務が適用されるのは、その真実に値する相手だけであり、殺人者はまかり間違ってもそうではない。

（『これからの「正義」の話をしよう』211頁）

人権の基礎としての人格性の原理は相手がどのようなものであっても適用されるが、道徳法則としての人格性の原理の応用としての相手に真実を告げる義務が適用されるのは、その真実に値する相手だけであり、殺人者はまかり間違っても値しない。殺人者から逃げることを望む人の幸福（他者の幸福）のために、殺人者に対して嘘をつくことは許される。

標準規範に当てはめれば、「Ⅱ．公的行為及び第三者的立場の行為について」に当たり、一次的に他者の幸福を考えなければならず、職業倫理及び道徳規範の範囲内で自己の幸福を犠牲にしなければならないことになる。まず、自己の真実性の義務の遵守は犠牲にしなければならない。そして、友人と殺人者が他者に当たるが、殺人という悪行を企画する殺人者の幸福は考慮するに値せず、友人の幸福を考えるべきこととなる。

カントは、他者の幸福のための嘘と誤解を招く真実を区別する。嘘と誤解を招く真実とのあいだには道徳的な違いがあるとする。他者の幸福のための嘘は善くないが誤解を招く真実は善いとするのだ。

あなたが友人を自宅のクローゼットにかくまっていて、殺人者が戸口にいるという窮地に陥っているとしよう。もちろん殺人者の邪悪な企みに手を貸したくはない。それは大前提だ。殺人者が友人を見つける手がかりになることは何一つ言いたくない。ではどう言うか。選択肢は二つ。一つは真っ赤な嘘をつくことだ。「いや、彼女はここにはいないよ」。もう一つの選択肢は、真実ではあるが誤解を招く表現を使うことだ。二時間前、ここからちょっと行ったところにあるスーパーで見かけたよ」

カントの考えでは、後者の戦略は道徳的に許されるが、前者の戦略は許されない。

（『これからの「正義」の話をしよう』213頁）

カントの考えでは原理的に考えると、後者の戦略も許されないことになるはずだ。後者も相手の人格を真に尊重するものではないごまかしだからだ。しかし、誤解を招く真実を述べることは、嘘を述べることとは区別でき、嘘を述べることほど罪深くはない。相手に嘘を述べることほど不誠実ではない。嘘をつかずに、誤解を招く真実を述べることで他者の幸福を守れる場合は、後者を選ぶべきだろう。

◆十　連帯の責任

○地震や火山噴火、洪水などの自然災害、火災や水難などの緊急事態下では、経済的利益を度外視して、連帯して助け合う必要があり、連帯の義務に従わなければならない。

二〇〇四年夏、メキシコ湾で発生したハリケーン・チャーリーは、猛烈な勢いを保ったままフロリダを横切って大西洋へ抜けた。二二人の命が奪われ、一一〇億ドルの被害が生じた。チャーリーは通過したあとに便乗値上げをめぐる論争まで残していった。
（『これからの「正義」の話をしよう』13頁）

アメリカでは、この便乗値上げに反対する人々と束縛のない市場を擁護する人々に分かれたようだ。

束縛のない市場の擁護論には一般的に二つの論拠がある。一つは福祉に関するもの、もう一つは自由に関するものだ。第一に、市場は社会全体の福祉を増大させる。他人が欲しがる品物を提供するよう努力するインセンティブを人びとに与えるからだ（俗な言い方をする場合、われわれは福祉と経済的繁栄を同一視しがちだが、福祉とは社会的福利の非経済的な面をも含むより幅の広い概念である）。第二に、市場は個人の自由を尊重する。財やサービスにある特定の価値を押しつけるのでなく、取引の対象となるものの価格を各人に自由につけさせるのだ。
（『これからの「正義」の話をしよう』18頁）

便乗値上げ禁止法に反対する人びとは、このよく知られた二つの論拠を持ち出した。

対して、禁止法の支持者は次のように反論した。第一に、困っているときに請求される法外な値段が社会全体の福祉に資することはない。高い価格のおかげで商品の供給が増えるというメリットがあるとしても、その価格では物を買えない人びとへの負担も考慮に入れなければならない。第二に、特定の状況下では、自由市場といっても本当に自由なわけではない。切羽詰まった買い手に自由はない。安全な宿泊施設のような必要不可欠なものの購入に選択の余地は無いのだ。家族とともにハリケーンから避難している際、法外なガソリン代や宿泊費を支

払うのは実際には自発的な取引ではない（『これからの「正義」の話をしよう』18〜19頁）

便乗値上げに反対し束縛のない市場を否定する人々が善と正義の観点から正しいと考える。緊急事態下での買い手の窮状に乗じて値上げをすることは緊急事態下での連帯の精神に反する。前述のように、市場も社会に貢献する面が無ければならないためでもある。

便乗値上げに対するわれわれの反応を探ってみると、二つの方向性があることがわかる。何かを不当に手に入れている人がいれば、われわれは憤りを感じる。他人の窮状を食いものにする強欲は罰せられるべきであり、報酬を与えられるべきではない。ところが、美徳に関する判断が法律に入り込むとなると懸念を感じるのだ。

このジレンマは政治哲学の重要問題の一つを示している。正義にかなう社会とは市民の美徳を養おうとするものだろうか。それとも、美徳をめぐる相容れない考え方に対して中立を守り、市民が最善の生き方をみずから選択できるようにするものだろうか。

（『これからの「正義」の話をしよう』22頁）

美徳の涵養を自己の幸福として選ぶかどうかは、個人の自由だ。しかし、美徳をめぐる相容れない考え方に対して完全に中立を保つのではなく、善、すなわち自他の幸福の尊重を擁護する限りにおいて、美徳を守るように仕向けるのが、正義にかなう社会だと考える。

◆十一　愛の原理

同害報復に対して、イエス・キリストは「だれかがあなたの右の頬を打つなら、左の頬をも向けなさい。」（『新約聖書』マタイ福音書第五章第三八節）と言う。これは悪行に対して善行（利益）を与えることを意味する。制度的に悪に対して利益を与えることは非道いことだ。しかし、この場合、それは愛だ。だから、イエスの態度は「敵を愛せ」（『新約聖書』マタイ福音書第五章第三九節）という言葉とともに、正義とは別の原理である「愛」の存在を主張していると考えるべきであろう。

愛の原理を完全に実践できる人は聖者として讃えられてよいだろう。そして聖なる者は他者に非常に大きな利益を与える善性を持つが故に、大きな利益を与えられるべきであるのに、聖者は自らその利益を拒否するか、善行に振り向ける。そんなところに、聖性の基礎があると言えよう。聖者はその聖性ゆえに尊重されるべきである。そして、社会全体を愛の原理で貫くことができれば、それは素晴らしいことだ。

しかし、愛の原理を実践できるのはごく限られた人だというのが偽らざる現実だ。客観的な社会原理として愛の原理を採用できないことは明らかだ。裁判所が犯罪に対して利益を与える優しさを持つことなどできない。愛の原理は社会を構成する人と人、集団と集団の間の理想と考えるべきだ。すなわち、悪行を加えた相手に対して悪行（不利益）をもって応じれば、相手はさらに憎しみを募らせてさらなる悪行に走る恐れがある。そして、相手に悪行を返すと言っても、個人や集団が悪行に正確に比例する不利益を与えることは難しい。その悪行に相応しくないほど大きな不利益を相手に与えれば、相手にも仕返しをする権利が生じてしまう。だから、悪行に対して善行を返すことで、憎しみの連鎖を断ち切れと言っているのだと思う。そして、善行に対して利益を求める正義が機能するからこそ、相手は返された善行に対して利益を返さねばならないと思うのだ。さらに、右の頬を打つことに対して左の頬も差し出すことは、相手に衝撃を与えて回心を促す。なぜ、そのような効果が生じるかと言えば、正義が悪行に対しては不利益を返すことを認めるからだ。

愛に従って行為することは不完全義務ですらない。愛に従って行為すれば賞讃されるが、愛に従って行為しなくても不完全義務と違って誰も非難することはできない。

国家・社会は正義を原理とせざるを得ない。愛の原理は、愛せる強さを持つ人は、弱者に対して恩恵を施すべきという方向で現実化すべきだろう。強者は弱者をいたわる優しさを持つべきではないだろうか。

○強者は弱者をいたわる優しさを持たなければならない。

▼絶対的貧困

地球レベルでの極度の貧困、つまりグローバルな貧困とはどのような貧困でしょうか。よく用いられる定義のひとつに「絶対的貧困」があります。アメリカの実業家・政治家のロバート・マクナマラが総裁であった一九六八年から一九八一年の世界銀行は、絶対的貧困を「栄養不足、非識字、病気、不潔な環境、高い乳幼児死亡率、低い平均余命を特徴とする生活状態であり、人間の尊厳に関するいかなる道理的定義の足元に及ばない状態」と定義していました。

（『正義とは何か』187頁）

絶対的貧困を思うとき、愛の原理に従い、自己の幸福を全て擲って、他人の不幸を解消して幸福にする義務があるのではないかという疑問にとらわれる人もいるだろう。しかし、そうする義務は無いと考える。では、余裕の範囲内で寄付をすることはどうか。次のケースで考えてみよう。

☆おぼれる子ども

■ケース８―１a　おぼれる子どもを救うべきか？

あなたが公園の噴水の横にあるベンチに腰かけていると、２メートル先で噴水のへりを歩いていた見知らぬ幼児が足をすべらせ、水中に落ちた。放っておけば、おぼれて死んでしまうだろう。だが、駆けよって腕をのばせば簡単に引き上げられそうだ。あなたは幼児を救うべきか。

■ケース８―１ｂ　距離は重要か?
ケース８―１ａとほぼ同じ状況だが、ただし、あなたと幼児の距離は20メートルである。あなたは幼児を救うべきか。

■ケース８―１ｃ　人数は重要か?
ケース８―１ａとほぼ同じ状況だが、ただし、噴水の周りには、あなたのほかに10人の大人がいるのに、誰も幼児を救おうとしない。あなたは幼児を救うべきか。
（『正義論：ベーシックスからフロンティアまで』149頁）

ケース８―１ａで、あなたは容易に幼児を助けられるべき立場に在る。助けるのに、犠牲が有るとしたら、服が濡れるくらいであり、道徳的に重要ではない軽微な犠牲である。あなたは、幼児を助ける義務を負う。ケース８―１ｂで、幼児との距離は20メートルに広がった。しかし、なお、容易に幼児を助けられるべき立場に在る。あなたは、幼児を助ける義務を負う。しかし、飢餓に苦しむソマリアの子どもたちは遥か遠方にいる。しかも、あなたと子どもたちの間には国境が存在する。あなた自身は容易に助けることはできない。とはいえ、あなたは飢餓対策を行うＮＧＯ等に寄付を行って間接的に助けることができる。余裕が有れば、寄付をするのは容易である。あなたは余裕があればＮＧＯ等に寄付をする義務を負う。標準規範を説明した所で「誰かが特別の関係に無い遠くの他人の不幸を見て、自己の幸福如何にかかわらず、他人の不幸を解消して幸福にする義務」を問題にした所で述べた態度を取れば善い。

○余裕の有る人は絶対的貧困の解消のために寄付をしなければならない。

但し、飢餓に苦しむアフリカの子どもたちは遥か遠方にいて、助けられるとしても間接的であるとともに、子どもたちとの間に国境線があることを考慮し、絶対的貧困の解消のためのこの義務は不完全義務であると考える。また、ケース８―１ｃでも、あなたは容易に幼児を助けられるべき立場に在ることになる。あなたは、幼児を助ける義務を負う。救助義務を果たしていない人が、あなたのほかに10名もいることはこの義務を否定する理由にはならない。同様に、絶対的貧困に苦しむ人達への寄付も他に寄付をしていない人がどれほど多く居ようと免れることは無い。

寄付の義務の存在に加えて、余裕の有る国では、自国と国際社会が絶対的貧困の解消に動くように監視し、その方向の政治運動を支援すべきと言える。端的に言えば、絶対的貧困の解消の義務を一次的に負うのは、国際連合である。しかし、国際連合に絶対的貧困解消の力が無いとしたら、我々はその力を持つ世界政府と世界連邦の創出を支援すべきだろう。実現すべき世界連邦の姿を「第Ⅲ部　新世界の理想★第４章　世界連邦による覇権の共同管理」で明らかにしている。

★第３章　個人の行為の道徳的非難可能性

当該の処遇を受ける資格が公に認められている場合、そう扱われる権利（right）があるとも表現される。英語の right は形容詞にすると「正しい」という意味になる。権利が正しさや正義と関連深いことが確認できる。権利には必ずそれに対応する義務がある。

これに反し、法律に違反しなければ何をしてもよい権利があるという立場がある。

こうした誤解に対する端的な答えは、社会には通常、法規範以外にも道徳規範が存在し、道徳規範にある種の制裁（サンクション）が伴うということである。ここでいう道徳規範とは、法学者のＨ・Ｌ・

A・ハートが実定法（positive law）に擬えて実定道徳（positive morality）と呼んだものである（Hart 1963, 20）。実定法とは、自然法と呼ばれる理念的な法ではなく、実際に定められており、ある国や地域で施行されている法律のことである。それと同様に、実定道徳とは、実定法ほど明確化されていないにせよ、社会に存在することが否定できない道徳規範のことである。

（『実践・倫理学』236頁）

我々は不道徳な行為をした人に対して、その不道徳な行為が法に触れていない場合でも、さまざまな形で制裁を加えうるし、またそのような制裁は、法規範において刑罰が必要であるように、道徳規範においても一般に必要なものと考えられる。但し、誰かが社会の道徳規範を破った場合でも、社会的制裁（道徳的サンクション）と称して他人に身体的危害を加えることが許されないのは当然のことである。

他人からの道徳的サンクションを課すべきなのはいつか、という問題設定がベンタムの議論には明確には存在しないように見える。

（『実践・倫理学』246頁）

「明確には存在しないように見える」のは、自由主義の立場から、ベンタムが道徳的サンクションそのものに反対していたからではないか。しかし、善と正義を守るためには、道徳的サンクションが必要だと考える。

では、具体的な道徳に関する行為は、どのような場合に、道徳的サンクションとして非難可能なのであろうか。「ある人が、ある意思に基づいて、ある行為をして、ある結果が生じた」場合について1～8に場合分けして考察する。この場合の善・悪と正・不正は私見に立つものとする。

	意思	行為	結果	非難可能性	
				私的行為	公的行為
1	善	正（善）	善	無し	無し
2			悪	無し	有り
3		不正（悪）	善	無し	無し
4			悪	無し	有り
5	悪	正（善）	善	有り	無し
6			悪	有り	有り
7		不正（悪）	善	有り	有り
8			悪	有り	有り

私的行為の場合、意思が善ならば原則として非難可能性は無い。意思が悪であれば、行為や結果が正・善であっても非難可能である（5～7の場合）。倫理道徳は具体的場合において善意に基づく行為を要求するものだからである。

　私的行為の場合において、善行をする際の動機について考察してみよう。善行をするさいの動機について考察する理由だが、第一に、善行は善意や義務感といった純粋な動機からなされなければ善行ではないという考えがあるためだ。第二に、善行というのはそもそも欺瞞ないし偽善だという考えがあるためだ。

　善が自他の幸福の尊重であるという私の立場からは、他者の幸福の尊重、すなわち利他的行為の背後に自己の幸福のためという動機が併存していたとしても、善行と言える。また、他者の幸福を尊重して、自己の幸福を犠牲にしていれば、その行為は道徳的価値を持つ善行である。

　これに対して、第一の理由、カントのように義務に基づく行為のみが道徳的価値を持つとする立場については、次の事例が参考になるだろう。

☆病院に見舞いにきた友人の事例

　あなたは病院で長いあいだ入院しており、退屈しているときに友人のスミスが二度目のお見舞いに来てくれる。あなたはスミスが遠くから時間を取ってきてくれたことに感謝し、彼の行為を賞賛する。しかし、スミスは、自分は単に純粋な義務感からお見舞いに来ただけであると繰り返し言い、それが

本心であることがわかる。（ストッカー 2015, 37）

友人のスミスがあなたに、自分はカントの奨励する純粋な義務感のみから見舞いに来たと言ったとしたら、あなたはがっかりするだろう。

（『実践・倫理学』202〜203頁）

いずれにせよ、見舞いが本当の意味で道徳的であるためには、単に見舞いに来るだけでなく、その行為が友情や愛情、あるいは思いやりといった適切な動機に由来していなければならないというのがストッカーの主張である。

（『実践・倫理学』203頁）

見舞いに来た友人の動機には、自他の幸福を尊重する心、すなわち善意がなければならないということだ。

第二の理由は、善行は純粋な動機からなされなければ価値がないという一つ目の理由よりも過激で、そもそも純粋な動機など存在しないので、あらゆる善行は特別な価値を持たない、という主張である。あらゆる善行は偽善であるというこうした発想は、道徳に対するシニシズム（冷笑的な態度）を人々の間に生み出し、善行をすることを思い留まらせる動機となり得る。この第二の理由、「そもそも純粋な動機など存在しないので、あらゆる善行は特別な価値を持たない、という主張」に対しては、まず、純粋な動機が存在することを指摘したい。

利他的行為の究極因には自分の満足が常にあるという主張には、少なくとも二つの例外がありうる。一つは、衝動的あるいは本能的に善行をする場合である。例えば、駅で電車が迫っている時にホームから転落した人をとっさに救うような場合。もう一つは、命を失うような自己犠牲的な行為の場合である。例えば、他人に親切にすることが習慣的になっている人は、その行為によって得られるものよりも失うものが大きいような場合でも、それをすることがある（『実践・倫理学』210頁）。

そして、善が自他の尊重であるという私の立場からは、自他の幸福を尊重して為される行為は善という道徳的価値を持つ。そして、特に自己の幸福を犠牲にして、他者の幸福を図る善行は高い道徳的価値を持つと言える。また、私の立場は、道徳に対するシニシズム（冷笑的な態度）を防止する。

善意を重視するとはいえ、２の場合、悪い結果が容易に回避可能であったのに見過ごした場合には非難可能となる。この点については、マックス・ウェーバー（Max Weber 1864 - 1920 ドイツの思想家）の「責任倫理」の考え方を考慮すべきである。責任倫理とは、「行為に際してそれが現実に行われる場の人間の平均的欠点を計算に入れ、その行為の結果をあらかじめ可能なかぎり予測し、結果に対する責任を考慮に入れる立場」である。

３の場合、行為だけが不正（悪）であるが、行為が社会の規範意識に与えた衝撃の度合いが大きい場合には非難可能となることもある。

４の場合、不正行為から悪い結果が生じるのは蓋然的であるから、善意なのに悪い行為を採用することが回避可能であったかの問題が生じる。

公的行為の場合も意思が悪であれば原則として非難可能である（６～８の場合）。但し、意思が悪の場合でも、行為が正しく、かつ結果が善であれば、非難できない（５の場合）。一方、意思が善であっても、結果が悪であれば非難可能となる（２、４の場合）。政治は結果責任だからである。心情で善悪を判断しがちである日本においては、結果責任を掲げる必要があると考える。但し、結果が善であっても、行為が不正であれば、非難可能となる（７の場合）。不正行為が社会の規範意識に与える衝撃を考慮してのことである。

全体主義は自己犠牲を絶対とする原理に基づき、公的行為の場合においても、２と４の場合を非難可能性無しとする。

功利主義者はどう考えるか。ミルは、動機のよしあしは行為者がよい人かどうかを判断する際には重要だが、行為の正しさを判断する際には問題にならないと考えている。また、功利主義者のピーター・シンガーも、「慈善は隠れて行なわなければならない」という西洋の伝統的な慈善についての考え方に対して、次のように述べている。

すなわち、動機のよしあしよりも結果の方が大事であり、また、公に寄付した方が他の人もその例に倣うことでよりよい結果が得られるとすれば、ますます公に寄付すべき理由があるということだ。

（『実践・倫理学』199頁）

私の立場からは、行為のみの正しさを判断する場合には、道徳法則に従ったかどうかで客観的に決まり、意思を含めた全体的行為の非難可能性を判断する場合には、意思や結果も考慮に入れなければならないと考える。以上の《幸福の原理》はカントの言う、道徳を廃棄する幸福主義では決してない。《幸福の原理》の基礎となる「他者の幸福」自体を、カントは「義務であるところの目的」として認めている。このことからも分かるように、自己と他者の幸福は、人間の尊厳から導き出すことのできる目的であり、人格性の原理が究極の根拠となり得る。そして、カントは、「自己の幸福」について、幸福追求は人間の自然の本能だから義務とするまでもないとしているに過ぎないのである。

既述のように私の考えている規範は客観的な幸福の体系としての倫理道徳であると共に、道徳法則に従うということは客観的法則に義務として従うことであり、倫理道徳の純粋性は保たれる。

倫理道徳の本質は内心にあるという立場も守っている。「幸福主義は、結果を顧慮せず義務を命じる理想主義に反し、行為の結果を重んずる」という一般の批判もあるが、非難可能性の本質を意思に求めているので私見には妥当しない。公的行為においては、意思が善であっても、結果が悪であれば、責任を認めるが、それ以外は意思の善悪で非難可能性の有無が決まるので、なお、倫理道徳の純粋さは失われないと考える。カントが否定した幸福の原理・幸福主義＝イギリス功利主義とは違う。

それでも、カントは道徳を幸福よりも優先して目的の国へ行こうとしていたのではないかという批判が考えられる。カントは『純粋理性批判』で、「純粋な、しかし実践的な理性の指示に従ってわれわれがぜひともそこへ移り行かなければならない世界がある。その世界では理性的存在者がそれによって幸福に値するものにされる道徳性と厳密に調和した幸福のみが、最高善を構成するのである」と言っている。しかし、地獄の住人には倫理が期待できないのだから、幸福の基礎の上に道徳を打ち立ててもよいのではなかろうか。

日本では、戦前、ドイツと同様、絶対主義哲学の立場から権威主義が徹底化され、天皇を現人神として第二次世界大戦を戦った。儒教が強すぎて、公的行為でも、私的行為でも自己犠牲が原則となっていた。現在では、公的行為においても自己ないし自己と同一化された組織の利益を第一とする立場が目立つとともに、私的行為では、他者の幸福を無視する態度が目立つ。

新しい合理的な原理的倫理道徳を構築しなければならない。《幸福の原理》がその第一歩となることを望む。そして、構築した倫理道徳を、視線を、支える根拠とするだけでなく、恥の文化の欠点を免れるために人間の内部規範化する必要がある。倫理道徳が原理的・哲学的に定礎された後、それを人間の内部規範としてどうやって定着するかの問題となる。剥き出しの原理だけでは無力なことは明らかである。やはり原理が権威となる必要がある。儒教は倫理道徳の原理的体系を確立し、それを伝統的権威で支えてきたが、原理が近代社会に適合しないものとなり、個人の桎梏となってしまった歴史を持つ。しかし、現代社会に適合する倫理道徳的原理があるなら、権威を与えて社会を安定化するのがよいと考える。価値の混乱は人間にとって幸福なものではないからである。

倫理道徳は善を実現する力となるべきである。そして、善とは自他の幸福の尊重であるということになる。自分の幸福と他者の幸福のどちらが重いか。自由があふれる現代社会においては、他者の幸福の尊重を強調する必要があろう。他自の幸福と呼ぶべきか。善悪に基づいて社会が保つべき正義も決まる。善行に対して、利益が与えられるべきこととなる。悪行に対しては、不利益が課されるべきこととなる。自由であっても善が尊重され正義が貫かれる社会であることを願う。

ところで、ヘーゲルは『法の哲学』で、正義を欠いた幸福は善ではないと言う。

「善の要素としての幸福は、個々の特殊な幸福として価値を認められるのではない。共同の幸福、自由の理念に適った一般的な幸福であってこそ、価値がある。正義を欠いた幸福は善ではない」ことになる。

（『正義論の名著』178～179頁）

「善」を自他の幸福の尊重としても、道徳法則の一つとして正義が掲げられ、その正義とは「善に比例して利益を与え、悪に比例して不利益を与えること」だから、正義は善に従属することになるとともに、道徳法則に反することが不正とされることにより、善と同時に正義が保障される。このことにより、私の定義する「善」には正義が随伴することになるので、ヘーゲル（Georg Wilhelm Friedrich Hegel 1770 - 1831 ドイツの哲学者）の主張に反することにはならないと考える。

★第４章　道徳法則と社会制度・政策

◆善と制度・政策

○国民の幸福を目的として社会制度・政策を設計して実施し、国民の幸福の向上を図らなければならない。

善が自他の幸福の尊重であるからには、国家も国民の幸福を無視することは許されず、国民の幸福を尊重して善の拡大を図らなければならない。

◆正義と制度・政策

○正義に従った社会制度・政策でなければならない。

◇1．善に比例して利益を与えること

○国家は業績を正当に評価する制度を敷かなければならない。
○社会組織は業績を正当に評価しなければならない。
　自他の幸福のために努力して得た善なる業績や功績（自他の幸福を尊重して得たもの）を無視したり、誹謗中傷したりしてはならず、業績や功績の持つ善の大きさ、すなわち自他の幸福に貢献する程度に応じて評価し、利益を与えなければならない。
　ある資格・地位に関して試験・選抜を行い、その成績に応じてグループ分けをするか順位を付け、そのグループ若しくは順位に応じて待遇に差を設ける場合について考える。

　優越と支配の批判は解釈の可能な配分原理を指示する。社会的財ｘは、財ｘの意味と関係なく、ただ財ｙをもっているというだけの理由で、ｙを所有している人々に配分されるべきではない。これは優越的な財ｙにたいして一度ならず言われてきた原理である。
（『正義の領分』45頁）

　上記の原理を考慮して、ある資格・地位に関して試験・選抜を行い、その成績に応じてグループ分けをするか順位を付け、そのグループ若しくは順位に応じて待遇に差を設ける場合、その資格・地位に必要な能力・資質や

その資格・地位に関する功績、経歴（経験を含む）、以外の要素を試験・選抜の判断基準としてはならないと考える。
また、その場合、試験・選抜に参加する資格には、その資格・地位に必要な能力・資質やその資格・地位に関する功績、経歴（経験を含む）、国籍以外の要素を判断基準としてはならない。試験参加資格の判断基準に国籍を認めるのは主権国家が分立している現状に鑑みてのことである。

ある資格・地位に関する試験・選抜における差別は、以上のような立場に反し、その資格・地位に必要な能力・資質やその資格・地位に関する功績、経歴（経験を含む）、国籍以外の要素を判断基準として不当な待遇をする場合と言える。

◇2．悪に比例して不利益を与えること

▼犯罪を罰し違法行為を抑制すること

○犯罪や違法行為に対してはその悪質性に比例して国家が不利益を科さなければならない。

▼死刑は許されるか

団藤重光（日本の刑事法学者 1913 - 2012）は、死刑廃止論を展開した。

団藤は、死刑について「死刑事件についていては、たとい「百人」「千人」に一人であろうとも、いやしくも無実の者の処刑が許されてはならないのではないでしょうか。ということは、とりもなおさず、死刑を廃止する以外にないということだと思うのです」と述べていた（団藤 2000, 184）。

（『実践・倫理学』48頁）

その死刑廃止論の骨格は次のようなものになる。

大前提：誤ると取り返しのつかない死を強制する制度は廃止すべきである。
小前提：死刑は誤ると取り返しのつかない死を強制する制度である。
結論：死刑は廃止すべきである。

しかし、これに対しては「取り返しのつかなさ」という根拠から死刑を全面的に廃止するのであれば、懲役刑についても廃止しなければならなくなるという批判が有る。

☆二つの冤罪事件
・死刑：ある四〇代の男性は、殺人罪で、死刑を言い渡された。彼は、死刑が確定してから五年後、死刑執行により亡くなった。しかし、彼の死後、新たな証拠が見つかり、彼は真犯人ではないことが明らかになった。
・懲役刑：ある四〇代の男性は、殺人罪で、無期懲役を言い渡された。彼は、五年服役後、がんが見つかりまもなく刑務所の病院で亡くなった。しかし、彼の死後、新たな証拠が見つかり、彼は真犯人ではないことが明らかになった。
（『実践・倫理学』48頁）

この二つの事例の比較に基づいて団藤の死刑廃止論を批判する見解がある。前者は死刑廃止論者が懸念しているような誤判の事例である。後者は懲役刑であるが、死刑の場合と同様に、死んだあとに無罪とわかる事例である。しかし、前者と後者を同列に論じることはできない。罹病は裁判の結果ではないので、取り返しがつかなくなったのは、前者では囚人の死であり、後者は自由刑であるという大きな違いがある。また、前者では死刑になるまで死の恐怖にさらされるのに対して、後者はそれが無い。そして、死刑とは違い、自由刑の場合、通常はこの例のように病死して出獄できなくなるということはなく、出獄できて補償を受けられるので、自由刑は取り返しうる。死刑と懲役刑を取り返しがつかないかどうかという点で同列に論じることはできない。

すなわち、死刑の場合、誤判により取り返しがつかなくなったのは、一定期間の自由。生命は全ての利益の帰属する主体であるところの人間そのものであり、一定期間の自由とは価値が質的に異なる重大な利益であるから、同列に論じることはできない。

▼差別的な制度を敷かないこと

悪無ければ不利益無し。正義の要請からは、悪のような合理的な理由無くして不利益を与えてはならないということになる。合理的な理由無くして不利益を与えるのは、差別を行う場合である。

○不当な理由で不利益を与えないこと、すなわち差別を行ってはならない。
○財を分配する制度において、制度目的に無い要素を考慮して、財を分配してはならない。

☆パープルハート勲章

ほかの軍事勲章とは異なり、パープルハート勲章が称えるのは犠牲であり、勇敢さではない。この勲章を受けるのに必要なのは英雄的行為ではなく、敵に負わされた傷だけである。問題はどんな種類の傷が勲章にふさわしいかということだ。
（『これからの「正義」の話をしよう』25頁）

アメリカのパープルハート勲章に関して、ＰＴＳＤ（Post-Traumatic Stress Disorder 心的外傷後ストレス障害）を負った軍人も受章の資格が有るかが問題となった。

受章資格は流血を伴う負傷だけだと言い張る人びとは、ＰＴＳＤは性格の弱さの表われであり、称賛に値しないと思っている。心の傷も受章資格に値すると考える人びとは、長期にわたるトラウマや重度の抑鬱症に苦しむ退役軍人も、手や足を失った人たちと同じように、国のために身を捧げたことは間違いないし、称賛に値すると主張する。

（『これからの「正義」の話をしよう』26頁）

受章資格は流血を伴う負傷だけだと言い張る人びとは、パープルハート勲章が称えるのは犠牲であり、勇敢さではないということを徹底していない。勇敢さに基づく流血を伴う負傷だけだと言い張ることで、パープルハート勲章が称えるのは犠牲であり、勇敢さではないという目的に反して、勇敢さを称えている。

○悪行に対して利益を与える政策を実施してはならない。

☆金融危機

二〇〇八―二〇〇九年の金融危機に際して人びとのあいだに湧き起こった激しい怒りは、格好の例である。それまで長年にわたり、株価と不動産価格は上昇を続けていた。その報いがやってきたのは、住宅バブルがはじけたときだった。ウォール街の銀行や金融会社は、もはや価値を失った抵当権に基づく複雑な投資商品に数十億ドルを注ぎ込んでいた。かつてはふんぞり返っていたこれらの企業は、破綻の瀬戸際にあった。株式市場は暴落し、大口の投資家だけでなくふつうのアメリカ人も大損害を被っていた。

（『これからの「正義」の話をしよう』27頁）

金融危機に際して、二〇〇八年一〇月、ジョージ・W・ブッシュ大統領は、大手の銀行や金融会社を救済するため七〇〇〇億ドルの支出を議会に求めた。

好況時に莫大な利益をあげたウォール街が、景気が悪化すると納税者にツケを払わせるというのでは公正とは思えない。しかし、ほかに手はなさそうだった。ウォール街の銀行や金融会社はきわめて巨大になり、経済のあらゆる部門と複雑に絡み合っていたので、それが破綻すれば金融システム全体が崩壊しかねなかった。「大きすぎてつぶせない」のだ。

（『これからの「正義」の話をしよう』28頁）

大手の銀行や金融会社を救済するための支出に対して、アメリカ国民から怒りの声が沸き起こった。

グラスリー議員のコメントは私の直感と一致している。つまり企業救済への怒りの主因は、強欲に関するものではないのだ。アメリカ人の正義感を最も損なったのは、失敗に報酬を与えるために税金が使われていることだったのである。

（『これからの「正義」の話をしよう』34頁）

失敗に報酬を与えると言うことは、他者の幸福を損なった行為（悪行）に対して利益を与えるということであり、正義に反する。アメリカ国民の怒りは尤もなものだった。

◆市場と交換的正義

市場も、売主と買主の間に交換的正義が成立することを前提とし、交換的正義を基盤としなければならない。但し、一九世紀末にウィーンで生まれた特異なリベラルな思想家であるフリードリヒ・ハイエク（Freidrich August von Hayek 1899 - 1992）は市場の交換的正義を道徳的に正当化する必要は無いと言う。

「熟慮の上ではもたらされたのではなく、プレーされたゲームの結果として、所得あるいは富が明確に定められた形で分配されることを、道徳的に正当化する必要はない。なぜならばそのゲームは全員の機会を改善するからである」とハイエクは主張する。
（『正義論の名著』207頁）

しかし、一般的に言って、市場が全員の機会を改善すると言っても、個々の商取引において分配された結果は様々である。その様々な結果をすべて道徳的に正当化できる必要があると考える。そのため、市場での交換が差し止められているものもある。

差し止められている交換

一、人間は売ったり買ったりはできない。
二、政治的な権力や影響力は売り買いできない。
三、刑事裁判は売り物ではない。
四、言論、出版、信教、集会の自由、これらのいずれもが金銭の支払いを必要としない。

五、結婚と出産の権利は売り物ではない。
六、政治的共同体を去る権利は売り物にできない。
七、そして同様に、軍務からの免除、陪審への参加義務からの免除、共同参加になっている他の形の仕事からの免除も、政府によって売られることはできないし、市民によって買われることもできない。
八、政治的な公職は買うことはできない。
九、警備上の保護や初等・中等教育といった基本的な福祉サーヴィスの購入は欄外においてのみ可能であるにすぎない。
十、「最後の手段での取引」といった絶望的な交換は禁じられている。
十一、多くの種類の、公的、私的な、賞と名誉は購入して手に入れるものではない。
十二、神の恵みは買うことができない。
十三、愛と友情は、この二つに関して私たちが共通に理解しているところでは、買うことができない。
十四、最後に、一連の犯罪は売買を許されていない。
（『正義の領分』160～165頁）

これらが差し止められない場合、道徳的に市場を正当化できないのだ。

◆平等の正義

◇格差の是正

本来的正義や交換的正義に基づいて、人間が様々な社会活動を行い、分配が繰り返し行われた結果、不平等な結果が継続し、それが固定されて格差を生じ、正義に反する不正な状態となることがある。努力しても格差を越えることができず、善を行っても、それに相応しい利益を得られない状態となっているので、それは正義に反する。

この時、格差は放置すべきものだろうか。人間は他者の善意に依存する存在である。子供の頃は父母や祖父母などに、学生時代には先生や級友などに、ビジネスでは、取引先や上司、同僚、部下などに、病気になったり、年老いたりしたときには、医師や看護師、介護士、縁者に依存する。人生はこれら多数の人々の善意に支えられて成り立つ。そして、これら多数の人もまた、他の多数の人々の善意に支えられている。身の回りの物一つ取っても、他者が善意で製作した物に囲まれており、食料さえも例外ではない。人間は、こうした多数の人々が所属して善意の助け合いで成り立つ社会の恩を受けているのである。よって、社会に格差で苦しむ人が居れば、助け合いの精神に従って、格差の是正を認め、格差の是正を手伝わなければならない。その際には、本来の正義の状態を回復するために、平等の正義による矯正が行われるべきこととなる。

格差による不平等が生じた場合、何が問題となるか。ロールズの『正義論』公刊以降に進展した平等論において問われてきたのは、個人の選択がもたらす結果が、どの程度、自分によるものかを問う個人の責任である。自分によるものであれば、自分の責任だから、不平等を甘受すべきだというのである。その際、予測可能かつ回避可能なリスクを意味する「選択の運」と、いかなる熟慮ある行動によっても回避しえない「自然の運」は、責任の範囲を確定するにあたって欠かせない区別だとする立場がある。選択の運は個人の責任の範囲だが、自然の運は責任の範囲外だとする。


選択の運と自然の運の区分をふまえて独自の平等論を展開したジェラルド・A・コーエンは、「平等論の根本目的の主要部分は、分配に対する自然的運の影響を消滅させること」であり、それゆえ「自然の運は、正しい平等にとっての敵である」と言い切りさえする。

（Cohen 1989 : 931）。

（『正義論：ベーシックスからフロンティアまで』087頁）

しかし、予測可能かつ回避可能なリスクを意味する選択の運でさえ、リスクを伴う運の影響を被り、人間の人生全体が運の影響を被っていると言える。人間の人生全体が運の影響を被っているのだから、一般的に言って不平等による格差は是正すべきこととなる。

◇努力さえ生まれつき

予測可能かつ回避可能なリスクを意味する選択の運を考えても、予測し回避するために努力する能力が必要となる。その努力する能力さえ生まれつきの環境の影響を受けるという。

しかしロールズは、努力すら恵まれた育ちの産物だと言う。「努力し、挑戦し、一般的な意味での評価を得ようとする姿勢でさえ、幸福な家庭と社会環境に依存する」。その他の成功要因と同様に、努力も自分ではどうにもできない偶然性の影響を受ける。「進んで努力しようとする意志が、その人の持って生まれた能力やスキル、利用可能な選択肢の影響を受けることは明らかであるように思われる。才能に恵まれた者は、ほかの点では平等でも、真面目に努力する傾向が強い……」

（『これからの「正義」の話をしよう』252頁）

努力する能力さえ生まれつきの環境の影響を受けるとしたら、そのような運によって生じる著しい影響は、正義に反し、除去しなければならないということになる。

☆カネコさんとタケナカさんの人生

カネコさんとタケナカさんは、ともに同じ大学を出ている。その大学はトップクラスの大学で、２

人とも筆記試験をパスして合格し、同じ一流企業に就職した。ところが、ふたを開けてみると、カネコさんはタケナカさんよりも出世した。2人の違いはどこにあるのか。カネコさんの家系はいわゆる名家の家系で、何不自由なく受験に向けての準備ができる環境にあった。対照的にタケナカさんは、周りが必ずしも大学に行く社会環境にはなく、高校を出て働くのが当たり前という家庭で育った。実は、カネコさんが仕事でうまくいったのは、名家であることや小さい頃から養われた文化的素養のおかげで、顧客獲得に不自由がなかったからである。対照的に友人も教養もないタケナカさんは、大型の顧客を獲得できないことから会社での営業成績がパッとしなかった。それゆえ、タケナカさんは、出世の展望もない平社員のまま、退職を迎えることとなった。あなたはこの2人の現在の境遇差について、どう思うか。

（『正義論：ベーシックスからフロンティアまで』075～076頁）

カネコさんとタケナカさんの差は、自然の運、すなわち生まれつきの差に由来する。しかし、生まれつきの環境のような差まで除去しなければならないとすれば、血縁に基づく家族の解体に行きつく。そのような立場は、人間の幸福にとり、血縁に基づく家族が重要なので、採り得ない。生まれつきの自然の運が不利でも選択の運が幸運で出世すると言うこともありうるが、タケナカさんの場合、幸運は訪れなかった。そこで、主に自然の運による収入等の格差を是正するために、収入の大きさに応じて税率が高くなる累進課税と生まれによる不平等を緩和する相続税による是正が求められる。人間には自分が努力して得たものを受け取る道徳的資格が有る。しかし、努力さえも偶然性の影響を受けることも事実であり、努力して得たもの全てが自分のものだと主張する道徳的資格は無い。偶然性の影響による格差を是正するためにその一部を提供する義務を負うと考えるべきである。格差是正、平等のための累進課税と相続税から得られた財源は貧困の解消に使用されるべきだろう。

アメリカのような多民族、他人種の国家においては、格差是正のために、特定の民族、人種を優遇するアファーマティブアクションも許されるだろう。

平等に関して十分主義という考え方がある。

十分主義は、閾値までの福利を万人に保障する一方で、閾値を上回る諸個人のあいだでは再分配を否定する。この立場は、ハリー・フランクファート（2016, 原著 1987）によって明確にとなえられた後、クリスプ（2018）らによりさまざまな方向へと発展させられていった。

十分主義は２つのテーゼからなると言われる。積極テーゼは、あらゆる個人が閾値に達するまで福利をもつべきだと主張する。他方、消極テーゼは、閾値を超える領域では福利を再分配するべきでないと主張する。

（『正義論：ベーシックスからフロンティアまで』116頁）

二つのテーゼの中、積極テーゼには賛成するが、消極テーゼには反対する。前述のように、閾値を超える成功にも運が働いており、そのすべてを自分の努力の賜として専有することは許されない。累進課税と相続税によって、平等の正義の要請を満たすべきである。そして、累進課税と相続税によって得られた財源は、閾値に至らない人々に福利を提供する原資として使用されるべきである。

また、優先性説によれば、人々に便益を与えることは、この人々の境遇がより悪いほど重要となる。

バーフィット（2018: 170 - 172）は、平等主義者の考えのなかに、平等とは別個の価値がときおりふくまれていると指摘した。優先性である。バーフィットはここから、平等主義とは別個の見解を構成した。優先性説によれば、人々に便益を与えることは、この人々の境遇がより悪いほど重要となる。これはやがて、優先主義と呼ばれるようになる。優先主義によれば、人々に便益を与えることは、この人々の境遇がより悪いほど、また与えられる便益がより大きいほど重要となる。

（『正義論：ベーシックスからフロンティアまで』113頁）

閾値以下の人々に福利を再分配する場合、この優先性に従い、より悪い境遇の人々が優先されるべきだろう。

◇相対的貧困

相対的貧困という概念がある。一世帯の実収入から、税金や保険料などを差し引いたものを可処分所得と呼ぶ。この可処分所得を世帯員数の平方根で割ったものが等価可処分所得である。たとえば、二人世帯ならば、２の平方根一・四一で割る。そして、中央値である。異なる値をもった要素を小さい順にならべたとき、真ん中にくる要素の値を、中央値という。たとえば、12万円、14万円、16万円、20万円、24万円の可処分所得の人がいるとき、中央値は16万円となる。相対的貧困とは、等価可処分所得の中央値の半分に充たず、大多数よりも貧しい生活を送っている状態を指す。等価可処分所得の中央値の半分を、貧困線と呼び、それに充たない人々が総人口のなかで占める割合を、相対的貧困率という。

この相対的貧困とは、生きるか死ぬかの飢餓レベルというわけではないけれど、同じ国・地域の人とくらべて収入・資産が少なく、生活も厳しく不安定な状態のことである。その時代のその社会に所属している人ならほとんどの人が持っているものが持てず、ほとんどの人ができていることができない状態とも言える。相対的貧困を放置しておくとどうなるか。問題点四つを指摘する。

（１）貧困が固定化される

（２）社会が分断される

（３）「努力」という規範が失われる

（4）健康格差が生じる

貧困が固定化されて、社会が富裕層と貧困層に分断され、経済的格差が生じる。その結果、富裕層は努力の大切さを忘れ、貧困層は努力しても報われないと感じるようになり、社会が無気力に陥る。

ところで、健康については、デカルト（René Descartes 1596年 - 1650年 フランス生まれの哲学者、数学者）が『方法序説』のなかで、健康について、「うたがいもなくこの人生の第一の財で、また他のあらゆる財の基礎でもある」と述べている。その健康にも格差が生じる。

健康格差は、社会経済的地位によって健康状態に系統的な差が認められること（松田2009）と定義されている。つまり、体質や遺伝情報といった生物学的要因以外にも、社会経済的要因が健康に影響を及ぼすということである。たとえば、家族や婚姻、所得、学歴、仕事、社会的サポートなどの個人の社会経済的要因と、国の経済、国際関係、コミュニティの状況、社会保障、医療制度などの環境としての社会がもつ要因等、生物学的要因以外のいわゆる「健康の社会的決定要因」が、各人の健康に生涯にわたって影響を及ぼすと考えられている（近藤2005）。（『正義論：ベーシックスからフロンティアまで』179頁）

日本の社会には社会保障として様々なセーフティーネットが張られている。しかしながら社会保険や社会福祉等のセーフティーネットからこぼれ落ちる人が増加している。そのこぼれ落ちた人を救う最後の砦として存在するのが公的扶助の役割を持つ生活保護制度である。しかしながら、この生活保護制度は、生活保護受給者の捕捉率（生活保護を利用する権利がある人のうち現に利用できている人が占める割合）が低いので、貧困対策として機能しているとはいいづらい。

相対的貧困を解決するためには、最低限の収入を貧困層に保障するベーシック・インカム制度が有効だと考える。私は現実的なベーシック・インカム制度として、新経済システムによる価値資本を提案している。詳しくは「第Ⅲ部　新世界の理想★第2章　新経済システムによる資本主義の補完」を御覧いただきたい。

そして、貧困層が経済的に苦しむのが物価高や光熱費の高騰である。私はこれに対しても極めて重要な提案をしている。それは、超伝導電磁エンジンによるフリーエネルギーである。これにより、電気が燃料無しで無際限に供給されることとなり、家庭の一ヶ月の電気代を千円に固定するようなことも可能となる。また、その極めて安価な電気を使用して生産を行うので、物価も大きく下がるだろう。

超伝導電磁エンジンによるフリーエネルギーについては、
「超伝導電磁エンジンのホームページ」
https://j.sem-engine.org/
をご覧いただきたい。

◆人格性の原理と社会制度

社会制度面でもカントの人格性の原理は重要である。

「汝の人格の中にも他のすべての人の人格の中にもある人間性を、汝がいつも同時に目的として用い、決して単に手段としてのみ用いない、というようなふうに行為せよ」

これが、前述のように、否定しえない倫理の根本原理であることは間違いないと考える。この根本原理に導かれて社会制度面でも以下のような規範が生じる。

◇基本的人権

○すべての人間が基本的人権を保障されなければならない。
人格性の原理は基本的人権の根拠となり得る。

カントにとっては､すべての人間の人権を守ることが正義だ。相手がどこに住んでいようと､相手を個人的に知っていようといまいと関係ない。ただ相手が人間だから、合理的推論能力を備えた存在だから、したがって尊敬に値する存在だから、人権は守られるべきなのだ。
（『これからの「正義」の話をしよう』198頁）

人格が手段ではなく究極の目的であるからには、人格を持った人間の目的は尊重されなければならない。人格を持った人間の目的は幸福になることである。よって、人間は幸福になる権利を有するべきである。社会契約説に見られるように、国家を構成する目的は、国家を構成する人間である国民を幸福にすることである。国家はその目的に従い、国民、すなわち人間が有するべき権利、人間が幸福になるための諸権利を保障しなければならない。人間が幸福になるための諸権利とは人権である。国家は人権を保障しなければならない。国家は人権を保障して人間の幸福を尊重するからこそ、善なる存在なのである。

人格性の原理は人権の根拠となるが、善や正の根拠とはならない。合理的推論能力を駆使して専ら悪事を為す人間を尊敬することはできないからである。そして、制度や政策は約束した成果を生むように設計されなければならない。

◇機会均等
○すべての人間に機会均等が保障されなければならない。
すべての人間の人格が目的であり、人格は目的として平等である。平等な人格を持つ人間すべてが幸福に至る機会を持つべきである。よって、人間には幸福になる機会が均等に与えられるべきである。

★第５章　生命倫理

倫理学を応用可能な生命倫理についても検討しよう。

◆妊娠中絶

◇人工妊娠中絶の可否
妊娠中絶に関する法的な問題は、人間の生命を奪うことを含むかどうかが争点なので、中立的立場は考えられない。

中絶を合法化するか否かが大問題となっているアメリカで、中絶を合法だとする考えは、暗黙のうちに、胎児の道徳的地位についてのカトリック教会の教え——受胎の瞬間から、胎児は人である——は誤りであるという前提に立っていると考えられている（『これからの「正義」の話をしよう』393頁）。

カトリック教会の教えについて私の立場から考えてみよう。人は受精によって人という生物になり、精神により統合された知性、感性、意志と意識を持つことで、人格を持った人間になる。その人格を持った人間は死ぬまで、生存する権利を保持する。人格を持った人間になる前は、単なる生物なので、堕胎が許されると考える。受胎の瞬間から胎児は人間という種に属する生物ではあるが、完全な人間ではない。完全な人間となるのは脳が形成されて機能し始めた時である。それまでは堕胎が許される余地が有る。

では胎児の脳が形成されて機能し始めるのはいつか。赤ちゃんの脳の形成過程を見てみよう。赤ちゃんの脳がつくられ始めるのは、在胎18日頃からと言われている。在胎24週（６カ月）くらいまでに、脳はぐんぐんと大きくなるが、表面にしわがなく、のっぺりしている。16週間から24週間までの胎児期の中期には、脳の表面が複雑になり、回転と折りたたみが始まるとともに、神経細胞の移動や結合が進み、神経回路が形成される。在胎28週（７カ月）に入ると大脳の表面にしわや溝がたくさんできて、在胎36～40週（９～10カ月）ごろには大人の脳とほぼ同じ外観をもつようになる。この胎児の脳の形成過程を見ると、胎児期中期が脳の基本的形態が形成される過程であり、胎児が完全な人格を持つのは胎児期中期の終わる妊娠24週間頃と考えられる。なお、胎動については、妊娠20週以降になるとお腹の中で赤ちゃんが動くのがわかるようになる。二回目以降の妊娠の場合は、早い方で妊娠16週頃に感じる場合もある。

そして、日本では、中絶手術が可能な時期は母体保護法によって「妊娠22週未満」と定められているため、妊娠21週６日までにしか行うことができない。但し、妊娠22週以降でも母体の生命に危機が迫っている場合などでは、妊娠を中断させる医療行為を行うことがある。妊娠22週までの人工中絶手術は、初期と中期とに分けられる。初期は妊娠11週６日まで、それ以降は中期となる。

また、早産とは正期産より前の出産のことであり、正期産とは妊娠37週０日から妊娠41週６日までの出産のことを言う。日本では妊娠22週０日から妊娠36週６日までの出産を早産と呼ぶ。妊娠22週未満の出産は流産といい、早産とは区別される。

以上のように、日本では胎児の中絶手術が可能な時期は母体保護法によって「妊娠22週未満」と定められているが、「妊娠22週未満」と定められた根拠は、妊娠22週を過ぎると、胎児が母体外においても、生存できるとされているからである。

この妊娠22週は、人格を生じさせる脳の形成過程において、胎児が完全な人格を持つ妊娠24週よりも二週間前であるから、まだ、胎児が完全な人格を持つ二週間前である。その完全な人格を持たない胎児に対してだけ、人工妊娠中絶を認めるのだから一応、妥当だと考えられる。

しかし、妊娠22週前の胎児にも胎動が見られる。その胎動は胎児の生きるという意思の発動である。生存を欲求する意識の表れである。これは胎児の不完全な人格による生存したいという意思の発動だと考える。この意思は重大である。よって、胎動が感じられた場合、妊娠22週前でも、人工妊娠中絶は許すべきではないと考える。立法論としては胎動があるかどうかを基準とすべきだと考える。

◇妊娠中絶が問題となる場合

日本において、妊娠二十二週未満ならば、合法的中絶として医師は妊娠中絶を施術することが許されるだろう。そして、医師は倫理道徳的にも免責されるだろう。妊娠二十二週未満だとしても、母親については、当事者なので、なお妊娠中絶が許されるかどうか、倫理道徳的に問題とする余地がある。

1. 母体が危険なので妊娠中絶する場合
2. レイプされた女性が自己の尊厳のために妊娠中絶する場合
3. 生活防衛のために妊娠中絶する場合
4. 海外旅行に行く邪魔なので妊娠中絶する場合

の四つの場合について倫理道徳的に妊娠中絶を肯定できるかどうか検討する。

まず、妊娠二十二週未満について検討する。胎児は未だ人類社会の構成員ではないが、人間の前身なので、標準規範を準用すべきと考える。

１．２．の場合は自己の不幸を解消するために胎児の幸福を犠牲にする場合であり、標準規範ⅠＡｂ②の問題である。１．は母体の生命のために、胎児の生命を犠牲にする場合。２．は母性の尊厳のために、胎児の生命を犠牲にする場合。幸福だけを比較すると同等であり、胎児の生命を犠牲にすることは許されないということになる。しかし、胎児はいまだ誕生していないし人間社会の正式な構成員とはなっていないので、「他者」とは正確には言えない。正式な構成員である母親の幸福が優先されてよい。但し、２．については胎児の生命を犠牲にしないで、例えば「藁の上の養子」に出すなどの方法で胎児の生命と母性の尊厳が両立し得ないかを真剣に検討すべきである。

３．４．の場合は、自己の幸福追求のために胎児の幸福を犠牲にする場合であり、標準規範ⅠＡｂ②の問題である。３．は、生活のために胎児の生命を犠牲にする場合。４．は、自己の娯楽のために、胎児の幸福を犠牲にする場合。いずれも母親の幸福よりも胎児の生命の方が重いと言える。この場合、「精神の原理」は母親の幸福追求を否定する。但し、３．の場合、母親の生活と胎児の生命が両立するように最善の努力を尽くした上で、なお母親の生存が危機に瀕するような場合に限り、認める余地があると考える。

妊娠二十二週以上については、違法なので、１．の母体が危険な場合だけが、緊急避難として中絶が許されるかどうか検討する必要が有る。この場合、母体を助けるためでも、胎児を殺すことは許されず、胎児が胎外で生存できるように手術することを要件として許されるだろう。

◆脳死と臓器移植

厳格に脳死を判定することにより人を殺すことにならないならば、一人を犠牲にして別人を助ける脳死からの臓器移植は認められる。そして、脳死からの臓器移植を社会的に制度として維持することも生命と健康を救いうるが故に認められる。しかし、あくまでも一時的な制度であり、他人の臓器を利用しない移植方法の開発が推進されなければならない。

現在も臓器不足の状態が続いている。『異議あり！生命・環境倫理学』で岡本裕一朗氏の言うとおり、「献身の倫理」だけでは大部分の人が動かないからだ。では「相互性の倫理」を導入し脳死からの臓器提供に対して報酬を払うことが許されるか。

「相互性の倫理」については、「他人のために何か善意を施せば、結局自分の利益になって戻ってくるという考え方」と言われている。これに対して、「献身の倫理」というのは「自分には絶対に見返りがないと分かっていても、他人に善意を施そうという考え方」だ。
（『異議あり！生命・環境倫理学』岡本裕一朗著、ナカニシヤ出版刊 70～71頁）

私は脳死者が生前、臓器提供を自己決定していた場合は報酬を払うことが許されてよいと考える。なぜなら、脳死者は死んでいて報酬を受け取ることはできず、報酬を受け取るのは脳死者が与えたいと思う家族などであり、他人への「献身の倫理」の精神が働くからだ。家族などへの献身が見られるのだ。

この報酬の提供が許されるのはあくまでも自己決定が為された場合であり、子供の脳死者からの臓器提供のように親などの他者が臓器提供を決定する場合は許されない。このように報酬を導入しても臓器提供が増えるのには自己決定が為される必要がある。このためにはノンドナーカード制度によりノンドナーカードを持っていなければ臓器提供の承諾を擬制するよりも、自己決定を強いる制度の方が望ましいと考える。

すなわち、臓器移植に関する自己決定を行わない場合、社会的ペナルティーを課すのだ。もちろん、その前提として学校などで啓蒙が行われると共に、ネットなどを通じて簡単な手続きにより自己決定ができる制度が整えられなければならない。その自己決定の結果はデータベース化され、移植を行う病院が簡単に参照できるようにする。

そして、ペナルティーとしては自己決定の遅延に対する罰金を税金として徴収する制度、自己決定の遅延に対して運転免許の違反点数が累積していく制度、新経済システムによる価値資本が減額される制度などが考えられる。

以上に加えて、社会的な制度として自己決定を導入する場合は、多様な自己決定の選択肢を用意すべきだろう。提供する臓器を選択できるのはもちろん、次のような選択肢が用意されてよいだろう。血縁者に対してのみ臓器移植を認める選択肢。臓器移植の提供を自己決定している人にのみ臓器提供する選択肢。臓器移植によって得られる報酬を自分以外の誰に与えるかを決める選択肢など。

◆インフォームド・コンセント

インフォームド・コンセントとは「患者は、何らかの処置や治療を始める前に、医者から十分な情報を受け取り、患者自らの同意（自己決定）に基づいて、どんな医療行為を受けるか選択できる」（『異議あり！生命・環境倫理学』105頁）というものである。インフォームド・コンセントの下で、キリスト教系の団体「エホバの証人」が教義に従い、輸血により生命を救いうるのに、輸血を拒否できるのは、インフォームド・コンセントが非合理な選択肢を認める欠陥を持つからだ。この欠陥を改めるべきだ。

岡本氏は「医者と患者の関係は、圧倒的な力の差異に基づいた権力関係なのだ。」（『異議あり！生命・環境倫理学』120頁）と考える。私もこの認識は正しい一面を持つと考える。確かに、医師は患者よりも優位に立っている。そして、岡本氏は「自己決定できるように患者の側で権力のネットワークを形成していくことが必要だ」（『異議あり！生命・環境倫理学』121頁）とする。しかし、医師と患者は信義に基づいた信頼関係に立つべきであり、権力のネットワークというものが、患者の側が権力モデルに立って権力を組織することならば、信義を掘り崩すことであり避けるべきだ。インフォームド・コンセントの実質化は、医師の側の教育と医療機関内部の監視、それに患者の側の知識獲得などにより為されるべきものと考える。

◆安楽死

◇積極的安楽死

安楽死において、積極的安楽死と消極的安楽死の区別、すなわち作為による「殺すこと」と不作為による「死なせること」の区別を維持し、「殺すこと」に相当する積極的安楽死は、原則として許されないとすべきである。よって、医師が患者の自殺を幇助することも原則として許されない。

しかし、例外的な状況においては自殺が合理的な選択と考えられることもありうる。具体的には、死期が迫っており、耐えがたい苦痛があるか近い将来に生じることが予期され、死の他にそれを回避する選択肢が無いと判断される場合である。そのような場合には、自殺を助けることで苦痛を終わらせるか苦痛の発生を防ぐことはよいことですらありうるだろう。

☆身動きの取れないトラック運転手の事例

運転手が炎の噴き出るトラックから抜け出せないでいる。彼が助かる術はない。まもなく焼死するだろう。運転手の友人がトラックの近くにいる。この友人は銃を持っており、射撃の名手である。運転手は友人に自分を撃ち殺してくれと頼む。焼死するよりも、撃たれて死んだ方が苦痛は少なくてすむだろう。法的考慮はすべて度外視して、純粋に道徳的な問いとして尋ねてみたい。はたして友人は運転手を撃つべきだろうか。（ホープ 2007　19）

（『実践・倫理学』106～107頁）

このトラック運転手を殺す場合は、例外的に、自殺を助けることで苦痛を除くことが許される場合だろう。殺すことをすべて禁止することはできないことを教えるケースだ。

しかし、積極的安楽死の場合には、緩和ケアがあるのだから、積極的安楽死を選ぶ必要はないという反対論がある。緩和ケアとは、鎮痛剤などの使用によって癌などの疾患に伴う身体的・精神的な苦痛を取り除く医療行為を指す。これによって患者のＱＯＬ（Quality of life）が死ぬ直前まで保たれるため、安楽死は不要になるという立場である。これに対しては、緩和ケアという選択肢があるのは望ましいことであるが、患者に安楽死の他にこのような選択肢があることを提示して、最終的には本人に選ばせるべきだと答えられるだろう。それは一つには、疼痛の管理の技術がまだ完全ではなく、十分に普及しているとも言いがたいからだ。もう一つは、精神的な苦痛は必ずしも緩和ケアによっては改善されないためである。

くさび論法というものがある。

くさび論法とは次のようなものである。慈悲による殺人の名のもとにであれ、いったん殺人が認められたならば危険なくさびが打ち込まれ、それによってすべての「望ましくない」人間の生命や「価値のない」人間の生命が不安定な状態にさらされる。くさび論法の論者の考えでは、最初のくさびが打ち込まれると、われわれは滑り坂におかれる。

（『異議あり！生命・環境倫理学』104頁）

これは、原則に一つでも例外を認めるときりがなくなり、悪い結果が生じるため、一つも認めるべきではないという議論であり、すべりやすい坂論法（slippery slope argument）とも呼ばれるものである。

これに対して岡本氏は「この議論は『非自発的安楽死』と『反自発的安楽死』の混同に基づくものだ。『自発的安楽死』を認めたからと言って、『反自発的安楽死』へ滑り落ちることはないはずだ。確かに、対処能力のない子供やアルツハイマー患者の場合のように、『非自発的安楽死』が問題になることはある。しかしそれは、決して本人の意志に反した『反自発的安楽死』ではない。もし、『反自発的安楽死』が認められる場合は、まったく異なる意図が関与しているのだ。それは、ナチの場合『人種差別政策』が強く関与しているように、別の政治的な意図が働かない限り、滑り坂を落ちていくわけではない。」（『異議あり！生命・環境倫理学』105頁）と批判する。

まず、くさび理論は確かな、現実的根拠を持つ。殺すことが殺人罪となり禁止されるという個々の人が持つ規範意識は、その人が自ら積極的安楽死に関与すれば大きく、近くでそれが行われたと知ればかなり、動揺する。我々の社会は誰もがより良い生を目指す共同体だという明るい確信が揺らぎ、死が忍び寄り社会を意気阻喪させると考える。

また、自発的安楽死（積極的安楽死）を認めると他人の意思に反する反自発的安楽死を認める傾向を増長する。「自発的安楽死」を認めることで、「反自発的安楽死」へ滑り落ちることはありうる。第二次大戦後も「自発的安楽死」が認められていないにもかかわらず、医療に携わる者が患者を生きる価値のない者として患者の意思に反する大量殺人を行った事例が報告されていることから分かるように、反自発的安楽死への誘惑は大きいのだ。そして、もしも別の政治的意図が働いた場合、自発的安楽死一般を認めると、それに対する抵抗力は弱まっていて、容易に反自発的安楽死を認めるようになるだろう。積極的安楽死一般を認めることはできず、厳格な要件を課すべきだろう。

以上から、積極的安楽死は、例外的に法定の厳格な要件の下でなければ許されないものとしなければならない。本人の自発的同意があったとしても、積極的安楽死は殺人に他ならないとも言えるのだから、安易に許してはいけないのだ。

◇治療中止

これに対して、「死なせること」は、「死ぬ人」にとっては自己の幸福を処分する問題である。「死なせる人」である医師等にとっては、標準規範Ⅳの問題となる。そして、「死なせること」にはその人の意思に基づいて死なせることが含意されていることに注意しなければならない。「死なせること」は自殺を罰しないのと同様の理由で認められるのだ。すなわち、死ぬ人の境遇に同情しその人の明示もしくは黙示の意思を尊重するからだ。

この「死なせること」に相当するのが、治療中止だ。治療中止とは、人工呼吸器や人工水分・栄養、透析などを差し控えたり、中止したりして、比較的短時間のうちに患者に死をもたらすことを指す。治療中止は消極的安楽死と表現されることもあるが、積極的安楽死との混同を避けるために、治療中止という言葉が今日では好まれる傾向がある。

☆スミスとジョーンズの事例

スミスは、六歳の従弟の身に何かあった場合には、莫大な財産を得る立場にある。ある晩、その子が風呂に入っているところに彼は忍び込み、その子を溺死させ、それからあたかも事故であるかのようにとりつくろった。

ジョーンズもまた、もし彼の従弟の身に何かあった場合、莫大な財産を得る立場にある。スミスと同様に、ジョーンズは入浴中の従弟を溺死させようと風呂場に忍び込んだ。ところが、風呂場に入ったとたんジョーンズは、その子がすべって頭を打ち、頭から水の中に落ち込んでしまうのを見た。ジョーンズは喜んだ。そして、必要とあらばその従弟の頭をおしこもうと、かたわらに立つ。が、その必要はない。ジョーンズが何もしないで見ているうちに、その子はほんの少し手足をバタバタさせただけで、ひとりでに「事故で」おぼれ死んだ。

（『異議あり！生命・環境倫理学』95～96頁）


スミスは六歳の従弟を殺したが、自己の幸福追求のために他人を殺すことは許されない。ジョーンズは従弟を死なせたが、価値的に見て殺したと見なしうる。従弟は生きたいと望み、ジョーンズは容易に従弟を助けられたからだ。スミスとジョーンズ共に標準規範ⅠＡｂ②の問題となり、自己の幸福追求のために従弟の生命を犠牲にすることは許されない。

ジョーンズの「死なせること」がスミスの「殺すこと」と価値的に同じと見なせるのは、容易に従弟を助けられたという特別な立場に居たからだ。例えば、誰かが遠くから望遠鏡を覗いていて、たまたま自殺しようとする他人を発見して死なせても、「殺すこと」と同価値とは言えない。

では、患者の担当医が患者を死なせた場合は、どうか。患者を近くで治療中止という不作為により死なせたのだから、ジョーンズが従弟を死なせたことと同価値、すなわち殺したことにならないか。この疑問については次のように答える。医師は患者の明示もしくは黙示の意思を尊重して死なせるが、その尊重には合理的な理由が有る。すなわち、患者の病状を医学的観点から合理的に判断して患者の意思を尊重したということだ。ジョーンズにはこのような合理的意思の尊重という理由が欠けている。担当医がジョーンズと同価値、すなわち殺したスミスと同価値とは言えない。担当医は「死なせること」をしたのであり、ジョーンズは「殺すこと」をしたのだ。ジョーンズは手足をバタバタさせて生きたがっていた従弟を見殺しにしたのだ。

治療の中止は厳格な手続の下、認めるべきである。患者の事前の同意書、もしくは熟慮した同意があること。患者が同意を表示できなければ、家族の同意があること。複数の医師が回復不可能と認め、治療を続けても苦痛を長引かせるだけであること等である。治療の継続が患者の利益にならないということが条件となろう。そして、不作為という態様なので「耐えがたい苦痛」までは必要とせず、「苦痛を長引かせるだけ」という要件とする。それに、死ぬまで、最も苦痛の少ない処置が取られるべきだろう。また、制度が悪用されないための事後報告制度などを整備することも必要だろう。

◇ＰＡＳ

ところで、積極的安楽死には二種類有る。医者が患者に直接注射や点滴をして死に至らしめる場合と、致死薬を処方され自分で飲む場合、すなわち医師の支援を受けてなされる自殺、ＰＡＳ（physician-assisted suicide）

があり、前者は一〇〇％死ぬが、後者は錠剤をもらっても実際に飲むのは半数以下のようだ。以下、医者が患者に直接注射や点滴をして死に至らしめる場合のみを積極的安楽死と呼び、ＰＡＳと区別する。

ところで、ＰＡＳは倫理的に許されるが積極的安楽死は認められないという議論がありうる。積極的安楽死は定義上は他殺と考えるのに対し、ＰＡＳは定義上自殺であると考えて認めるのである。これは、医師や他の医療従事者は、患者の求めに応じて直接命を奪うことは許されない、という原則の問題となる。「依頼されても人を殺す薬を与えません。またそのような助言をも行ないません」。これは古代ギリシアの医師であるヒポクラテス（B.C.460 頃 - B.C.370 頃）の誓いの言葉であるが、長く医師の職業倫理の一部となってきた倫理原則である。このような職業倫理があるがゆえに、医師が直接手を下す積極的安楽死よりも、患者が自ら致死薬を飲むＰＡＳの方が好ましいと考えられる。

しかし、患者の求めに応じて致死薬を「処方」するのと、致死薬を「投与」するのは、医師の心理的負担は変わるが、倫理的な違いは無いと考える立場がある。しかし、私は致死薬を「処方」するのは「死なせること」に近いのに対し、致死薬を「投与」するのは「殺すこと」であり、両者には倫理的に違いがある。従って、「死なせること」に近いＰＡＳの方が好ましいと考える。

また、ＰＡＳは許されているが安楽死は禁じられている場合には、不公平が生じるという問題がある。すなわち、たとえばＡＬＳ（Amyotrophic Lateral Sclerosis）のような運動ニューロン疾患が進行しているため自分で致死薬を服用できない患者にとっては、ＰＡＳしか法的に許されていない場合には、望んでいても安楽死をすることができないことになる。社会的に許容された仕方での自殺を重度の障害を持つ人だけが認められないとすると、ここには深刻な不公平があることになる。しかし、これに対しては、自分で致死薬を服用できない患者に対してだけ、積極的安楽死を認める立法を行って解決すべきだと言えよう。

ＰＡＳは現在、厳格な要件下で許可する所も有る。児玉聡氏はＰＡＳを認めるオレゴン州の尊厳死法の規定について「誰が、どのように自殺幇助を要請できるか？」という形で紹介している。

誰が

・一八歳以上の成人で、判断能力のあるオレゴン州住民
・かつ、主治医と別の医師によって、医学的に治癒が見込めず不可逆的な疾患で余命六ヶ月未満とされる「終末期の疾患」と判定されている
・かつ、死にたいという希望を自発的に表明している

どのように

・主治医に対し、口頭および書面で自殺幇助の要請を行なう
・最初の口頭による要請から少なくとも一五日間隔てて、もう一度、口頭で要請する

有効な書面

・患者の署名、日付があること
・少なくとも二人以上の人が証人となること
・二人の証人のうち一人は、患者と血縁・婚姻・養子縁組関係にないこと
・要請が署名された時点の主治医は証人となることができない

（『実践・倫理学』93〜94頁）

　このオレゴン州の規定では、先ほどメイナードの事例で検討した、余命が限られている、本人に合理的な判断能力があり自発的な同意をしているといった点を保証する工夫が見られることが確認できる。また、緩和ケアなどの代替手段があるかどうかも、患者が同意する前に医師によって説明されなければならないとされる。つまり、自殺幇助による死が、他に可能な選択肢も十分検討した上で本人が合理的な仕方で選択した結果であることを担保する仕組みが作られていると言える。

　また、オランダでは長い間、判例を元に安楽死を行なってきたが、二〇〇一年にいわゆる安楽死法が成立した。この法によれば、以下の基準に従って積極的安楽死とＰＡＳの両方が認められるとして、児玉聡氏はオランダの法律を紹介している。

〈医師が遵守すべき基準〉
１．患者の自発的で熟慮の上の要請であると確信している
２．医師が、患者に回復の見込みが無く、かつ、耐え難い苦痛があることを確信している
３．患者の病状、予後について、患者に情報提供している
４．医師・患者が、患者の病状について合理的な解決策が他にないと確信している
５．当該患者を診断し、かつ、１〜４の要件について書面で意見を述べたことのある、独立した立場にある少なくとももう一人の医師と相談している
６．注意深く、安楽死を行った、あるいは自殺幇助した

オレゴン州の規制と同様、ここでも、本人の自発的な同意がある、回復の見込みがない、代替の手段がない、といった要件が規定されている。ただし、オレゴン州の場合と違い、オランダの安楽死法では「余命六ヶ月以内」といった末期という条件はない。
（『実践・倫理学』104〜105頁）

　オレゴン州はＰＡＳを、オランダは積極的安楽死とＰＡＳを、厳格な要件の下でのみ認めている。但し、オランダも「余命六ヶ月以内」といった末期という条件を設けるべきだったと言えよう。

以上、安楽死について述べてきたが、まとめると、治療中止は手続を守れば比較的容易に認められるのに対し、積極的安楽死とＰＡＳは法定の厳格な要件が必要であるが、積極的安楽死とＰＡＳでは、ＰＡＳの方が認めやすいということになる。

◆クローン人間

『異議あり！生命・環境倫理学』で岡本氏は、もしかしたら障害児が生まれる可能性のある女性に対して子供を産むことを禁止できないこととクローン人間を生むことは同じであり、クローン人間は禁止すべきではないと言う。

障害児が生まれる可能性のある女性が子供を産む権利は既に確立されている。これに対して異を唱えることは極めて難しい。しかし、クローン人間の問題は新しい権利を社会的に承認するかどうかの課題だ。新しい課題自体の問題点に即して認めるか否かの検討が行われるのは当然だ。

「どんな子供を生むかは、あくまでも個人の問題だ。どんな技術を使って子供を生むかも、個人の問題だろう」（『異議あり！生命・環境倫理学』128頁）と岡本氏は言う。しかし、あくまでも個人の問題として処理されてきたのは、従来の方法による出産であり、クローン人間は今までの方法とは違った医療技術により出産し、今までの子供とは違った性質の子供が生まれる新しい問題なのだ。そして、新しい方法と新しい子供であるが故に社会的影響が大きく、社会的に議論が為されているのだ。

問題に即して考えて、クローン人間は認めるべきか。岡本氏は一〇〇パーセント安全な医療は無いから、クローン人間の技術的欠陥によりクローン人間を禁止することはできないと言う。しかし、現在のクローン人間技術を使えば、一〇〇パーセント、生まれた子供の寿命が短いということもあり得るのだ。テロメアは、特徴的な繰り返し配列をもつＤＮＡと様々なタンパク質からなる染色体の末端にある構造である。テロメアは、染色体の末端を保護する役割を持つと考えられており、細胞が分裂するたびに、その長さが短くなっていく。これが細胞における寿命時計の一つとして機能し、テロメアがある程度短くなるところまで細胞分裂が行われると、細胞の老化が始まることが明らかになってきた。クローン人間ではこのテロメアが生まれたときから短いと考えられるのだ。また、一〇〇パーセント、何らかの障害を持っている可能性もあり得るのだ。受精卵診断で生きるに値しないと客観的に判断される重い障害が子供にあると診断されたとしよう。確立された権利ではないのなら、普通の出産であるこの場合でも、生みたいと言っても生むことを許すべきかが問題となりうるのだ。

岡本氏は近代的家族制度が崩壊しつつあるので、クローン人間も認めるべきだと言う。しかし、私は近代的家族制度を維持すべき価値だと考えるので、この論に賛成することはできない。崩壊しつつあるのは、崩壊を推進するラディカル・フェミニズムなどの勢力があるからであり、この勢力に我々は反対する。

岡本氏は、クローン人間を認めると精子が不必要となり、男性中心主義が崩壊するので反対の声が大きいという。クローン人間で崩壊するのは、正確に言うと、生殖において男性と女性がお互いに必要としていることである。そして、クローン人間が一般化すれば、生殖を前提にしないセックスが公認されて増加し、中絶も増加し、性的放縦が世を覆うことになろう。同時に、真剣な恋愛による向上と男女の結合による進歩・進化が少なくなり、愛により生まれた幸福も少なくなろう。そして、愛する者の精子の代わりに優れた者の遺伝子を求める傾向が広まりかねない。クローン人間は、そうした道へつながっているのだ。もちろん、その過程でフェミニズムの言う男性中心主義も影響を受けることは確かだ。男女の遺伝子の結合による人類の遺伝的豊かさを失わせる危険があるとともに、翻っては男性と女性を離隔させる危険があるということだ。

こうした社会一般が受ける不幸の他に、クローン人間自体も不幸だ。技術的欠陥による寿命の短縮や障害などの不幸の他に、次のような一般的な不幸が考えられる。クローン人間は自己のアイデンティティーに問題がある。普通の人間は父親と母親の結合から生まれた独自の存在として自己を意義づけることができるが、クローン人間は父親か母親のコピーだ。

では、双子は不幸な存在かと言う問いに対しては次のように答える。双子は兄弟と相互にコピーであり、似通った友が得られる。これに対して、クローン人間は片親の一方的なコピーであり、成長の過程で乗り越えなければならない親のコピーだ。親に非常に似ているので乗り越えが難しくなり、普通の親子には無い圧力が働くことが考えられる。このように不幸な存在を、科学者の名誉や親の幸福などのために不幸な存在を創造するのは非倫理的であるということだ。クローン人間反対には大いに理由があり、誰かの陰謀などではない。標準規範の精神からすると、クローン人間は自己の幸福のために不幸を創る行為であり、許されない。

以上はリプロダクティブ・クローンの問題であり、セラピューティック・クローン（ヒトクローン胚からＥＳ細胞を作り、それを分化させてできた組織を患者に移植する技術）の問題については、新しい問題であるということと技術上の問題点があることを除いては当てはまらない。しかし、セラピューティック・クローンにも人間の生命の意図的な手段化という共通の問題が横たわり、人体の資源化が生じる。医療の進歩を考えつつも慎重に検討されるべきである。

◆遺伝子診断と遺伝子改造

受精卵の遺伝子のチェックが問題となっている。チェックされると障害者は自分が否定されると言う。これは感情的な反対に過ぎない。障害者が他者に負担をかけている事実は否定しがたく、身障者が健常者に無い不幸（健常者の有する能力の一部が欠ける状態）を背負っていることは明らかである。反対に道理があるとすれば、障害者の受精卵をチェックして、強制的に排除することがあってはならないという点である。また、人間の本質が精神や魂である限り問題は無いと言える。チェックが行われても、障害ある肉体に宿るはずの魂や精神が健常な肉体に宿ることになるだけである。排除されるのは、不健全な遺伝子に過ぎない。

これに対し、どんなにひどい障害者でも現に幸福な人がいるではないかという反論があるかもしれない。私もどんな障害者であっても幸福でありうることは否定しない。しかし、障害が幸福に関係しないというのは厳密に言えば正しくない。障害は幸福の基礎である能力を奪うからである。複数の受精卵の中から病気や障害の遺伝子を排除することは認められると考える。

しかし、外見や能力などが優れた遺伝子を選択することは認められるべきではない。これを認めると当時の流行に従った親の価値観に基づいた子供ばかり生まれてくる恐れがあり、長期的に見て遺伝的な豊かさが失われ、偏りが出来る。また社会的に外見や能力に劣った人を価値的に低いものと見なす風潮を助長する。そのような見方は見なされる人にとって不幸であるばかりではなく、見なす人を傲慢にし不幸にする。そして、これを認めると成人の遺伝子改造に道を開くことにもなる。

遺伝子改造についても、遺伝子診断と同様の理由で、病気や障害の治療以外は行われるべきではない。それに金のあるものだけが自己の外見や能力を改造できて、悲惨な階級社会が出現しかねない。また、金で外見や能力が買えるので、外見や能力を磨く努力、翻ってはそのために内面も磨く努力が放棄され、外見や能力を買える金を崇拝する主義がいま以上に盛んになりかねないからだ。

◆自己決定について

以上、生命倫理の問題である、臓器移植、妊娠中絶、インフォームド・コンセント、安楽死、クローン人間、遺伝子診断と改造について、自己決定という概念に頼らずに考察した。自己決定できるのは自己の処分可能な利益について合理的判断をする場合だけだ。妊娠中絶は、胎児という他者の生命に係わり、それは社会が新たな構成員を迎える問題でもあるので自己決定を貫くことができない。クローン人間及び遺伝子診断と改造については、人間種族及び人間社会の幸福と緊密に結び付いた人類全体の問題なので、自己決定を原則とできないことは明らかだ。

安楽死は、その人の生命の処分の問題だが、生命の処分を自由に認めれば「くさび論法」の問題が生じるし、その人の生命はその人だけのものかという疑問がある。その人を慈しみ育ててくれた親や社会、生き甲斐を与えてくれた家族などは何の口出しもできないということではないだろう。

臓器移植において自己決定が強調されるのは、自己の死体をどう処分するかというその人自身の意志を最も尊重してよい場合だからだ。

インフォームド・コンセントは自己決定の問題だが、非合理な選択を許す問題点があるということだ。

★第6章　環境倫理

生命倫理と同様、環境倫理についても検討を加えたい。環境倫理については『異議あり！生命・環境倫理学』で述べられている「人間中心主義で悪いか」という岡本氏の立場に基本的に賛成である。しかし、「非人間中心的倫理学」は人間のエゴを抑えるために構想されたものであり、人間のエゴを抑えるということは、人間中心主義の立場に立っても必要である。そこで、「非人間中心的倫理学」の人間のエゴを抑える発想を生かしつつ、「非人間中心的倫理学」が扱ってきたものを人間中心的に組み替える必要があると考える。この立場で「非人間中心的倫理学」の二大部門、動物の解放論と生態系主義について考える。

◆動物の解放論

人間は道徳的主体であるが、動物は道徳的主体ではなく、道徳的配慮を期待できない。これを前提として人間の道徳的配慮の対象を人間という種に限ることは恣意的ではないと考える。なぜなら、相手に対して道徳的配慮を求めうるのは自らも相手に対して道徳的配慮をなしうるためだからである。動物は人間に対して道徳的配慮をなしえないので、人間に対して道徳的配慮を求めることができない。

法律的にみて、正当防衛の時には人を殺すことも許される場合がある。戦争の場合には、戦闘により敵兵を殺すことが許される。社会的評価として通常の殺人と違うのは明らかだ。これは、相手に道徳的配慮を期待し得ないことが理由と考えられる。相手に道徳的配慮が期待し得ない場合に、相手に対して道徳的配慮を与える必要は無いのだ。

　また、このような互恵性を厳密に考えるなら、動物だけでなく重度の知的障害者や乳幼児に対する道徳的な義務も存在しないことになる。なぜなら、重度の知的障害者や乳幼児は、快苦は感じるが、それ以外の人々と互恵的関係にはないからだ。ところが、我々の多くは自分の利益を主張できないこうした人々の利益を代弁しようとする。だとすると、動物についても同じことが言えるのではないだろうか。

（『実践・倫理学』168頁）

　人間という種に属する人間は、お互いに道徳的配慮を行えるが、動物に属する種は人間に対して道徳的配慮を行えない。だから、人間という種は、動物に属する種に対して、人間と同じ道徳的配慮を行う義務は無い。重度の知的障害者や乳幼児は人間という種に属するので、当然、道徳的配慮の対象となる。
ただし、動物も人間と同じく苦痛を感じるので、動物の苦痛に対しては、人間に対するものと同じではないが、人間は配慮を示すべきである。人間は不必要な殺生をすべきではないし、肉食を減らすべきであるし、苦痛の無い動物の飼育方法をとるように努力すべきである。

　「動物と人間との間には、（お互いに利益を与えあう、お互いに傷つけ合わないなどの）相互性が成り立たない。したがって、動物に権利は認められず、我々にも義務はない。動物を食べないことは褒められるが、食べたからと言って非難されない」という反論もあるかもしれない。つまり、ベジタリアンになることは道徳的によいことであるかもしれないが、義務とまでは言えないということだ（→7・

2)。これは、ベジタリアンになりたい人はそうしたらよいが、動物のために肉食をやめる義務はないのではないか、という風に主張されることもある。

（『実践・倫理学』167頁）

私の考える善は自分という人間と他者という人間の幸福の尊重であるから、動物という他者に対しては直接適用されるものではない。道徳的配慮のできない動物は人間の道徳的配慮の対象外だからだ。しかし、善の精神を動物という他者に準用して、動物の幸福に配慮することは、人間の道徳的向上のためにも、望ましいことだろう。動物を殺す肉食は減らす方向に進むべきである。

しかし、人間とそれ以外の生物で線引きすることは基本的に正しい。とはいえ、将来、道徳的行為主体である人類以外の異星生物が発見された場合、彼らを道徳的配慮の対象に加えるべきはもちろんのことだ。従って、人間が必要のために他の道徳的主体ではない動物を殺すことも実験に使用することも許される。しかし、人間のエゴを抑え、人間が道徳的存在であるために、道徳的配慮を示しえない動物に対しても、人間からの一定の道徳的配慮が必要だ。

ベンサムの二つの原理がある。

一．各人を一人として数え、それ以上には数えない。

二．苦痛を感じる能力のあるものに、苦痛を与えることは道徳的に正当化できない。

（『異議あり！生命・環境倫理学』151頁から）

このうち、一．は動物が道徳的主体でないが故に物の道理として適用できないが、二．は推し及ぼすべきだ。苦痛を感じる能力がある動物は苦痛を感じない方法で殺さなければならないし、苦痛を伴う実験を行わなければならない場合は、苦痛を緩和する措置を講じなければならないと考えるべきだ。そして、理由なく動物を殺したり実験に使用したりしてはならないと考えるべきだ。この規範を守ることにより人間は利益を得る。他者の苦痛に敏感になり、人間の社会関係が円滑になる。自己が道徳的存在だという自信を与える。他者の苦痛を喜ぶ風潮を抑制し、他者の幸福を尊重する態度を育てる。

しかし、以上は人間が生存のために動物を傷つけなければならないことを前提とする。人間の力が増して余裕が生じ、生存のために動物を傷つける必要がなくなったときには、更に進んだ考えが必要だろう。

◆生態系主義

人間中心主義の立場からすれば、「生態系を守れ」と言うことは、「その時その場の人間のエゴに基づく環境への干渉から人間に役立つ環境を守れ」と言うことだ。排除しうるのは現在と将来の人間の干渉であり、どのような生態系が人間に役立つと言えるかは現在の人間だけではなく、地球全体の人間、将来生まれてくる人間のことも考えて決すべきこととなる。

現在の人間、その場の人間のエゴを抑えて、地球全体の人間、将来生まれてくる人間も含めた人類全体の幸福を考えるのだ。もちろん、現在の人間、その場の人間の幸福を無視してよいのではない。彼らの幸福も生態系の保護と両立しうる形で配慮されなければならない。そして、人類全体の立場からすれば、自然環境の美しさ、多様な生物種の保存、現在の生態系を保護することで可能な自然災害の防止などが、生態系を守る利益として挙げられるだろう。生態系という概念は人間中心主義の立場からも人間のエゴを抑える概念として役立つのだ。

現在世代が将来世代に配慮して、環境の変化に対する緩和策を強力に推進するべきだとすれば、その理由は何か。多くの哲学者、倫理学者がとなえてきた学説の一つは、将来世代の権利を根拠とする。将来世代は、現在世代に対して自分たちの利益を保護するよう現時点で請求する権利をもつというのである。ところが、将来世代の権利は、非同一性問題のゆえに成り立たないという立場がある。

非同一性問題とは何か

資源の浪費と資源の節約は、それぞれ現在世代の生活環境や生活パターンを変え、それは現在世代から生まれる将来世代に影響を与えるだろう。もし2世紀前の産業革命が歴史的になかったとしたら、もし鉄道も自動車も飛行機も発明されなかったとしたら、その世界の「私」はいまの「私」のままでありえただろうか。このように、異なる政策は別の世界、別の人々をつくり出す。現在世代が資源を浪費する選択をしたとしよう。その結果生まれる将来世代は、もし現在世代が資源を浪費しなければ決して生まれなかっただろう（パーフィット1998：第119節、原著1984）。

（『正義論：ベーシックスからフロンティアまで』229頁）

確かに、産業革命が無かったら、現在世代の生活環境や生活パターンは劇的に変わっていただろう。しかし、現在世代が資源の浪費を止めても、既に打ち立てられた科学技術に基づく産業社会の枠組みは変わらず、将来世代の生活環境や生活パターンが劇的に変わることは無い。それ故、現在世代が資源を浪費するかどうか選択した行為が因果関係を持つのは将来世代の便利な環境の有り様であり、将来世代の存在ではない。将来世代の存在の原因は現在世代の資源浪費選択行為とは別個の行為であるから、現在世代が資源浪費を選択する行為を為さなくても、将来世代は生まれている。従って、将来世代の権利は成り立つ。

◆地球の危機

環境汚染、資源枯渇、大量消費経済、人口爆発が世界終局へ駆動する原因だという。人口爆発は第三世界の貧困が主たる原因であり、第三世界が豊かになれば解決しうる。第Ⅲ部で述べる新経済システムが世界に広まれば、貧困の追放が可能だ。それにより、環境汚染と資源枯渇も緩和される。

そして、資源枯渇と人口爆発については根本的な解決策を持っている。『銀河への道』の科学理論と超伝導電磁エンジンによる他星系の惑星への進出だ。しかし、地球が有限であることに変わりないのだから、大量消費経済は出来る限りリサイクルを取り入れなければならないという原則が全地球的に確立されるべきだ。

環境倫理学の仕事は次のようなものだ。人類の長期的未来を考慮に入れなければならない。その上で、現在のその場の人間のエゴを抑えつつも現在の人間の幸福との両立を探る。そうしながら、どこの生態系をどのような形で守るのか具体的に判断する基準を提供したり、具体的で説得的な判断の結果を提供したりする。そのことは、他星系の惑星で手つかずの自然を手に入れたときにとても役立つだろう。また、環境にとって真に優しいリサイクルを探求することだ。

環境保護や生態系保護を理由にして自国の開発を妨げられたくない開発途上国の気持ちは分かる。しかし、人類は歴史的に見て、自然の力が小さい開発しやすい場所から開発してきたのであり、開発途上国に残っているのは自然の力が大きい、自然の核心であると考えられる。従って、保護が叫ばれる理由もあるのだ。環境倫理学者は一般的感情的に保護を叫んではならない。開発途上国の具体的地域についてそこの開発が自然環境全体に及ぼす影響や種の多様性などの観点から説得的な資料を収集して提供して行くべきなのだ。そして、自然の核心中の核心は絶対的に保護し、その他の地については人間の幸福と両立しうる保護の道を探すべきだ。

現在、喫緊の問題として、地球温暖化がある。これに対して、以上の環境倫理を適用して対策を打つことは当然だ。そして、超伝導電磁エンジン利用の電磁力発電のもたらすクリーンなフリーエネルギーが解決策となる。

★第7章　幸福への力

倫理を内部規範化する問題を考えるために、価値の世界の権力について《幸福の原理》の立場から状況を考察してみる。現代社会で価値について大きな権力を持つのが公教育とマスコミである。特に倫理道徳を学習しなければならない未成年への影響力は大である。

◆マスコミについて

マスコミは流行を作り出し、何がかっこよいか、流行かなどの基準を提供する第四の権力である。マスコミの特徴の一つに愛がすべてキャンペーンがある。愛がありさえすれば、すべてが許される、不倫でさえ許されるというのである。前にも述べたように、不倫は原則的に許されない。不可抗力で愛し合ってしまった不倫だけが純愛として同情されるべきものである。不倫という流行に乗った恋など、何の価値も無い。

マスメディアは、大人の不倫だけでなく、未成年者の恋愛を促進するキャンペーンをしていて、恋をしていなければ、若者ではないというような風潮をもたらしている。精神的に未成熟な者の恋は単なる肉欲であることが多い。肉欲の恋は肉体と精神を痛め付けるだけに終わりやすい。未成年者の恋は禁じられてもどうしても燃え上がってしまったようなものだけが、応援されるのが望ましい社会のあり方である。愛があればすべて許されるというような風潮がストーカーを生むのである。

世論に訴える場であるワイドショーでも倫理道徳は薄れ、自由が闊歩している。犯罪者や被害者に同情し、それを生み出したとされる環境に責任転嫁する主張が一般的である。リベラリズムに基づく価値相対主義が背景であろう。誰にも権威的な倫理を語る資格はないという視聴者の考えが影響しているのであろう。

マスコミは価値の権力であるが、視聴者や読者の好みに迎合しなければならないという体質を不可避的に持つ。マスコミの堕落は国民の堕落の帰結でもある。なぜ、国民は堕落したのか。権威が失われ、義務を伴わない自由が推奨されたからである。少し前までは、自然の道徳感情が健全で、権威も残っていて、まだ恥の文化も機能していた。しかし、現在では自由の名の下に各々が勝手な価値判断を下し、紛争が起これば法律的に解決すればよいということになりつつある。

◆学校教育について

公教育においては知育は盛んとなり、体育、徳育は軽視されている。知育は知的な力を伸ばして人間が幸福になる力を与える。徳育は個人の人格を満ち足りた幸福なものにするとともに社会をうまく機能させ、個人を社会に溶け込ませて人間を幸せにする環境を与える。体育は体を動かす楽しみを教えるとともに、幸福の元である健康を築く。三者をバランスよく教えなければならない。そして、倫理道徳的知識を教えるだけではない徳育を行う必要が有る。

知育、徳育、体育を行うということは教師が何らかの意味で上に立って教えることである。教師が上に立って指導するには権威・自信、技術、愛・情熱が必要である。

権威は何らかの原理が支えるものである。以前はマルクス主義が自信を与えていたが、冷戦の終了とともに失われた。日教組が改編を余儀なくされたように。技術については教師の研修制度をさらに充実させるべきであろう。愛・情熱について言えば、大きな愛を持った教師がいることも承知しているが、無気力も力を得ているのが現状だと思う。教師が上に立つことを可能にする原理を持たないため、生徒の尊敬・服従を得ることができず、生徒に対する愛が失われているのである。

知育の分野では、新しい世界観が必要となるだろう。「ゆとり教育」は問題だった。時間数の減少も望ましくないし、小中学校では科目の選択の自由は限定的であるべきである。生徒が安易に流れ、やさしい科目が繁盛し、難しい科目には閑古鳥が鳴くことになるからである。そして、科学が発達して知識が増大してゆくときに、生徒の科学的知識が減少する結果につながりかねない。科学的知識は幸福と科学技術立国の基盤であるのに。従って、ゆとり教育は教育内容の切り捨てではなく、教師にゆとりを持たせることで行うべきである。すべての学級の定員を二五名以内にすべきである。そして、専門科目を教える教師と教師を補助する事務スタッフの人数を増加させるべきである。

徳育については、学校で行わねばならない状況にある。地域社会はくずれつつあるし、日本人は大部分が無宗教であるし、家庭で道徳的原理を体系的に教えることは無理が多いからである。

日本の学校には、世界でも例外的に道徳の時間がある。徳育においては説得的な道徳的原理が必要となる。しかし、一般には政教分離の下、宗教教育が避けられるため、倫理道徳を裏付けすることが困難になっている。価値が混乱する中で生徒の素朴な疑問によく答えられるためには原理的裏付けが必要である。人権・自由主義で解決するものではない。戦後、儒教が封建的と断罪され、それに代わる徳育の原理が無く、万事、政治の原理である自由と民主主義で解決しようとしてきた結果、心の空白が起こっているのである。

人権教育が他人に迷惑をかけなければ何をしてもいいという個人の絶対的自由を教えるものなら問題である。法律上は憲法が基本的人権を尊重する以上そうなっているだろう。しかし、法律は最低限の道徳である。それを守っていれば徳性の高い人間であることを保障するものではない。人権教育を行うならこの点を明確にすべきである。徳育を行う以上、高い徳性を称揚しなければならないからである。しかし、日本では歴史上高い徳性は封建的道徳と結び付いてきた。封建的道徳を全面的に復活させるわけにはいかないので、封建的道徳を取捨選別する原理が必要であろう。「新しい幸福の原理」は、そのような要請に応えることを目的の一つとしている。

また、体育については従来遊びとして行われていたことを授業（特に小学校の）に取り入れることを提案したい。三倍にした体育の時間の半分を球技の時間とするのである。まず、楽しく遊べる程度の技術を教えてからクラス対抗球技大会を行い優勝を争わせる。遊び仲間の確保が難しい時代である。教師が上から指導して学校で遊びを教えることを考えてもよいのではなかろうか。

中学校では倫理的自律の道が開けていない生徒に対し、内申書が猛威を振るっている。内申書を良くするために生徒会役員に立候補するなどの偽善が横行している。昔は勉強を強いられるだけだったが、今は、「良い子」にまでならなくてはならない。これでは窒息してしまうだろう。受験戦争の対策としての内申書重視なのだろうが、生徒の人格的従属という不幸を招くだけである。内申書の役割は限定するべきである。

知育偏重の結果である受験競争の弊害、教室内での不幸が指摘されて久しい。その対策として、内申書重視ではなく、次のような絶対評価の実現を提案したい。難しいとされる絶対評価だが、以下のようにすれば簡単に実現できる。すなわち、学校の枠を超えた共通テストを実施し、受験者全体の間で、ランクづけをするのである。学校毎に通知表の５の数は異なることになる。小学校高学年では属する市町村での一斉共通テスト。優秀者は学校の誇りとなる。中学校では全県一斉テスト。優秀者は市町村の誇りとなる。高校では全国ブロック別一斉テスト。優秀者は都道府県の誇りとなる。競争相手は同じクラスや学校ではなくなり、クラス内での幸福が増進される。もう一方では授業態度と達成度、部活動などを教師が相対評価する。生徒の受験する上級の学校は独自の入学テスト、絶対評価、相対評価の三つの選別手段を持ち、その重要性の配分を自由に決められるようにする。

そして、絶対評価を導入すれば一クラスの人数の低減が実現できる。相対評価をするには差異をつけるためある程度多数の人数が必要だが、絶対評価ではその必要はないからである。理想的な人数二五人程度を実現すべきである。

教育における個別の問題も検討してみる。

エリート教育について。社会に必要な存在であり現に存在するエリートが、高い公的地位に立って公的行為を行う場合には、エリートとして特別の心構えが必要である。エリートとしての特権の強調ではなく、高い地位に立つ者としての義務の教育が行われなければならない。政治家や官僚の贈収賄などはこれが無視されてきた結果である。エリートとしての特権の強調及び義務軽視の教育並びに一部の者が特権だけを振り回し、高い地位にあるものとしての義務を怠った事実がある。これこそが、エリートが羨ましいと思われる存在となり、エリートになるための受験競争が激しくなり、エリート教育が忌避された原因なのである。職業に貴賤なし。エリートはその人が他の人よりも人格的に優れているからではなく、エリートの地位に必要な能力を持っているから選ばれたのであり、高い地位に伴う重い義務を負う存在であることを徹底する必要がある。

学校で性教育が行われている。その結果は性の低年齢化と興味本位・欲望本位の不純異性交遊である。アメリカの高校では生徒の妊娠・出産が日常茶飯事だそうだ。それに対し、日本では節度ある交際がされていると も言う。しかし、社会の愛がすべてという風潮、原理的倫理が欠如している状態、教室での性教育が性的欲望を刺激していることからすれば、アメリカと同様になる危険性も大きい。教室で性を教えれば、性は日常の垢にまみれ、結婚を、家族を、支える神聖さは剥奪されてしまう。そして、性の背景にあるべき愛の教育は為されていない。教室での性教育は不要である。信頼できるカウンセラーと電話相談、優しくて正確な冊子を配布するだけで十分である。

幸福な環境下、教育を受ける人間が幸福になる知恵を教え、社会を幸福で満たす教育が望まれる。しかし、聖職と言われたこともある教師の腐敗が顕著である。猥褻行為で検挙される教師が続出している。「らしさ」を否定し、「ありのまま」を推奨する風潮が影響しているのではないか。「ありのまま」の自己の欲望、性欲をそのまま肯定してしまい、「自分らしい」猥褻行為に傾いてしまうのではないか。

◆幸福の基礎

カントは、「幸福とはわれわれのあらゆる傾向性の満足である」（『純粋理性批判』より）とか、「幸福とは、理性的存在者がこの世で自分の存在の全体においてすべてのものを自分の意のままにしうるという状態」（『実践理性批判』より）と述べている。

これらを見ると、カントの幸福についての考え方は、快適という概念に近すぎると思う。目標を立てて努力を重ねて、それを実現するということへの配慮が希薄である。だから、幸福主義を否定することにもなったのだと思う。

私見では、幸福とは「本人が望む人生をもたらすもの事」であって、「幸福な状態」とは「本人が望む人生をもたらすもの事を充足している状態か充足のために努力している状態」のことである。「本人が望む人生をもたらすもの事」は自分の選び取る幸福という価値であり、価値の種類や数量が多ければ多いほど、多数が幸福になれる。従って、価値が多元的であり、個人が自己の実存的決断によって目的の価値を選ぶ社会が望ましいことになる。

しかし、多元的社会であっても、社会の分裂という不幸な事態を避けるために、共通の物語が維持されなければならない。日本にはどんな共通の物語があるか。善し悪しは別として皇国史観は否定されたし、マルクス主義も力を失った。そんな中で徹底した価値の多元化が行われれば、社会の価値的混乱は破滅的になる。この点から見て、既に為された放送の多チャンネル化は疑問である。有限な資源を分散させて番組の質の低下を招くとともに、放送が提供していた共時的経験を奪うからである。

幸福になれるためには力が大きい方がよい。知性は高いほど現実を把握して利用し幸福を高めることができる。感性は豊かであればあるほど有意味な人生を送れる。意志が強いほど目的達成が近くなる。肉体は強いほど、健康と肉体的力が増す。自らの努力で、また、教育の力により、より幸福な状態が目指されるべきである。

そして、自由であればあるほど、障害が無くなり、幸福になる可能性が増す。自由の増大により幸福は増す。しかし、自己の自由は他人の不幸でもありえる。ここが重大な決断の岐路になる。自由な幸福追求の過程において、他人の幸福を無視してよいのか、出来る限り他人の幸福にも配慮すべきなのかということである。弱肉強食を肯定し、他者の幸福を無視し、法律に触れさえしなければよいという考え方。弱いものを守るべきだと考え、自己を倫理的存在とし、他者の幸福を尊重すべきという考え方。端的に言えば、この考えのどちらを目指すのかということである。自由主義の原則を貫徹するなら、前者に傾く。戦後日本では、不幸をもたらす貧困・病は、一旦、ある程度克服されたが、モノの豊かさの中で心は貧しい状態にあった。それが、現在、再び貧困・病が問題となりつつある。今こそ、決断の秋なのである。

第Ⅲ部　新世界の理想

哲学の理想である善を実現する世界とはどのような世界か？　善にとり、他者の幸福は極めて重要であるが、自己の幸福も大切である。その自己の幸福にとり、自由は重大な意味を持つ。しかし、過剰な自由は文化を破壊し、社会を崩壊させる。自由の本質を解明し、善に従うように限界づけるべきである。経済も、自由を前提としつつも、善を増進する経済システムを進んで導入すべきである。国際社会は、自由と民主主義を尊重しつつも、平和を実現する力を持つ世界連邦を実現すべきである。このような立場から、水瓶座時代の世界に実現されるべき新世界の姿を明らかにしたい。

★第1章　自由の諸問題について

◆第1節　自由についての哲学的考察

◇自由の基本的意義

自由の意義に関しては、大きく分けて三つの考えがある。「束縛の無い状態」とする説、真の自由を「理性によって自己を支配し道徳的法則に従って自律的に行動すること」とするカントの説、「能力若しくは力」とする説である。

このうち、言葉が歴史的文脈において用いられる以上、歴史的に一般人がまず想起する意義である束縛の無い状態を中核とせざるをえない。では、他の二つの意義は除去すべきものか。この二つの意義も多数の人々の承認を得て来た以上、自由についての無視しえない本質に関する言明と考えるべきである。

まず、カントの説を検討しよう。

自然や状況が課す命令から逃れるためには、自分が定めた法則に従って自律的に行動するほかない。このような法則は、特定の要求や欲望を条件とするものであってはならない。ここで自由と道徳に対するカントの厳格な概念がつながる。自由に、つまり自律的に行動することと、定言命法に従って道徳的に行動することは、まったく同じなのだ。

(『これからの「正義」の話をしよう』199頁)

人間は、自己に取り入れた幸福の体系に従って自律的に行動することが可能である。幸福の体系は自己の感性と知性に取り入れられるので、人間は、その自己に従って、自律的に行動できる。自己の感性と知性に取り入れられる際には理性に従うべきこととなる。その場合、カント的に自由と言える。カント的自由とは、理性に従い自律的に行動することであるので、単に「自律」と呼べば良いのであり、自律を自由と定義する必要は無い。

カントは自律的行動を理性による支配と結びつけた。理性を国家理性と考えるならば問題だが、合理性を支える原理と考えるとき、現実的な意義を有する。理性が支配すれば合理的方法で自己の価値とするものへと近づけることになる。

道徳と自由を上述のようにとらえたカントは、功利主義を徹底的に批判するに至った。

道徳の基準を特定の利益や欲望（幸福や効用など）に置こうとすると必ず失敗する。「そこに見出されるものは義務ではなく、特定の利益のために行動する必要性だけだからだ」。利益に基づく原則は「つねに条件に縛られる運命にあるため、道徳法則にはなりえない」

（『これからの「正義」の話をしよう』199頁）

しかし、私の幸福の体系はカントの批判する功利主義とは違う。理性に従って自己に幸福の体系を取り入れた人には、自他の幸福の尊重に基づく幸福の体系に従う義務を抱く。そして、幸福の体系は様々な義務から構成される。

次に、能力あるいは力とする説について考える。他からの束縛が無いとしても、本人に価値へ接近する現実的力が無ければ無意味であろう。束縛の無い状態がなぜ人間にとって価値があるかと言えば、自己の価値とするものへ近づけさせるからである。

以上から考えると、自由とは自己の価値へと近づけさせるものであることになる。「自己の価値への接近可能性」と自由を定義すべきである。この定義は言語的機能として、次のものを包摂する。価値がどのようなものかにより、外面的価値・財宝や食料などとか、内面的価値・名誉や愛情等を含む。接近可能性については、接近を阻む障害がどのようなものかによる。外部的障害・生存の必要。これは生活のために働かなければならないことであり、外部的障害の中でも最も普遍的である。他者による妨害なども含む。内部的障害・自己の欲望や規範などを含み得る。

外面的価値への外部的障害が無い状態が典型的な束縛の無い状態であろう。多くの人々にとり主要な価値である外面的価値へ接近しようとする場合、問題が生じる。外面的価値は有限であるので、その価値を獲得しようとする人間の間に争いが起こる。資源分配の問題である。少ない資源を巡ってより大きい分け前を得ようとして平等の問題が生じる。自由は平等の問題と分かち難く結び付いている。

外面的価値への障害が無いか、乗り越えられる状態が能力あるいは力であろう。

内面的価値への内部的障害が無い状態が理性による支配であろう。人間が内面的価値を追求する場合、どの主義・思想に従って追求すべきかという問題がしばしば生じる。自由に価値を追及しようとする人間も、いずれかの主義・思想に従って行動せざるをえない。その人間を手に入れようとして主義・思想は争う。自由はあらゆる思想が狙う獲物である。例えば、ある人が「私はどんなものにも縛られないで自分の欲するものを追求している」と言っても、既に自由主義という思想に従っているのである。

◇自由は存在するか

価値を追求する場合、価値を巡る他人や自己との争いが生じる。しかし、困難を伴っても自己の目標とする価値へ接近しようと努力することが十分可能なことは、人間の経験が教えている。ある方向へ意思を向けて努力する（接近する）か怠けるかの道がある。問題としなければならないのは努力するか怠けるかの選択が自由と言えるかどうかとなる。

まず、すべての選択は決定されていて予測可能かということを検討する。すべての原因と法則が分かれば予側可能だと考える。しかし、これはパーフェクトである「神」のみに許される領域である。人間が原因を認識する能力には限界がある。法則の認識についても人間は完全をめざして努力可能であるし努力しているが、完全には程遠いと考えられる。普通の人間に許されるのは、せいぜい限られた知識で説明することぐらいである。ただし、強い因果性について特に物理的な正確な予側が可能なことは否定できないことである。人間は限定的な予測を行って目的の価値を目指し,客観的に自由な決定をすることが可能である。人間のとりうる行動は様々である。しかし、因果性により選択の幅が狭まりうる。

次に、残された幅の狭い選択が主観的に自由であったかどうかを問題とする。というのは、ある規範、例えば道徳、刑法から見て人間の行動が非難可能であったかどうかが問題となり、非難可能であるためには主観的に自由な選択が為されねばならないからである。人間の行動は非難可能であり、人間は責任を負うか。

非難可能であるためには、他に選択の余地があったかどうかということよりも、自己による選択であったかどうかが重要であると考える。何人も、自己の行為・結果と言えるものに対しては責任を持つことが、基本的な倫理であると考えられるからである。規範的に見て、ある人がある行為について責任を持たねばならないのは、自己の選択による行為だからである。では､自己の選択とは何か。自己の内部規範に基づく選択であると言えよう。人間は自己にとっての価値の体系（感性）を持っている。自己の規範から見て必然の選択だったとしても、自己の感性の結果ならば、非難可能であろう。感性こそが非難の基礎である。

非難の基礎である内部規範はどのように形成されてきたか。それは自己の人生における絶えざる選択によるものである。しかし、その選択が、他に選択の余地が無いものであれば、感性による選択であっても、自己が自己である基盤が失われ非難することはできない。私の哲学的立場では人間は神より与えられた善性（精神）と悪性（物質）をもって生まれてくることになる。自己の内に善性が存在する以上、人間は善を選択することが可能なものと考える。醜悪な内部規範を形成した者は善性に従えたのに肉に従ったのである。自由に形成された内部規範の善とするところに従って行為した者は、欲望などの障害を除去した点で自由である。従わなかった者は規範という障害を除去した点で自由である。

以上より人間は客観的にも主観的にも努力するか怠けるかの選択の自由を有することになる。そして、このような自己の選択と言える内部規範に基づく選択の結果に対して、外部規範（法や道徳など）から非難を受ければ、人間は責任を持たねばならない。

◇真の自由とは

人間が真に自由であるためには何が必要か。外部的障害や内部的障害が無いこと。障害が有ってもそれを乗り越えて自己の目標に接近できる能力があること。自己の選択で自己の目標を設定できることが必要である。

外部的障害を完全に除去するためには、完全な平等が必要である。すべてにおいて平等であれば、他人が障害となって目標追求を妨げることは無いからである。しかし、共産主義の理想とする完全な平等は、私の哲学的立場（精神の平等、物質の不平等）では否定される。従って、外部的障害を乗り越える、人間の能力が必要となる。

自由であるためには、自己の内部にも障害がある。自己の内部規範が法規範を否定するものであった場合、その人は自己の目的追求に際して、社会・国家から否定的評価を受けるであろう。この点から考えると、自己の内部規範は力ある外部規範と一致する方が自由であることになる。しかし、力ある国家に盲従することは自己を失い、自由を失って国家の支配に服することに他ならない。合理的な原理・原則に基づく自己独自の内部規範が必要である。このことを表現したものが、自由の二つ目の意義・「理性によって自己を支配し道徳的法則に従って自律的に行動すること」と考えられる。

以上からすると人間が自由であるためには、次のような知性、感性、意志が望まれる。知性が非合理的なものであったとすれば到底事態を正確に認識することはできず、目標からそれるであろう。感性は人間として人倫の根本に則っていた方が非難を受けないであろう。意志は、肉の欲望をよく統御しうる方が目標に向かって精進しうるであろう。合理的知性・感性・意志は、真の自由の条件である。

人間として有する能力（肉体的能力、権力を含む）は、大きい方が価値獲得に力となる。能力を獲得するには努力が必要である。努力も自由の条件である。

徹底した自由を追求し、何にも束縛されない自由を楽しもうとしてもそれには努力が必要である。束縛されない状態では精神的に非常なコストがかかり、それに耐えうる力を獲得するためにはやはり努力が必要である。自由な状態に苦しんで専制支配を受け入れることがありうる。Ｅ・フロム（Erich Fromm 1900 - 1980 ユダヤ系精神分析学者）のいう『自由からの逃走』である。

外面的価値ではなく純粋に内面的価値（解脱等）を追及する場合もある。この場合、外部との絆を断ち切り外部からの誘惑を拒絶するとともに、自己の規範にのみ従う強さと勇気が必要となる。自由は決して気楽なものではない。

◆第2節　自由と平等の思想

自由の思想には大きく分けて二つの系譜があると考える。一つが個人主義的自由主義である。目的追求のため束縛の無い状態が必要な個人の自己実現にとって、自由は何よりも重要だと考えるのである。その基本的特徴は、国家の役割を制限することにより個人の自由を保障し、経済的自由もできる限り保障しようとするものである。自由な個人の活動は、道徳に裏打ちされたものであることが期待されている。自由に自己の目標を追求できることが自由の本体であるから、個人主義的自由主義に自由の思想の中核があると言えよう。

もう一つは国家本位的自由主義である。国家を理性的存在とし国家による自由の実現を期待するものである。理性による支配を重視し、個人は国家理性に従うことが要請される。しかし、国家は常に理性的存在であることを保障されていない。欲望の体系である市民社会と家族の止揚としての倫理的国家というヘーゲル流の観念を鵜呑みにできないことは歴史が教えている。

個人主義的自由が本来の自由主義だとして、個人が社会を構成する目的は人間の幸福にあった。社会を構成する目的は最大多数の最大幸福にあるとする功利主義の立場は基本的に正しい。社会の目的が自他の幸福の尊重という共通善の達成であることは明らかであるからである。そして、経済面における最大限の幸福量の総和は、平等により達成される。なぜなら、効用逓減の法則に従い、少数の人に価値が集中した場合よりも、多数の人に分散した場合の方が価値の効用が大きいため、その総和も大きくなるからである。従って、社会を構成する目的には経済的平等も含まれていると考える。この点は個人主義的自由主義も承認せざるをえない。自由により生じる他人との摩擦を最小限に抑えて自己の目標に到達するには、出来る限り平等を保障することが最初の条件だからである。そして、第Ⅱ部で検討したように、人間は他者に依存するので、正義の観点から、社会制度は平等を含まなければならない。

経済的平等も社会の目的の一つだとして、どんな平等が実現されるべきなのか。平等の実現された階級対立の無い社会としては無階級社会・共産主義の理想と、一階級社会がある。無階級社会は空想的ユートピアに過ぎないことは明らかである。歴史の進行につれ、特権にしがみつく人々が必ず生まれると考えた方が現実的である。旧ソ連にもノーメンクラトゥーラという特権階級が存在した。

一階級社会はアメリカの考えである。自由な活動により誰もが資本家となりうることを信奉している。しかし、それは、あり余るほど豊富な資源を持った若い国の幻想である。数世紀たてば、固定化された社会と階級が姿を現すであろう。現在でも階級対立はあるが、巧妙に隠蔽されているに過ぎない。参加民主主義が一階級社会を支えてくれるというのも幻想である。参加民主主義は間接民主主義の補完物以上のものではない。一階級社会の限界を本格的宇宙進出が始まったときに無限の宇宙の広がりによって克服できる可能性がある。しかし、自由な活動と資本主義により宇宙に「西部」のフロンティアを越える無秩序と混乱をばらまくことも意味する。

理想に飛びつくのではなく、漸進的に経済的平等を実現して行く必要性がある。そのためには、まず経済を平等と調和させる「社会化」が図られねばならない。社会化の必要性は、科学がユートピアをもたらすという考えにより解消されえない。

この「社会化」という考えは正当なものである。資本は社会から労働力、社会の共通の成果である技術、共通の財産である資源やインフラ等を使用して利益をあげている。大資本であればあるほど社会から大きな恩恵を受けている。そして社会はなぜ企業に社会的資源の使用を許しているのかと言えば、企業が社会に有益なサービスや財貨を提供するからである。会社や個人が自己のために利潤を追求することは重要である。それが社会発展の原動力となる。しかし、利潤は社会に有益な効果をもたらした結果として、その限度で承認を受けることが社会の原則でなければならない。どうしても金持ちになりたいという心情を抱いた場合でも、社会に有益な効果をもたらす限度で受け入れるべきである。

自己実現のための平等である以上、社会化の中でも自己実現の可能性が保障されていなければならない。しかし、完全な平等による自由（共産主義）が否定される以上、平等を自由と調和させなければならない。経済的平等と調和した自由が最高の自由だとも言いうる。現実の社会の型として、共産主義を目指す計画経済の社会主義と、市場主義と個人の自己発展の可能性を結合させた資本主義が存在してきた。現在では計画経済がほとんど放棄されている。社会化された経済はこれにとらわれることなく、社会の福祉に適合的に自由に構成されるべきである。

資本主義の背景である自由民主主義は政治的に民主主義を貫徹し、自由を保障しようとする。そして、当然のこととして資本主義的市場経済と分かち難く結び付けられている。この立場では、民主主義的政治システムまでが市場経済とのアナロジーとさえ考えられる。よって、社会化の観念は普通含まれない。しかし、民主主義は本来平等の思想であり、経済の社会化の観念を含ませうる。

資本主義的市場経済はたいへん効率的であり、力あるものはその中で容易に自己実現をなしうるが、貧富の差や階級対立をもたらす。資本主義的市場経済にすべてをゆだねることはできない。したがって、自由主義と市場資本主義の間にくさびを打ち込む必要がある。

自由民主主義は社会化を許容し、また必要とするのである。故意に経済の社会化を無視したり、資本主義的自由主義を不可欠の原則として自由と資本主義を不可分のものとしたりする。このような態度こそが、個人の自己実現の可能性を最大限保障すると言いつつ、自己実現の条件（経済的平等）を奪い去るものにほかならない。

◆第３節　戦後日本における自由

◇戦後日本社会における自由

戦後日本社会は、とまどうほどの自由があっても、伝統的な集団主義の下にあった。社会的調和が保たれ、社会の体系に忠実な者にとっては快適な社会である。このような社会のあり方も否定されない。しかし、社会が特異な個人の自己実現を否定する場合には、社会の発展の可能性は奪われかねない。

このような社会で必要な自由は、社会にとり重要な仕事をする人に与えられる自由である。能力ある人を活かして、社会を発展させるのである。自由を与えられた「士」はどのように生きるべきか。武士道は、はたして死ぬことのみを意味するか。武士は与えられた自由ゆえに、与えられた責務を果たせなかった場合、死ぬべきであろう。しかし、死を恐れてもよいのである。大舞台で失敗し死ぬことを恐れて、与えられた自由の中で必死に能力を磨いておくことが、武士たる者の務めである。死を覚悟させるためには、能力を磨かせる環境が必要である。国会議員に井戸塀を期待することも現在ではおかしい。過剰な道徳的要求である。士には十分な環境を与え、能力を発揮させる方が良い。

問題なのは戦後日本社会を支えた道徳の規範力であり、集団主義の「他人がするから自分もする」という点である。他人と同じことは、心理的に安心だし、バスに乗り遅れることも少ない。こうした態度が恥の文化を支えていた。しかし、一人で判断しなければならないときに、弱さを露呈する。その人は、他の何かに盲従することになろう。他の何かではなく自己に従うため、自己の内部に根付いた規範を形成しなければならない。大勢を拒否する勇気も必要である。そして、内部規範を支える道徳は、原理的に普遍的人間性と社会を構成してゆくための知恵に基づいたものであらねばならない。

現代日本において、倫理道徳は忘れ去られ、恥の文化も実効力を失いつつある。倫理道徳を支えていた制度を分解し、すべてを自由な個人に解消する傾向がある。しかし、文化は分節化し制度化することにより社会を発展させてきたのである。人間は合理的な制度を創造・維持する力を増加させているのだから、捨てられるべきは制度そのものではなく、不合理な制度である。戦後日本社会の調和に問題が生じている現在、私は、《幸福の原理》を唱えている。

◇戦後日本経済における自由

戦後日本経済は経済的合理性のみならず、社会的効率をも折り込むことで成功してきた。会社は、社員の生存を支え、社会的資本を利用し、社会的便益を生み出している。会社を発展させることで、個人の豊かさを追求してきた。生存を支える企業が無ければ、経済的豊かさは達成しえない。しかし、十分会社が強力になったとき、利益の社会的還元がもう少し奨励されねばならない。会社は社会的存在なのであるから。

社会的性格を有する企業間の自由競争は、社会的に有益な効果が生み出すから採用されるのであり、弊害をもたらすときに制限することを躊躇してはならない。自由競争は決して目的ではなく、自己実現の手段だからである。自由の原則に基づいた競争のみが公正なのではない。経済の寡占化の傾向は、自由競争の下においてこそ顕著である。完全な自由競争の敗者を慈善で救済するよりも、誰もが誇りをもって生存できる社会が望ましい。

企業が自由競争により蓄積した資本の運動も社会的に調和されねばならない。土地の投機は、国民の福祉に重要な影響を及ぼす。投機は国民の自己実現の基盤を奪い、国民の不満を高め、社会的調和を乱す。土地は、供給に限界がある。土地売買に関する制度上の規制を取り除いただけでは、供給不足の根本的解決は不可能である。日本において資本の蓄積を優先すべき時代は既に終っている。根本的見地から投機は否定せねばならない。具体的には、不動産会社の土地所有を禁止し、実際の事実的利用に基づいた土地取引のみが認められるべきである。最終的には土地はすべて国有とされ、個人に認められるのは事実的利用を伴った利用権だけとなるのが望ましい。

日本の産業全体について論じる。工業は自由競争と合理化になじむものである。日本は戦後、工業製品の合理性を追求することで競争を勝ち抜いて自国の生存を図った。他国に喜んで買ってもらうために、他国民の喜ぶ合理化も追求し続けている。

一方、農業はどうか。農業製品は安いばかりが良いことではない。食品としておいしいこと、安全なことも追求すべき価値である。規模の経済によって大量に生産される安い農産品は、このような意味で合理的ではない。農業の基本は自らの手で自らの好む食品を作り出すことである。自分の食文化については自分が最もよく知っている。のみならず、農業は緑を支え、地域社会の文化を支えている。規模の経済がものを言う自由競争により、文化を生み出す基盤を消滅させることを日本は選択すべきではない。

日本経済は社会的調和を重視して運営されている。全般的に見て、日本経済は効率的であり、自由も自己実現を可能とする程度存在すると言える。

◇戦後日本の政治的自由

戦後日本の政策決定は、目的追求のリーダーシップよりも、利害調整を重視している。なるべく多くの者を取り込み、死活的利益を無視しないよう努めている。その結果できた体制は、原理・原則によってのみ生み出されたものではない。国民性に基づいた社会正義に対する常識と道徳感情の産物でもある。しかし、原理・原則で固まった体制よりも柔軟性を有し、何よりも効率を重んじる経済に適合的である。

この効率を社会の全般的自由が支えている。全般的自由の裏では、集団主義に基づく社会的不自由も存在している。このような自由を為政者は尊重しつつも、自己に都合のよいように解釈しがちである。全般的自由であるが故に、社会的権力による自由の侵害も大きい。

◆第４節　自由とは何か

『自由とは何か』（佐伯啓思著、講談社現代新書）を読んで。

◇問題状況

第３節までは、大世紀末を迎えるまでの社会的に調和のとれた日本社会を前提に、自由を「自己の価値への接近可能性」と定義した。しかし、二一世紀を迎え、「自由とは何か」を読んで自由の重要な一面を軽視していたことに気づかされた。その重要な一面とは「それぞれの国の社会や文化の相違を相互に尊重しあうという多元的な自由」（『自由とは何か』48～49頁）である。これは、私の「自己の価値への接近可能性」という自由の定義に即して考えれば、「自己の価値の選択の自由」と言うべきものである。確かに、人類に普遍的なものとして、束縛の無いことが自由の中核である。しかし、自由を「自己の価値への接近可能性」と定義するとき、自己の価値をどのようにして選択するのかという問題が見過ごされてしまう。そこで､自由に「自己の価値への接近可能性」という自由と「自己の価値の選択の自由」という二面があることを認めたい。

そして、大世紀末以後、自由の二面ともに過剰な状況が現出した。

「個人は、社会や国家に先立って自立している。彼は自分で自分のやりたいことを知り、理性的に判断することができる。また自分の身体や財産を自分で守り意のままに使うことができる。これが自立した近代の個人というものだ。そして自立した個人を先験的に措定してしまうと、法や道徳という社会的な拘束は個人の自由に対する束縛としか見えなくなる。こうして、特別な説明を要求されるのは、個人の行動を縛る法や道徳の側だとみなされることになる。自由の方は無条件に認められており、説明責任を負うのは法や道徳の側なのである。」

（『自由とは何か』67頁）

自由を優先する考えが行き過ぎたのである。一方で、自由な人間により「人を殺してはいけない理由」が問われたり、消極的自由を価値の女王に祭り上げて他国を裁こうとしたりする動きがあった。他方で、少女の自由な選択である援助交際を止める理由が見つからなくなってしまったのである。前者は束縛されない自由の過剰であり、後者は価値選択の自由の過剰である。そして、犯罪的行為の頻発は両者の過剰である。

私は法や道徳の側に立つので、説明責任を果たす必要が有り、「新しい幸福の原理」でそれを行った。それは要するに、法や道徳が個人の自由を制約できるのは、個人が他の人間と共に社会を構成し、共に幸福を目指して生きる関係にあるからであった。社会において、人間は様々な価値観を持ち、様々な価値を巡って争う関係にある。その人間相互の関係を調停するには、各自の幸福追求を調和させる法や道徳が必要なのだ。人間らしく生きるのには倫理が必要なのだ。そして、私は各自の幸福追求を調和させることにより、社会全体としての幸福を目指す《幸福の原理》を提案している。

◇人を殺す自由

人間はそもそも人を殺す自由を持っているのか。西欧近代政治思想史の典型的理解を見てみる。

まず、ホッブズ（Thomas Hobbes 1588‐1679 イギリスの政治思想家）。自然状態において人は自らのやりたいことをする自由を持っていた。人を殺す自由も持っていた。しかし、この自然状態は人間にとり破滅的となる。

そこで、人間は契約により「国家」を造り、他者を殺す自由などを放棄した。

次に、ロック（John Rocke 1632 - 1704 イギリスの哲学者）。自然状態における人間の自由を理性の法である自然法が制約していた。理性は人を殺すことを認めない。自然状態には不都合があるので、人間は契約により「国家」を造った。

ホッブズの立場をとると人間は本来、殺す自由を持っていたことになり、殺す自由を否定する根拠を見出すことが困難になる。しかし、ロックの立場をとって人を殺す自由を否定することも難しくなってきている。なぜなら、自然法が自由を制約すると言っても、自然法の根拠は、神もしくは理性である。神の権威は失われつつあるし、理性的に考えて人を殺す自由を否定する根拠を求めているのが現代だからである。だからと言って、最大多数の最大幸福を原理とする功利主義をとると、少数者の自由が脅かされてしまう。

私の理論体系から人を殺す自由を否定する根拠を見出したい。人間の「精神」は価値的に見て平等である。精神が生命の本質であるからには、人間は本質的には平等である。人間の生命に価値的な差はない。しかるに、人が人を殺す自由を持つとしよう。その場合、殺す人は殺される人よりも、価値的に上にあることになる。他人の生命を否定できるのだから、否定する人は、否定される人よりも価値的に上だということになる。しかし、私の理論体系では人間は平等である。殺す人が殺される人よりも上であることは認められない。従って、殺す自由も否定されることになる。また、ある人の幸福が別の人の幸福よりも上だとは言えない。人間は自己の幸福を追求する過程である程度、他人の幸福を侵害することはやむを得ないが、他人の重大な幸福を無視する自由は本来、有していないと解するべきだろう。このように考えることは「人間は自由、かつ平等に生まれる」という自由主義の観念にも合致する。このように考えると人間一人一人は本来、殺す自由を持っていないので、人間を合法的に殺すことができる「国家」というものを創造したことになる。

◇リベラリズム

「援助交際」を否定できないものとするのが、リベラリズムである。リベラリズムは、「それぞれの国の社会や文化の相違を相互に尊重しあうという多元的な自由」（『自由とは何か』48〜49頁）を重視する。「どういう生き方をしてきたか、またどういう人生を送るかということよりも、そのつどの状況で、個人が自由に選択できるという条件を確保することのほうが優先されるべきだとみるのだ。あるいは『人の生き方』は評価し得ないがゆえにこそ、それを自由に選択し得る条件の方を重視する。」（『自由とは何か』150頁）という立場である。

リベラリズムの主張の根拠に価値の相対主義がある。「価値についての判断は、人々が完全に合意できる客観的で普遍的なものは存在しない」（『自由とは何か』153頁）ので、「ある価値が正しいか間違っているかの客観的基準は存在しない。」（153頁）。従って、価値である「『善（good）』は客観的に定義したり表明したりできない。」（『自由とは何か』154頁）。「『善』について善し悪しを言うことはできない。」（『自由とは何か』154頁）ので、多様な善を保障する正義は、善よりも優位に立つ。これらについて再検討しよう。

まず、事実命題を人間が評価・解釈・判断することで価値命題が生じる。評価・解釈・判断の基準が人間により異なれば、人間毎に違う結果が得られるであろう。しかし、評価・解釈・判断の基準が同じであるならば、客観的合理的推論を行うと同じ結果が出るだろう。では、人間の善について評価・解釈・判断の基準を同じにすることができるか。ソ連邦に見られるように可能であろう。しかし、強制することはできない。問題は、誰もが理性により合意できる客観的合理的な基準を持てるかということになる。

私は「新しい幸福の原理」で検討してきた結果、「自他の幸福の尊重」が善の本体であるという結論を得ている。「自他の幸福の尊重」を基準としたいと考えている。私が「新しい幸福の原理」で述べてきたことは、論理の整合性や事実との符合により合理的に判断できる。また、そこで述べてきたことは、人々が直ちに完全に合意できるものとは思わないが、一応、納得できるものだと考えている。そして、「新しい幸福の原理」に従えば、行為の善悪を一応、客観的に判断できる。また、そこで述べてきたことが人々の共有財産となり、人々の力で《幸福の原理》を磨き上げれば、完全な合意に近いものを得ることができると考えている。普遍的な価値として「自他の幸福の尊重」を機能させることができると考えている。この立場からすると、正義とは「善に比例して利益を与え、悪に比例して不利益を与えること」だから、正義は善に従属することになる。

「自由な社会には、どうしても『慣習』や『常識』がなければならないのである。さもなくば、社会は全体主義かアナーキズムかのいずれかに陥ってしまうのだ。」（『自由とは何か』165頁）この慣習や常識の力が弱くなっているのが、現在である。《幸福の原理》をこの慣習や常識を裏から支える力として使用できるようにしたい。

◇中立的国家

リベラリズムの掲げる価値の相対主義から、中立的国家という要請と自発的交換の論理が出てくる。中立的国家という要請は、「価値や善が多様で、主観的なものだとするリベラリズムからすれば当然のことであろう。」（156頁）そして、「むろん、国家がすべての価値に対して中立的であるということは、厳密にはあり得ない。たとえば、自由や民主主義、そして、基本的人権なども近代の『価値』であり、近代国家はこれらの価値は積極的に掲げるべきことをリベラリズムは唱えるからだ。」（『自由とは何か』157頁）ということを前提とした上で、「リベラリズムがいう中立的国家とは、この政策決定プロセスにおいて特定の価値を国家が想定しないということであり、また、その帰結として、特定の価値（善）を公共的、国家的なものとして掲げない、ということだ。」（『自由とは何か』158頁）と言う。

自発的交換の論理とは「人と人との間の社会関係は、基本的に個人の自発的な契約、自発的な取引としてなされるということだ。」（『自由とは何か』158頁）「人々の『善の構想』は人それぞれ異なっているという『善の多様性』という考えを前提としている。この自発的交換という考えを最も典型的に実現しているのは市場経済である。したがって、現代のリベラリストは、多かれ少なかれ、基本的には市場経済を擁護する。」（『自由とは何か』159頁）

佐伯氏はその市場経済について四つの議論のタイプを呈示する。

Ａ：「市場は共通の透明なルールのもとで人々が競争する場である。この共通のルールのもとで人々が利益を最大化しようとするのは当然のことで、したがって、いかなる結果になろうとそれは受け入れるべきである。たとえ報酬格差が四百倍に開こうと、受け入れないという理由はない。」

（『自由とは何か』187～188頁）

Ｂ：「競争が意味を持つのは、その人の能力や努力に対して報酬が与えられるからである。市場競争でも同じことだ。市場競争が擁護されるのは、あくまでそれが個人の労働や能力によって生み出される成果に対して報酬を与えるからである。

とすれば、たとえば、ある者が親から莫大な遺産を受け継いで、友人の投資家からアドヴァイスを得てその通りに資金を運用した。するとさらに莫大なお金がころがりこんできたとしよう。こうしたケースは、決して個人の能力や努力がそこに反映されているわけではないので、これは本来の市場競争とは違っている。それがいくら市場の結果であっても、この種の不労所得はやはり修正されるべきである。たとえば株式取引や為替取引から得られた投機的利益に対しては税をかけ、ある種の取引（たとえば空売りなどの投機目的の取引）は禁止すべきである。」

（『自由とは何か』188頁）

Ｃ：「市場競争はどうしても勝者と敗者をもたらす。敗者は貧困に陥ったり失業したりするのであり、勝者とはまったく異なった惨めな人生を送ることになる。これはあまりにリスクが高すぎる。市場競争がその人の人生のすべてを決めてしまうというのはいささか酷なことだ。市場における敗者とは、たまたま市場経済の中でうまくいかなかっただけで、そのことが彼の人格や生活のすべてを左右するのはよくない。そこで、弱者に対しては福祉給付や所得再分配などによって補償すべきである。競争の敗者といえども、そこそこ幸福な人生を送る権利は持っているはずだからである。」
（『自由とは何か』189頁）

D：「確かに、市場競争は勝者と敗者を生み出す。だが、その不平等も多くの場合は、ある種の人々が構造的に不利な立場に置かれていることから生じる。たとえば、黒人であること、女性であること、ある種のハンディキャップを背負っていること、こうした条件はそもそもスタートラインが違っている。市場競争とはいっても、初期条件において人々は違った立場に置かれてしまっている。

彼らを救済するために、事後的に福祉給付を与えるのは適切ではない。なぜなら、福祉は、第一に、彼らを敗者とみなすことで彼らの誇りを傷つけるし、また、彼らが本当は優れた能力を持っていても、その能力を引き出すことを封じてしまうからである。

だから、重要なことは、福祉による救済ではなく、初期条件をできるだけ平等化してゆくことだ。特に、人種、性などによって不平等が構造化されている場合には、それなりの是正措置が必要となる。

また、ある種の身体的ハンディキャップを負っていたり、あるいは、生まれや環境の影響で適切な競争メカニズムに入らない者もいたりするだろう。たとえば、家庭環境のせいもあって労働意欲をほとんど持たず、金が入ればすぐにアルコールに化けてしまう者もいるだろう。こうした者には、ただ福祉給付を行うのではなく、自立支援のプログラムによって彼らを支え、その初期条件を持ち上げることが必要となる。こうして、初期条件をできるだけ平等化するために政府が積極的な役割を果たすべきである。」
（『自由とは何か』190～191頁）

Ａの市場中心主義の提唱者として、ミルトン・フリードマン（Milton Friedman 1912 - 2006 アメリカの経済学者）やハイエク（Friedrich August von Hayek 1899 - 1992 オーストリアの経済学者）を上げる。

Ｂの能力主義の提唱者としては、暫定的に、ロバート・ノージック（Robert Nozick 1938 - 2002 アメリカの哲学者）を上げる。

Ｃの福祉主義の提唱者としてジョン・ロールズ（John Rawls 1921 - 2002 アメリカの哲学者）を上げる。

Ｄの是正主義の提唱者としてロナルド・ドゥウォーキン（Ronald Dworkin 1931 - 2013 アメリカの法哲学者）やアマルティア・セン（Amartya Kumar Sen 1933 - インド出身の経済学者）を上げる。

そして、Ａの市場中心主義の背後には、「市場というゲームに勝つこと、そのことが社会的敬意を与える。ともかくも勝利することにこそ意義があって、そのゆえに人からの賞賛に値するという価値観」（『自由とは何か』212頁）があると言う。

Ｂの能力主義の背後には、「競争における勝利によって示される能力こそが賞賛される。」（『自由とは何か』212～213頁）「彼の人格と等置されるような彼の能力と努力こそが社会的評価に値する」（『自由とは何か』213頁）という価値観があると言う。

Ｃの福祉主義の背後には「たまたま彼がある種の能力を授かっただけのことで、能力とは、本来、社会の共有財産、共通資産とみなすべきものである。だとすれば、それを社会に還元することにこそ意味がある。いってみれば、競争における勝者は、社会に対する奉仕・還元の義務を負っている。」（『自由とは何か』213～214頁）という価値観があると言う。

Ｄの是正主義の背後には、人は皆能力を持っており、「多少ハンディキャップを持った者も、ある条件さえ整えれば、その能力を十分に発揮できる。このように、是正主義は、構造的に不利な立場に置かれた人々の条件を是正することで、彼らの持つ本来の能力を発揮できるようにしようとする。」（『自由とは何か』214頁）「ここでは、社会的な能力の発揮は、彼が意義ある存在として社会的に承認されることを意味している。」(『自由とは何か』215頁)「それゆえ、貧しいからといって福祉給付に頼って生きるのでは十分な社会的承認を得ることができない。」(『自由とは何か』215頁) という価値観があるという。

ＡＢＣＤいずれの立場も特定の価値観、善の構想を前提にしていることになる。そこから、佐伯氏は「国家は、ある特定の善の構想を受け入れており、その特定の善の構想のもとで一見中立的に経済に対して作用するだけのことである。国家は、その中立性の装いの背後にある種の隠れた善の構想を持っていることになる。」(『自由とは何か』220頁) と結論する。

佐伯氏は、Ａを採用した社会では、競争のゲームに勝利することが賞賛される。Ｂを採用した社会では、能力と努力を発揮して自分の卓越性を示すことが賞賛される。Ｃを採用した社会では、活動の成果を社会的奉仕へと還元することが賞賛される。Ｄを採用した社会では、能力が社会的な承認へ結び付くようにハンディキャップを解消することがよしとされる。そして、それらは両立不可能だと言う。「この四つの立場は、実際には相互に反発しあう。この四つをうまくミックスした社会などというものは基本的にはあり得ない。」(『自由とは何か』217頁)「ひとつの社会を構成しようとすれば、この四つの原理のいずれかに基づくほかないであろう。」(『自由とは何か』217頁) と言う。

しかし、善を自他の幸福の尊重と考えるとき、Ｂ、Ｃ、Ｄを包括することが可能だと考える。自己の幸福のために、能力と努力を発揮して自分の卓越性を示すことは賞賛される。他者の幸福のために、活動の成果を社会的奉仕へと還元することが賞賛される。自他の幸福を調整するために、能力が社会的な承認へ結び付くようにハンディキャップを解消することがよしとされる。これらが無理なく両立しうる。ただし、Ａは自己の幸福の尊重のみに傾きすぎていて包括は難しい。

すなわち、人は天賦の自由（人を殺す自由などは含まない）と能力、そして平等な精神を持って生まれる。人は能力を発揮して努力を行い自由に幸福を追求できる。授かった能力を自分のために行使することは認められる。

能力と努力により、幸福を築くことは正当なことだ。ただし、その能力と努力が自己の幸福だけではなく、他者の幸福にも通じる限りにおいて。能力の発揮による努力を通じて獲得した幸福は正当であるとともに、能力の発揮による努力の勝利を社会は賞賛すべきだ。社会の賞賛が能力の発揮による努力に意味を与えて個人を幸福にするとともに、能力の発揮による努力を励まし社会を維持・向上させるからだ。

ただし、社会に有益な活動を通じて能力を発揮し、得られた結果を社会に一部、還元しなければならない。なぜなら、人間は他者の善意に依存する存在である。彼の活動は社会からの有形無形様々な形の援助により成り立っているし、成り立って来たからだ。

それに加えて、市場を絶対視・万能視することは許されないと言わねばならない。なぜなら、市場において成功するにはある種の特別な能力を必要とする。ところが、この能力の大小は人により様々であり、天才もいれば、ほとんど無い人もいる。この能力を少ししか持ち合わせない人々や競争を嫌う優しい人々などの幸福や自己実現のために、これらの市場における弱者が弱肉強食の対象とならないために、市場を絶対視・万能視する思想は否定すべきである。

◇自発的交換の論理

私の立場からも自発的交換の論理は基本的に承認できる。ただし、その理由は「善の多様性」ではない。私の立場では、善は「自他の幸福の尊重」であるという前提に立った上で、個人が多様な幸福を選択追求することになる。この「幸福の多様性」が自発的交換の論理を支持する理由となる。そして、多様な幸福追求にとり、市場が効率的なので、市場経済が求められるということになる。

人は経済的には原則として市場を通じて幸福追求を図ることになる。市場は、その効率性ゆえに個人の幸福の実現手段として選ばれた。と同時に善の実現手段でもあるべきである。市場を通じて利益を得ることが社会的に是認されるのは、他者と共に構成する社会にも利益を与えるからだ。他者の幸福にも貢献するからだ。しかし、その市場は効率的ではあっても運や偶然が左右し、必ずしも能力による努力の結果に比例して利益が与えられる訳ではない。市場の結果を絶対とすることはできず、是正することが認められる。市場の勝利を至上のものとすることはできない。特に、善の大きさに比例しない過大な利益を与える株式取引や為替取引から得られた投機的利益には税を課し、投機目的の取引は禁止すべきである。

市場からは敗者も生まれる。敗者も人間である以上、尊厳を持って生きる権利がある。また、その敗北も運や偶然が関与し、その人に全面的に帰責できないことが多い。他方、勝者の利益にも運や偶然が関与している。そして、市場の結果は絶対ではない。勝者に社会への還元を求め、所得再分配や福祉給付を行うことが認められる。不幸な人は、他人を不幸にすることが多いことからも、不幸な人に手を差し伸べるべきだ。

構造的に不利な立場に置かれ、市場に参加できなかったり市場において不利な地位に置かれたりする人々もいる。こうした人々は能力を発揮できず、幸福への可能性を奪われているわけだから、是正すべきである。能力の発揮を妨げられている者に対しては、能力を発揮できるように補助することが認められる。福祉で金をもらうだけで社会的承認が無い場合、幸福になれないことから是正主義も認められる。奨学金、教育トレーニングや職業訓練、更生プログラムなどは積極的に実施すべきだ。しかし、社会的地位そのものを割り当てることは認められない。人々の目指す地位、「学校の入学者」「議員」などについて、あらかじめ一定割合を割り当てる制度は認めるべきではない。均一な条件で試験を行い、その成績で合格者を決めることを望む正義の要請にあまりにも反するからだ。人々が競争して獲得を争っている地位に対する優遇制度は正義の要請に反する。

日本国の基本的原則は、基本的人権の尊重（自由主義）、国民主権（民主主義）、平和主義であろう。と、同時にB、C、Dの能力主義、福祉主義、是正主義も認められている。だとすれば、私の考える善である「自他の幸福の尊重」は、明確にされたことはないが、背後の前提として機能しているのではないか。明示され貫徹されていたとは言えないが、「自他の幸福の尊重」の上に日本の法や制度、道徳、慣習、常識などは築かれているのではないか。その黙示の原則を私は明確にして理論づけたと考えている。明確にして理論づけなければ、自由の過剰に対抗できない時代だからである。

◇まとめ

私の立場から「援助交際」を考えるとどうなるか。そもそも「援助交際」と言う呼び方が間違っている。小遣い稼ぎのために体を売るのだから、少女売春と呼ぶべきである。援助交際と呼ぶ甘やかしが、少女売春を増やしている。これに対して、売春防止法の定義には「不特定の相手方と性交する」こととなっているので、特定の相手と性交する建前の援助交際は「売春」ではないという反論があるかもしれない。しかし、売春防止法が念頭に置く「特定の相手」とは恋愛感情や愛に基づく「その人でなくてはならない」という相手のことである。援助交際の相手は金を払えば誰でもよい相手である。簡単に取り替えられる相手である。売春防止法の精神が及ぼされるべき場合だ。

少女売春は、少女にとり、無垢な花嫁として幸福な蜜月を送り、そんな花嫁を愛する夫と一から幸福な家庭を築き上げる幸福を失うことを意味する。そして、愛よりも金を重視する思想に染まることを意味する。無垢な花嫁と結婚して一から幸福な家庭を築き上げたいと望むまっとうな男性からは、花嫁候補を奪うものである。少女の親にとっては、大事に育てた娘が、はした金で身を売り、幸福になるのに有利な条件を捨てるのだから、悲しむべきことである。人間の再生産を望む社会にとっては、女性の機能が妊娠中絶や性病で傷つくことになり、認めがたいことである。愛よりも金を重視する思想が若い世代から広がっていくことになる。社会の幸福が減り、善の見地から望ましいこととは到底言えない。

現代日本社会は売春防止法により、大人の売春も禁止する社会である。未成年が売春をすることに対して、児童福祉・児童保護の観点も含めて特別な配慮を示し、積極的に規制することは何らおかしいことではない。規制を行うならば、相手となる大人を規制することはもちろんだが、少女たちにも規制の網をかぶせねばならない。少女たちの誘惑の力は大きいものであり、大人は多少の規制があっても、少女たちの誘惑に負けてしまうからだ。

そして、未成年の売春が特に問題になることを承認するならば、未成年の教育を再考すべきだ。未成年に幼い頃から性教育を施すことを禁止すべきだ。性について関心を持たせ、性を日常の垢にまみれさせ、金を得る日常生活の手段として性を意識させることになるような性教育を禁止すべきだ。また、未成年の恋愛を推奨することをやめるべきだ。この態度が、交際という名前を冠すれば、恋愛の仮面をかぶれば、売春も許されるという少女たちの意識を強化しているのだ。それに特定の相手だとしても未成年の場合は、問題がある。生活力の無い未成年が特定の相手方と性交する関係になっても、生活力が無いので愛に基づく共同生活・家庭を維持することは困難だからである。

佐伯氏は、「自由や、平等を絶対的価値に祭り上げることもまた間違っている。」と言う（『自由とは何か』234頁）。現代の自由を絶対的価値に祭り上げた典型が自由原理主義であり、平等を絶対的価値に祭り上げた典型がラディカル・フェミニズムである。

☆救命ボート

「いま、ある船が難破し、十一人の人間が救命ボートで脱出しようとしている。しかし、このボートの定員は十名で、定員を超すと転覆する可能性が高い。十一人の中には、重要人物である外交官も含まれておれば、一方、護送途中の極悪の殺人犯もいるとしよう。そこで、いったいどうすればよいのだろうか。リベラリストの回答は、誰か特定のひとりを選んで死ねというわけにはいかない、というものであろう。」

（『自由とは何か』239頁）

この「犠牲の状況」に対して、功利主義は殺人犯に犠牲になることを命じることになる。平等な権利の絶対性を擁護するリベラリズムの立場では、犠牲になる者を決められない。

私の立場ではどうなるか。緊急事態なので、十人の命の方が一人の生命よりも重いことを承認する。しかし、その十一人のうちの一人に対して自己犠牲を求めることはできない。一人一人を比べるとき、一人一人の命の重さは基本的に同等だからだ。ではどうするか。公正な方法で犠牲になる一人を抽選することになるだろう。そして、抽選からの除外を望む人物は他の全員の同意を得れば、抽選から除外される。また、極悪の殺人犯が罪滅ぼしのために自ら進んで自己犠牲を申し出たら、讃えてよいだろう。

私の立場は倫理道徳に根拠を与えることで「自由」に緊張感を与えることになろう。

★第2章　新経済システムによる資本主義の補完

◆第1節　現実的なベーシック・インカム

天賦の才に恵まれた者も天賦の才を使用する際には他者の幸福を尊重しなければならない。

天賦の才に恵まれた者は誰であれ、そのような才を持たない者の状況を改善するという条件のもとでのみ、その幸運から利益を得ることができる。天賦の才に恵まれた者は、才能があるという理由だけで利益を得てはならず、訓練や教育にかかったコストをまかない、自分よりも恵まれない人びとを助けるために才能を使うかぎりにおいて、みずからの才能から利益を得ることができる。自分が才能に恵まれ、社会で有利なスタートを切ることのできる場所に生まれたのは、自分にその価値があるからだと言える人はいない。だからといって、こうした違いをなくすべきだというわけでもない。やり方は別にある。こうした偶然性が、最も不遇な立場にある人びとの利益になるような形で活かせる仕組みを社会のなかにつくればよいのだ。

（『これからの「正義」の話をしよう』249頁）

もちろん、国家も不遇な立場にある人びとの利益増進を図らなければならない。その不遇な立場にある人びとの利益増進を図る一助として、新経済システムによって、すべての国民に一定の金額を定期的に支給する現実的なベーシック・インカムを提案するものである。

私の提案する現実的なベーシック・インカムについて、経済的合理性は以下に説明するように十二分にある。法制定の手続きは皆さんが十分に支持して下されば民主的政治手続により実現可能である。政治的合意の成り立つ可能性については、経済的合理性が十二分にあるので、可能性大と言えよう。新経済システムは、経済の社会化を行って、大バブル破裂後の大不況を克服するために案出されたものであるが、インフレになった二〇二四年現在でも、国民の幸福のためには、インフレをデフレにする必要があるとしても、変わらず導入すべき政策だと考える。

◆第2節　望ましい経済システム

大世紀末から二一世紀初頭に及ぶ日本経済の大不況に対して既成の経済政策をもってすれば限界があった。赤字財政による公共投資の増大は、一部の産業を潤すだけで、サービス産業化した経済の実態に合わないし、民間の設備投資にリンケージしない。相乗効果もさほど期待できない。また、赤字財政のつけが将来回ってくる。

景気対策を永続させる訳には行かず、その後が問題となる。

減税、特に恒久減税は効果的であるが、財源を要し、将来の増税につながる。また、貯蓄に回る恐れも有る。金融政策で利率を低下させても、現実に需要が見込めなければ企業は設備投資を行わない。住宅ローンを組むことも躊躇われる。

新産業の育成は当然行うべき政策だが、先見性が必要な上、効果が上がるまでに時間と金がかかる。また、構造改革による経済全体の需要の創出・拡大はさほど期待できず、即効性も無い。

輸出ドライブによる景気回復は許されず、内需による成長が求められている。

そして消費が不振なのは、高齢化社会の到来と少子化、財政の悪化、将来の負担増の恐れ、経済の低調（リストラや雇用不安など）により将来が不安だからである。公共投資や減税で景気回復を図れば財政が悪化し、将来に不安が積み重なる。景気回復のための新しい経済政策が必要である。従来型政策の無力さが共通認識となった。

そこで、アベノミクスが採用されたが、新経済システムは見向きもされなかった。アベノミクスが終焉を迎えつつある今、改めて新経済システムの有効性を訴えたい。

ところで、バブル経済後の大不況の元凶はバブルの清算過程で生じた地価と株価の下落による一千兆円の消失である。一千兆円もが煙のごとく消えうせてもしごく当然のこととして受けいれられている。経済の動きからすれば、有っても無くても不都合が無い金なら、有るものとして不況対策に使えないものかと考えてしまう。市場の能力を万能視し、市場による金儲けの結果を動かしがたいものとする考えに素朴な疑問を覚える。自由主義と市場資本主義の間にくさびを打ち込む必要がある。現行の市場システムを補完する新しいシステムを推奨したい。

◆第3節　価値資本の正当性

私は、新しい経済政策の必要性を感じるとともに、素朴な疑問を元にして、思考を深化・発展させて新しい経済政策を案出した。社会全体の有効需要は、消費需要、投資需要、政府が作り出す需要、輸出入からくる需要からなる。政府が作り出す需要は行き詰まっているし、輸出入からくる需要には限界がある。投資需要は低利によって刺激されても消費需要が無ければ増えない。そこで、消費需要を直接作り出す政策を考えた。実行しても赤字国債などの将来への不安は残らず、不況対策として消費需要を直接喚起し、効果的かつ画期的なものとなるような構想を得ることができた。

私の案出した経済政策とは以下のようなものである。

電子マネーと情報ハイウェーとコンピューターデータバンクを結び付けて、新しいコンピューター情報ネットワークを建設する。インターネットを経済システムとして利用する。それらを使用して、価値資本を国民に贈与する。国民は価値資本を使って必需物資だけを購入できる。必需物資を売った者は価値資本が転化した、何でも購買可能な通常の現金が手に入る。そのような経済システムを構築するのである。

価値資本について説明する。価値資本は、経済活動によって得られたものではない資金である。指定された必需物資の消費にしか使用できないし、他人への譲渡や蓄積することができない。一度消費に使用されれば通常の現金に転化する特殊な性質をもった現金である。価値資本を贈与することは、政府が贈与する目的で印刷した強制通用力を有する紙幣を不特定多数の国民一人一人に無償で贈与することに相当する。価値資本は、現実的なベーシックインカムに相当する。

価値資本の贈与に対しては、その正当性に対して疑問が考えられるので、検討してみる。

まず、価値資本は不当に国富を増大させるという純朴な疑問に対して。価値資本は現金と同じく、日銀に対する債権・債務が増えるだけで、これは国富に含まれない。価値資本の贈与の結果、生産活動が活発化して国富が増えることも予想されるが、それは生産を行った労働の力によるものであり、何ら不当なものではない。しかし、総資産が増大することは確かである。だが、総資産は投機によっても増大する。バブルによる株価、地価の値上がりによって増加することが認められているのだから、現金にあたる価値資本によって増大させても何ら不当ではない。通貨量が基本的にその国の自由にまかされていることからも不当ではない。そして、価値資本の贈与を行えば国民所得が増大する。しかし、国民所得は「生産物の総額」とも定義されるのだから、国民所得の増大に比例して生産が増大すれば、不都合は無いはずである。

正当性に対する最大の疑問は価値資本を受け取る個人に対するものである。経済活動の結果ではなく、不労所得であり、不当ではないかとの疑問である。資本主義経済下では、市場を通じた経済活動によって購買力を獲得するのが原則である。

それを支える根拠としては、まず、経済活動に励むことによって社会の生産を支え、進歩がもたらされるということがある。これに対しては新経済システムを通じた価値資本の贈与は、労働の動機を損なうものではないと反論できる。なぜなら、価値資本では必需物資が買えるだけであり、快適な生活を望むなら、それ以外の財貨・サービス購買のための金を手に入れるために労働せざるを得ないからである。また、現状では価値資本を生活に必要な必需物資すべての購買が可能なだけ贈与するものではない。すなわち、価値資本の贈与は家計を助けるものなのである。従って、国民の生活は楽になるが、それだけでは暮らして行けないことも明らかであり、勤労の動機が失われることは無いのである。

次に、経済活動の成果だからこそ、その結果としての購買力の獲得が承認される。それにより社会秩序が維持されるという論拠がある。これに対しては、国民全員に対して新経済システムを通じて一人一人に整然と価値資本を贈与するのであるから、社会秩序に対する悪影響は無いと言える。「調整インフレを起こすために空からヘリコプターで金をばらまく」ことは比較の対象にならない。極めて秩序ある贈与なのである。

経済活動を通じて購買力を得るのが社会の確信であるとの論拠がある。これに対しては生活保護や補助金といった例外は現在でも存在するし、国民全員が生活を下支えされることは、国民一人一人の生存を保障する生存権の理念（憲法二五条）に合致すると言える。これに対し、自活するのが原則であり、生活保護等はあくまでも例外であり、例外を原則にすることは許されないとの立場も考えられる。しかし、現在でも個人の自活は様々な公共的サービスの上に成り立っており、しかもそれは必ずしもその個人の公的負担に対応するものではない。価値資本はこの公共的サービスの拡張に含みうると反論できるだろう。また、国民一人一人に等額の価値資本を贈与するので、貧富の差の縮小にも役立つ。国民の生存を保障する力となるので、その上に立って文化活動も盛んになるだろう。

アダム・スミス（Adam Smith 1723 - 90 イギリスの経済学者）の言うとおり、市場はある一致した評価に基づいた善行の金銭的な交換を行い、資源を配分・経済を調整する効率的な機構である。しかし、市場だけで需要不足を解決できないことは歴史的経験からみて明らかであり、市場の機能を損なわない限り、異質な制度を持ち込んでも構わないのではないか。翻ってみると、財政政策を行う政府という存在も市場とは異質なものである。ここで、私の新経済システムを導入しても、市場での金儲けの動機や市場の機能は損なわれない。そもそも経済は人間の必要を満たすために存在するのである。経済のために人間が存在するのではない。経済を破壊せずに人間の必要を満たせる経済システムを排斥する理由は無い。

では、具体的にどの程度の価値資本の贈与を行うのか。現在では、毎年の価値資本贈与の総額は日本のＧＤＰ約五九一兆円に対し5パーセントほどの成長率に相当する二九兆円程度が目安となろう。これだけの金額を栄養剤として、従来の経済機構の外部から日本経済に毎年、注入するのである。

私は今でも投機の横行するあの大バブルを潰したことは正当だと思っている。確かに、バブルには人々の金持ち願望を充足して有効需要を刺激し、経済成長に欠かせないという面があった。だが、浮利を追い、実利を忘れ、投機が横行して弱者を食い物にする実態があった。金儲けは社会に利益を与える限度で認められるべきである。

バブルによる経済成長の代わりに、価値資本の贈与を通じて需要を拡大し経済成長を図るというのが、私の経済政策である。

私は市場の効率性を認めるが万能視はしない。市場の不完全なところを認めて現行の市場システムを補完するために、経済の安定と成長のために、そして経済の社会化のため、新経済システムを案出した。これにより、財政再建路線を掲げた上で、景気回復を実現することが可能になると考えている。付随的に日本経済をより強化する改革を行うことも可能となる。

◆第４節　価値資本の経済への影響

価値資本が贈与されれば、消費が増大し投資が増大するであろう。その一方では貨幣供給が増大し、悪性インフレ（ディマンドプルインフレーション）の恐れが考えられる。しかし、消費の増大に対応する生産があれば、インフレは生じない。悪性インフレは避けられるであろうか。生産増大の一般的可能性を検討する。
・資本は、日本には十分存在するし、価値資本からも転化して供給される。
・また、インフラストラクチャーも十分整備されている。
・労働力は、機械化を進めることにより省力化が可能である。省力化を進める技術もある。労働の効率化も考えられる。
・原材料については、リサイクルを進めれば節約できる。また、可能性としては宇宙にも求められる。新素材、新資源の発見も見込める。
・増産の技術も十分である。
・環境問題も保護のための科学技術や、リサイクルなどで解決可能である。

・生産設備も十分だし、生産財も、右記の検討により、増産可能なことは明らかである。

現在、文明は、一般的に生産力が過剰であり、増産が可能な状況下にあるのである。

また、必需品を買える価値資本が贈与されるからといって、必需品の消費が爆発的に増えるということは考えにくい。現在でも、必需品は満足すべき程度に行きわたっているからである。よって、必需品の購入に価値資本を使うことによって浮かした収入で、奢侈品（電化製品、耐久消費財など）や趣味・娯楽への支出が増えると予想される。これに対して、日本の強力な産業は十分対応できるだろう。

インフレの不安に関しては、価値資本の贈与は現象的に赤字国債の日銀引き受けに類似し、財政法５条の趣旨に反するのではないかという疑問が考えられる。しかし、価値資本の贈与による悪性インフレの恐れは少ない。刺激の対象は官需・軍需ではなく民需であり、それに応じて消費物資が増産されるからである。すなわち、官需・軍需により民需が圧迫されて消費物資が不足し、一般物価が高騰してインフレが進行するようなことは無い。また、財政支出ではなく国民の消費支出が増大するだけなので、国の財政悪化は無い。価値資本の消費による現金獲得のための競争が行われるので、国や企業の能率に悪影響を及ぼさない。公債が後に残らないため、将来への不安も残らない。従って、価値資本の贈与は実質的にも財政法５条に反するものではない。

一九九二年秋以降、岩田規久男教授は不況対策としてハイパワードマネーの供給増によってマネーサプライの伸び率を引き上げるべきだと主張した。これに対して、日銀は言う。「ハイパワードマネーの量を増加させると同時に、金利政策とは別ルートでマネーサプライをコントロールするというメカニズムは成り立たない」（『日本銀行』川北隆雄著、岩波新書）。確かに、現在の手法でマネーサプライを増やせば、そのとおりだろう。しかし、価値資本の形で現金を増加させれば、コントロール可能となる。なぜなら、国民に直接与えた価値資本を国民の消費後に、日銀が銀行や市場を通じて吸収することが、新経済システムにおいては可能だからである。価値資本の入り口と出口は別になるからである。

このように新経済システムにおいては、生産の増強に加えて、日銀が貨幣供給を抑えることによっても、インフレ対策が可能となる。価値資本を贈与する一方で、日銀が売りオペレーション、預金準備率の引き上げなどを実施しても何ら矛盾するものではないのである。当然、利上げも実施すべきである。なお、通貨の供給が増大することによって懸念される円安について述べる。円安は、新経済システムにより日本経済が回復・強化されるので起こりにくくなる。また、対策として日銀は金利を上げることが可能になる。

では、コストプッシュインフレはどうか。まず一般的に言って、価値資本は利潤から分配される所得ではないから、製品価格に転嫁されてコストプッシュインフレとなることがないのは当然である。また、私の経済政策と同じ総需要政策であるケインズ政策に対する批判も、価値資本には当てはまらない。

マネタリストは、ケインズ政策を実行すれば、インフレによって実質賃金が目減りするので、労働者は高い名目賃金を要求し、企業はそれを製品に転嫁するので、コストプッシュインフレが進行し、ケインズ政策の効果を減殺するとする。しかし、価値資本の贈与の場合は、賃金の目減りに数段勝る家計の補助が得られるし、生じたとしてもインフレ自体も穏やかで、価値資本をインフレに応じて増額することも可能であるので、賃金上昇を抑えることが可能である。マネタリストの批判は、ケインズ政策に対する当否は別として、新システムには当てはまらないのである。

さらに、合理的期待論者は、企業家はインフレを期待して生産を増加しないので効果が無いとケインズ政策を批判する。この批判も価値資本には明らかに当てはまらない。なぜなら、企業家は現実の民間の消費需要増に応じ、それに比例して一定の価格レベルでの供給をともに増大させると合理的に期待できるので、物価の上昇は穏やかだと予想するのが合理的だからである。

以上のように、私の経済政策はインフレーションの恐れが少ない上に、財源が必要ないため将来への不安が残らない。効果は大だと考える。近い将来、新システムが導入されて景気が良くなり、５パーセントの価値資本の贈与で自然に経済成長率が増大した場合は、価値資本の額は据え置くことになろう。景気の下支えに物価上昇率程度の増額で十分だろう。景気が過熱した場合は、通常、価値資本の減額以外の手段（利上げなどの従来の経済政策）を行うべきである。価値資本の贈与は生存権の実現である国民の権利であるし、価値資本を減額すれば国民に将来への不安が生じるからである。景気が良くなっても成長率は低い状態が続く場合は、価値資本を増額して強制的に経済成長を図る道がある。経済政策を大きく誤らなければ好況が永続する道が開けるのである。

◆第5節　新経済システムの姿

価値資本の贈与を行うために電子マネーと情報ハイウェーとコンピューターデータバンクを結び付けて、新しいコンピューター情報ネットワークを建設する。インターネットを利用できるだろう。

新経済システムは、現在のネット銀行のように一カ所で集中して情報処理をする形をとらない。銀行の各支店が現金口座を管理し、各支店において情報処理が行われる。新経済システムは、全銀行の本支店すべてをネットで結ぶ形をとる。このような分散処理の形をとる理由は次のようなものである。

一カ所で集中処理する形をとれば、そこがダウンした場合、被害影響が甚大となる。また、一カ所に膨大な情報が集中すれば、システムがダウンしやすい。分散処理の形をとれば、各支店に技術者が必要となり、雇用が確保される。各支店が現金口座を責任を持って管理すれば、不正が発生しにくいし、不正の規模も小さくなる。各支店が責任を持って現金口座を管理すれば、地域の顧客のニーズに応じたきめ細やかな対応が可能となる。

価値資本を国民一人一人に迅速かつ整然かつ容易に贈与する。価値資本を使用して国民は指定された必需品だけを購入できる。そして、使用した価値資本を通常の現金と何ら変わりなく受け取ってもらえるためには、情報システムの形を取る必要が有る。価値資本の特殊な性質を実現するためには､これが必要なのである。電子マネーの形であれば、小売店は何ら違和感なく懸念無しに価値資本を受け取るであろう。加えて、このような先進的システムを建設すれば、支払いの利便性が増すとともに税制、犯罪捜査などで改革が可能となるからである。

これから、この新経済システムの具体的姿を述べようと思う。まず、システムの基礎になる現金口座と電子財布というものについて説明する。

現金口座は国民が一人一口座だけ一つの銀行（住民票の所在自治体内にある銀行支店の中から選択する）に開くことができる。現金を寄託する口座のことである。普通預金口座、個人の当座預金口座は現金口座に統合される。一人一口座なのは事務処理・情報処理を行う便宜のためであると同時に電子マネーの偽造などの不正を防止するためである。現金口座に現金を寄託することは、その性質上銀行の大金庫に現金を預けることと同じであり、記録が残っている限り支払が絶対的に全額保障される。現金を寄託するという現金口座の性質上、ペイオフは問題となりえない。そして、現金口座の記録は重要なので、二重三重のバックアップ体制を構築すべきである。

口座主は、現金口座の現金を次の用途に指定できる。少額の電子マネーの支払い用。高額の電子マネーの支払い用。小切手の支払い用（従来の個人用の当座預金口座に相当する）。口座振替やクレジットカードなどの支払い用（従来の普通預金口座に相当する）。これらに指定して別々にプールできるようにする。口座主に現金が手元に有ると同様に使途を指定できる利便性を与えるためである。

また、口座主は右のようにプールされた現金及びプールされずに残った現金をさらに各々五くらいに分けてプールできるようにする。そして口座主はプール毎に支払の順位を指定できるものとする。支払の請求があったとき、順位に従って、支払に当てられる。

現金口座には、コンピューターデータバンクを利用して、金額、日時、相手方、購買品目などについて通常の現金と価値資本の出入りの全てがそれぞれ記録されることになる。

また、現金口座の現金は消費寄託ではなく、単に銀行に寄託するのであり、預かった現金を銀行は預金として貸し出すことはできない。当然利子もつかない。現在手元にある現金と同じようにその存在を保証し安心をもって預けられるようにするためである。

電子財布とはＩＣと記録装置を組み込んだ、電子マネーの入れ物である。高額の電子マネー、少額の電子マネー、価値資本の電子マネーを区別して収納・記憶する。電子財布は一人が一つだけ持つことができ、一つ一つに番号がつけられて厳格に管理される。また、保安のため暗証番号機能を持つとともに利便性のため、液晶画面で電子マネーの金額を確認できるようにする。指紋の情報も記憶できると良いだろう。

以下、国民Ａが現金口座から電子マネーを引き出して商店Ｂで買い物をする過程を具体的に説明する。

Ａの自宅には銀行の管理する現金口座にネットワークでつながった端末が有る。この端末は家庭にあるパソコンに接続してパソコンの機能を援用できるようにする。そして、少なくとも電子マネーの機能に関してはパソコンを家電並にするべきである。この端末を通じて、電子財布に電子マネーを補充できる。また、プールする現金の指定ができるとともに現金口座に記録された現金の出入りの記録を閲覧できる。もちろん、街頭にも電子マネーの補充が可能な端末が銀行によって設置されている。

少額の買い物の場合、Ａが端末で電子財布に少額の電子マネーを補充すると同時に、その金額が現金口座上で少額支払い用にプールされる。それから、Ａは小売店Ｂへ行って買い物をする。Ｂは自分の店舗に設置した端末を通じて代金に相当する電子マネーを受け取る。この時点で売買は効力を発生する。

Ｂで発生した買い物の情報は、まず、小売店の端末から回線を通じてＡの現金口座を管理する銀行へ行き、Ａの現金口座から代金が引き落とされる。その後、引き落とし・入金の通知がＢの現金口座を管理する銀行にネットワークを通して行き、Ｂの現金口座に代金の入金が記録される。

この過程では、商店の電子マネー受け取りの時点で売買が効力を発生する結果、Ａは自分の現金口座に代金が無いことを理由に売買を否定することはできない。また、そのために少額支払い用のプールは撤回することができないものとされる。それでも、万一、プールされた現金が無かった場合は、小売店は遅延賠償金を含んだ代金を強制的に徴収できる簡易な手続きを設ける。

価値資本で買い物をする場合も少額の場合に準じる。ただし、指定された必需物資を購入した後、Ａの現金口座の価値資本が引き落とされ、Ｂの現金口座に通常の現金が入金することになる。

少額の買い物と価値資本については、暫定的に通常の電子マネーと同じ形をとることも考えられてよい。すなわち、まとまった金額の電子マネーの引き出し（ないし預け戻し）だけが、現金口座上に記録される。そして、まとまった金額の電子マネーを買い物に使った細かい使用は現金口座には記録されないものとするのである。

高額の買い物の場合について説明する。小売店ＢはＡから電子マネーを受け取る。Ａが電子財布に高額の電子マネーを充当すると同時に、現金口座に高額支払い用のプールが作られる。ＢはＡの現金口座から高額が引き落とされたことを確認しなければならない。が、これだけでは売買は効力を発生しない。ＢはＡの現金口座から高額が引き落とされたことを確認しなければならない（この確認をしないで商品を引き渡して、後で引き落としができなかった場合、その危険は小売店が負う）。引き落としの情報がＡの現金口座を管理する銀行からＢの端末に帰ってきたところで、売買が効力を発生し、商品が引き渡される。ただし、少額の場合と違い、引き落とされるまではＡが高額用のプールを撤回できるようにする。また、高額の場合は、暗証番号か指紋により、電子財布の使用者がＡ本人かどうか確認する必要があろう。後は少額の場合と同様である。

電子マネーの細かい授受の手続きについて述べる。次のようにできればとても良いだろう。店の端末が代金の情報を表示した後、客がその金額の電子マネーを与えることを店の端末のボタンを押すことによって承認する際に、電子財布に内蔵された指紋の情報を確認できるようにする。

電子財布には買い物の記録も記憶される。Ａは家庭に帰って電子財布上の記録を端末に保存して、閲覧し、銀行の現金口座の記録と照合できるようにする。電子マネーを引き出すと同時に、それまでの電子財布の記録が自動的に端末に保存されるようにすれば便利だろう。不正を発見した場合は訂正変更請求や告発ができる。

ＡがＢから出前を取ったりした場合、Ｂは携帯用の小型の端末（集金器）を持って集金に回り、Ａの自宅で電子マネーを受け取り、帰ってから、店舗の端末を通じて銀行に情報を送る。

電子財布が盗難に遭った場合を説明する。高額のプールは、盗んだ者が使用する前に、端末を通じて自分で撤回可能である。また、盗難の届け出により電子財布の番号を地域の銀行や小売店の端末に発信し、その電子財布を端末で使用できなくする仕組みを設ける。そして、盗難を受けた電子財布の使用情報は直ちに警察に通報されるようにする。また、一時的に盗難を被った者の現金口座からの引き落とし不能にもできるようにする。

右に見たように、現金の移動は引き落とし・入金を通じた現金口座の振替によって行う。従って、現金口座の残額が現金なのであり、電子マネーは法律上現金口座の引き落とし請求権という性質を持つに過ぎないことになる。

よって、新システムが実現すれば各銀行の現金口座間の振替情報は膨大なものになるだろう。内国為替制度（全銀システム）を改編・強化する必要が有る。全銀行を大容量の光ファイバーで結ぶ情報ハイウェーを建設するとともに、事務処理の自動化を行う必要が生じる。各銀行内部でも機能を強化する必要がある。ただし、銀行間で入金・支払いの超過による決済の必要は無くなる。振替自体により、現金の移動は済んでしまうからである。

銀行は現金口座の取り扱いに関しては価値資本を管理する行政委員会（管理本部）の命令によって増額できるだけで、それ以外は現実の経済の動きに厳密かつ忠実に従った情報処理ができるだけである。銀行は口座数に応じた管理の手数料を管理本部から受け取る。

ただし、日本銀行だけは自己の現金口座の金額を自由に増減できるのはもちろんである。日銀は今まで通り現金の創造と消却の特権を有する。また、各銀行は日銀に現金口座を持つことになろう。

銀行は、店頭、街頭に端末を設置して暗証番号あるいは指紋で確認の上、サービスを行う。各人の振り込み送金は電子財布と端末を使って行う。現金口座の金額情報を元に定期預金などの商品に勧誘することが許される。個人の小切手の現金口座への入金も扱う。銀行と国民は数年契約の現金口座管理契約を結ぶ。契約期間が終了すれば、他の銀行に現金口座を移すことができる。

企業は事業所数に応じた複数の現金口座を持てるようにする。そして、営業の便宜のため一つの口座に対して複数の財布を持つことが許される。現金口座を利用して、これまで通りに当座預金取引を行う。ただし、口座に応じた事業所が現実に存在するか、実質的に審査する。

従って、企業の手形交換制度は現状のままだし、クレジットカード制度も引き落とされる普通預金口座が現金口座に代わるだけである。

ところで、電子マネーは以下のような問題点を有するとされる。

1　複写、偽造、盗難を予防する技術
2　不正利用を防ぐ技術
3　利用者のプライバシーを保護する技術
4　他者への譲渡を可能にする技術
5　電子マネーと実際の通貨の双方向性、等価性
（『図解電子マネー』石井孝利著、東洋経済新報社刊）

これらに対する私のシステムの答えは以下のようになる。

1と2について。

情報のやり取りには暗号鍵などの暗号技術を駆使する。電子財布には記述内容を勝手に書き換えられない耐タンパー性領域を確保したＩＣを使う。また、電子財布はセキュリティ確保のためにアイデンティティーを書き換えると使用不能になるようにする。さらに、電子マネーの使用状況が現金口座と照合される。盗難に対する対策については前述した。

Ａが、Ａの現金口座からＡの電子財布に電子マネーを引き出し、Ａの電子財布を使用して消費を行い、その結果、Ａの現金口座から引き落とされる形を守っていることも対策の一つと言える。

対策としてシステムを保護するために刑事の特別立法を行う。革新的なシステムに対して、罪刑法定主義の観点からも立法が要請される。システム自体（施設、設備、回線、業務など）の侵害罪、現金口座の不正操作罪、

電子マネーの偽造罪、電子財布の盗取罪、システムの秘密漏泄罪などについて検討する必要が有る。

３について。

現金口座は銀行が管理するので、最大のプライバシー侵害者となる可能性の高い国家に対して保護される。

国民は自己の現金口座の記録しか閲覧できない。

小売店は、客の電子財布の番号と支払い可能性が分かるだけにする。

銀行は各口座毎に原則として出入りの日時、金額と相手方の口座番号が分かるだけにする。行員は現金口座に関する全てについて公務員並の守秘義務を負う。法律上、現金口座の取り扱いに関しては公務員と見做す。ただし、本人に対する定期預金の勧誘等の営業は許される。

新システムの通常の業務は銀行員が行うが、保守・修繕などは管理本部が行う。

また、立法で現金口座に関する情報の売買を禁止する。

４について。

現金の他者への譲渡は現金口座の振替の形を取り、電子マネーは現金の引き落とし請求権に過ぎない。

５について。

電子マネーは情報であり偽造されやすいので、管理可能とするためにも、完全に通貨と同じにすることはしない。現金口座の引き落とし請求権にとどめる。

大枠はこれでよいと思うが、システムの詳細についてはよくよく考えることが必要であり、英知を結集することが望ましい。

◆第6節　価値資本の贈与

新経済システムを通じて国民に贈与される価値資本は譲渡も蓄積も不可能にする。すなわち、自分による消費しかできないようにする。そして、国民が消費した価値資本は通常の現金に転化する。また、価値資本の消費によっては公に指定された必需物資しか購入できないようにもする。

どのようなものを指定するかだが、浪費を招かないこと、労働意欲を損なわないこと、趣味・娯楽や耐久消費財などは除くこと、が原則となろう。具体的には食料品、アルコールを除く飲料、日用雑貨、ＯＡ製品を除く文房具、下着類、超高級店を除く外食（アルコールを除く）、クリーニング、銭湯などが、手はじめとしては適当だろう。また、同じ品目で環境に配慮した商品とそうでない商品が競合する場合に、配慮した商品だけを指定すれば、環境対策にもなる。

また、毎月の価値資本贈与の金額は国民一人一人に対して、大人が二万円、十五歳以下の子供が一万五千円とする。これだけの価値資本が贈与日になると決まって現金口座上に存在するようにする。つまり、月の一定の日になると、現金口座上の価値資本の残りの金額は、消費されて残った金額から、大人なら二万に回復するのである。ただし、子供は現金口座を持たず、母親か父親の現金口座に子供分の価値資本を贈与することになる。子供が多いほど、一家の贈与を受ける金額が多くなり、家計のやり繰りの余地が広がることになる。親が子供に小遣いを与える場合、親が子供の電子財布に親の現金口座から電子マネーを補充することになる。平均的な親二人子二人の家庭では月七万円、年八四万円の補助となる。子育てに対してもかなりの補助となる。毎年の贈与の総額は、大人の人口が一億人、子供が二千万人として、二十七兆六千億円となり、ＧＤＰの約4．7パーセントに相当する。

現金口座、電子財布を含む情報ネットワークは価値資本について右記のようなことが可能なように構築する。

贈与する価値資本の総額は巨大なものとなるが、担保の裏付けも無しに発行して通貨不安が起こらないか。現在、強制通用力を有する通貨に対する信頼は強い。日銀法の改正により、日本銀行券の最高発行額制限と発行保証制度が廃止されてもいる。また、価値資本は日本の国富を担保としているのだと言えないこともない。国民全員に贈与されるのであるから、そういうことも許されるであろう。

ところで、価値資本の贈与は国民が現金を「ただ」でもらえることに近く、政治家の人気取りに使われる恐れがある。しかし、価値資本の贈与は、経済の成長能力と供給能力とインフレの恐れをにらみつつ、客観的な経済的見地から為されなければならない。そのためには価値資本贈与の決定の過程を工夫する必要がある。

価値資本の贈与の金額を決める機関は、政治から切り離された独立行政委員会とすべきであろう。仮にこの委員会を経済管理委員会と名付けよう。経済管理委員会は管理本部の長、政府の代表、日銀の代表、消費者の代表、財界の代表から構成されることになろう。そして、毎年の価値資本贈与総額の増加等の、その決議の重要事項は、国会の承認を得る必要があろう。

管理本部は経済管理委員会の決定を実行することになる。管理本部は次の部門から構成される。総務・人事・経理を担当する部門。価値資本の分配指令部門。ネットワークや電子財布などのハードウェアの管理部門。システム運用のソフトウェアの開発・維持・管理部門。必需物資の指定部門。不服審査や検査・犯罪の告発を担当する部門。そして、分配指令部門からの指令に基づいて、銀行は価値資本の贈与を現実に実行することになる。必需物資の指定に当たっては公聴会を開くことが望ましい。また、管理本部は価値資本の消費に伴う消費税を政府から受け取って費用を賄う財源とすることになる。

◆第7節　新経済システムの利点

以上のような新しいシステムを構築すると他にも次のような利点が生じる。

税制改革が可能となる。すなわち、銀行は、現金口座の記録に基づいて個人の収入の総額を税務署に報告する。そして、その個人は、現金口座の記録に基づいて自分からプライバシーを公開して税金の控除を申請する。以上に基づいて、税務署は累進課税を行う。その結果、税制がガラス張りになり、不公平税制が解消される。納税に関する作業の簡素化が可能となる。総合課税と実質的な納税者番号制（現金口座番号が相当する）の導入となる。これらを元にして累進税率等を望ましい方向に改革することが可能となる。所得の把握率が上がる代わりに、税率を下げることとなろう。また、消費税についても消費を行ったときに消費税を消費者の現金口座から直接、政府の現金口座へ振り替える改善が可能となろう。脱税が困難になり、税収も増加するだろう。脱税をする権利などというものは存在しないのだから文句は言えない。

現金口座の情報を犯罪捜査に利用することも可能となる。都市型社会化が進み、犯罪捜査の困難性は増している。当局の司法令状の入手を条件として、特定人の現金口座の記録内容を特定日時に限って当局が閲覧できる道などを開くべきだろう。

価値資本の贈与により日本経済が成長し規模が大きくなればなるほど、成長を維持するために贈与可能な金額は増大する。それにより将来余裕が生じれば、価値資本の贈与を福祉にも振り向けて利用することが考えられる。すなわち、その年の経済状況に応じて福祉・医療（もちろん薬も買える）だけに利用できる一定の金額の価値資本を国民に贈与する。しかも、価値資本でありながら、それを積み立てることと親族に譲渡することが可能とする。これを福祉価値資本と呼ぶことにする。これにより、積み立てた金額を老後に看護の費用などとして使えるようにするのである。そして、高齢化の進行と積み立ての状況に応じて資格試験に合格した福祉士を大量に養成するとともに福祉産業を育成する。しかし、福祉価値資本は、その年の経済状況に応じて与え、減額が可能なものとする。従って、福祉価値資本による景気調整も可能となる。

現状では通常の価値資本による景気対策が優先されるが、日本経済が更なる成長を遂げ、贈与可能な価値資本の金額に余裕ができた場合、福祉価値資本を考慮すべきであろう。福祉価値資本は国民に対するボーナスと考えられる。新システムもあらかじめ福祉価値資本に対応したものにしておく必要があろう。

新システムにより日本経済の回復・成長が可能となる。新システムの導入により景気の低迷から脱却できる。なおかつ、価値資本は財源を必要としないうえに、景気回復による税収の増加が見込めるので、財政赤字・政府債務の問題も解決可能となる。

この新システムの長所を国民、国家、企業・小売店、銀行の立場から整理してみる。

国民にとっては、電子マネーによって支払いが便利になるし、価値資本を受け取ることによって家計が楽になるし、税制が簡素化されるし、財産管理が効率化する。好景気が実現し、雇用も増大し、収入も増加する。

国家にとっては、先進的なシステムを導入して景気対策となるし、財政も悪化させないので財政再建が可能となるし、納税事務が効率化するし、税収の増加があるだろうし、犯罪捜査が助けられるし、通貨を管理することもできる。そして、日銀は景気対策の重荷を免れ、「物価と通貨の番人」の任務に専念できることになる。

企業、小売店にとっては、消費が拡大するし、経済が成長しパイが大きくなるし、貨幣の扱いの繁雑さを免れるし、現金輸送の危険性が低下するし、税率の低下も見込める。

銀行にとっては、貨幣の扱いの煩雑さを免れるし、現金口座を管理できて営業に生かせるし、手数料も入る。従来のシステムが激変する訳ではない。不良債権が良好な債権に転化しうる。

以上のように、日本経済全体にとって計り知れないメリットがあるシステムである上に、現在の技術力で十分建設可能な現実的な政策である。電子マネーや電子決済で使用している技術を越える技術は必要としない。政府は国家事業として新経済システムを推進すべきである。新システムの建設を公共投資として行えば、建設自体が景気回復策ともなる。

そして、新システムの実施に当たっては、コンピューターによるシミュレーションが欠かせないだろう。また、大きな改革となるので、実験をしてみることが必要かもしれない。北海道か、沖縄あたりはどうだろうか。北海道は広いので建設に手間がかかるが、産業に与える影響がよく分かるだろう。沖縄では建設に比較的手間がかからないだろう。先進的システムを理解させるために、建設には普及・指導活動が必要だろう。

日本全土に新システムを建設した後も、初めは現金口座からの貨幣の引き出しと現金口座への貨幣の入金を認める。それからしばらく後、現金口座からの貨幣の引き出しを禁止する。それからまたしばらく後の一定の期日をもって、現金口座への貨幣の入金も禁止するとともに、貨幣の強制通用力を奪って貨幣を無効化することになろう。この過程と同時に国外では国外だけで使用可能な新しい貨幣への交換手続きを行う。ただし、地球上が安定するまでの暫定的措置としてまたは妥協的措置として、すべての貨幣を消却してしまうのではなく、一万円札と五千円札だけを消却して強制通用力を無くしてしまい、少額の紙幣と貨幣は残すことも考えられてよい。

日本国内の新経済システムが完成した段階では、将来的には日本国内には貨幣は流通せず、国外で流通させる新貨幣は国内では銀行を通じて現金口座に入金することとなる。また、全世帯に最低一台端末が設置されることとなろう。パソコン購入や習得の補助を行うべきだろう。

新システムには、建設の必要があるため即座に価値資本を贈与することはできないというデメリットも存在する。相当程度のつなぎの従来の経済政策が必要だろう。しかし、新システムという希望を明日へつなぐ事ができる。私の経済政策は革新的だが確実な経済再生策である。日本国民は先進的システムに将来の希望を託せるだろう。

私の案出したシステムが、日本で建設されると同時に、全世界に公開されて、各地の実情に応じて応用され、日本国民、世界人類の福祉の増進に役立つことを念願とするものである。経済成長の結果、貧困が減少するのではなく、貧困の追放の結果、経済成長が達成されることを望む。ただし、新経済システムを導入する国は国民の経済的生存が保障されるのであるから麻薬覚醒剤などの製造販売を業とすることを根絶しなければならない。

強調したい。経済的裏付けが無い価値資本の贈与も、汗を流して働く勤労者がいるからこそ可能になるのだ。このことを周知徹底する必要がある。日本が新システムを歴史上初めて建設できるとしたら、それは勤労者のお陰であることを付け加えておく。

★第３章　道徳法則と国際社会

道徳法則は国際社会を構成する主権国家を拘束するだろうか。その根拠が普遍的である善と正義は国境を越えると解すべきだから、主権国家を拘束する国際法も善と正義（世界正義）に基づくべきである。

◆主権国家の正統性

国家を構成する目的は国民の幸福である。国民の幸福のためには、人権保障が必要である。国家は人権を保障して人間の幸福を尊重するからこそ、善なる存在なのである。

また、主権の承認には特権を伴う。かかる主権を承認された国家が享受する特権の最大のものは、国民の名において国内法を制定し国際的な条約・協定等を締結するとともに、国民の自力救済を一般的に禁止して法を執行するという、当該国における秩序形成維持の権能を当該政府が独占することの国際的承認を要求できる特権である。これを「国際秩序特権（international order privilege）」と呼ぶ。

国家の対外的主権が含意する政府の特権で、世界正義の問題に関わりをもつものとしては、「国際資源特権（international resource privilege）」および「国際借款特権（international borrowing privilege）」と呼ばれるものも重要である。

国際資源特権は、国民の共有資産である領土領海の資源を当該国政府が諸外国の政府・企業に貸与または売却し、その対価を受益する権能であり、国際借款特権は、政府が国民の名において外国政府・国際金融資本等から借款をし、返済義務は現世代・将来世代の国民に負わせることができる権能である。これらの特権行使によって得た利益により政府は軍事力・警察力を含め自己の支配力を維持増強することができる。

（『世界正義論』井上達夫著、筑摩書房刊 153～154頁）

国際秩序特権や、そこから派生する国際資源特権・国際借款特権は、それを付与される政府にとってはきわめて大きな権力資源であり、それがなければできない様々なことを政府が国民の名において、国民に対して、国民の負担においてなすことを可能にする（『世界正義論』154頁）。

このような大きな力を政府に与える主権の承認は極めて慎重に行わなければならない。単に国土を支配しているという事実だけでは不十分である。人権を保障する国家でなければならない。従って、国家を善なる存在とさせる人権保障を行わない国家に対して、国際社会と国際法はその正統性を承認すべきではきない。

表現の自由・集会結社の自由・参政権などのいわゆる「市民的政治的人権」は、政府が国民の「公共のもの（res publica）」たる国家を私物化せず、国家の主権をその存在理由たる国民の人権保障のために行使しているか否かを国民がチェックするための人権であるがゆえに、最低限にして最優先の正統性承認条件をなす。

（『世界正義論』158頁）

ロールズは、リベラルな立憲民主主義の立場から、権威主義的支配体制の下、人権が制約されている「節度ある階層社会」を批判することが、その人民を侮蔑して自尊の基盤を否認し、武力介入を含む圧力によってリベラルな人権観念を押し付ける文化帝国主義に導き、これが非リベラルな社会の反発を引き起こして世界秩序を不安定化させると考えるから、節度ある階層社会の正統性を認めざるを得なかったという（『世界正義論』147頁）。

このような必要が国際社会に存在することを認める。しかし、やはり、このような必要性を加味しても、国際社会が善と正義に基づくべきであるからには、人権保障を行わない国家に対して、国際社会と国際法はその正統性を承認すべきではないと考える。

その代わりに、国内の大問題を解決するために、国家が一時的に独裁体制を取ることを認める。そのような一時的な独裁体制だけ、国際社会と国際法はその正統性を承認すべきである。その独裁体制は、独裁者が国民の人権を一部制限して国家の革新を行い、時代の大問題を解決する。国民は反革新活動を除き人権を保障され、その上、法定手続が維持されなければならないものとするので、国民の通常の生活に支障が生ずることはない。この程度の人権の制限で済ませることができるのは、独裁政権が国民の支持を得ている場合である。逆に言えば、国民の支持を得ている独裁政権だけ、その国家革新の必要性がある時に、国際社会と国際法はその正統性を一時的に承認することになる。

◆世界経済の正義

地球上の貧困国家に絶対的貧困が存在する。その絶対的貧困の悲惨さを思っても、すべてを投げ出す責任が個人には無いことは既に述べた。では、富裕諸国は何もしないでよいのか。

平等の正義が相互依存性に基礎を持つことは既に述べた。国際社会においても、グローバル化の現在、主権国家間で相互依存が進んでいる。資源、商品、資本、情報、人等はめまぐるしく国際間を移動している。世界経済においても、平等の要請が働くものと考える。しかし、主権国家による支援も個人と同様、自己の余裕の範囲内で為されるべきものと考える。自国民の幸福を犠牲にしてまで、他国民の幸福を図る義務は無いと言える。各主権国家を構成した目的は自国民の幸福にあるからである。自己の余裕の範囲内で貧困国家を支援すれば足りる。ところが、この余裕が有っても、貧困国への支援が十分に為されない現実が有る。

毎年一八〇〇万人の貧困死の犠牲者、貧困死予備軍ともいうべき極貧線以下の一〇億近い人々や赤貧線以下の約二五億の人々、彼らの悲惨な現状を、根治療法が成功するまでは放置せよと主張することは、シニカルである以上に、無責任である。

（『世界正義論』253頁）

この現実に対して、強制的に徴収された世界税によって救済を図るべきだという論がある。

ヒレル・シュタイナー（Hillel Steiner 1942 - カナダの政治哲学者）は、各国の自然資源保有に課税する国際資源保有税による再分配構想を提示する。世界に地下資源が偏在することにより、いわば、領土内に地下資源が存在するか否かの運により、その国の富裕度が大きな影響を受けるので、その国の領土内に存在する地下資源、石油、金銀銅、ダイヤモンド等の埋蔵資源の使用量に応じて一定税率の世界税を課税することは正当なことだろう。資源はたまたまその上に居住する住民の専有するはずのものではなく、地球人類のものであり人類全体に役立たせねばならないという考えの普及が望ましい時代が来ている。

個人・法人の所得・収益に課税するトム・キャンベル（Tom Campbell 1938 - 2019 スコットランドの哲学者）の「世界人道税（Global Humanitarian Levy）の構想。これは、個人・法人の五万米ドル以上の年間所得・収益と五〇万米ドル以上の資産にそれぞれ二パーセント課税し、各国政府が徴収して国際機関が世界貧民救済財源に充当するというものである。

一九九五年、国連開発計画（ＵＮＤＰ）は世界社会開発サミットの開催にあわせて、グローバル社会保障制度の創設と、その財源としての世界所得税を提案した。具体的には、一人あたり国民総生産が一万ドル以上の国で〇・一％の世界所得税を課し、見込まれる年間二百億ドルの税収を一人あたり国民総生産が二千ドル以下の国に対して分配するというものだった。低所得諸国と一概に言っても、人間開発指数（ＨＤＩ）や国民総生産における軍事費の割合にばらつきがあるため、それに応じて分配金を加減することも考慮に入れられていた。

もっと実践的性格の強い構想も提示されている。代表的なのはトービン税である。これは、元来、短期の投機的な国際通貨取引を抑制する目的で経済学者ジェームズ・トービン（James Tobin 1918 - 2002）によって提唱されたものだ。

ところで、私は、二〇〇二年四月一四日、日曜日、午後九時からのＮＨＫスペシャル「変革の世紀一、国家を変える市民パワー」を見た。国際政治に影響力を及ぼそうとするＮＧＯについて語られていた。ＮＧＯの主張である投機の規制と発展途上国の貧困の追放に全面的に賛成である。市場を自由な投機の場とすることは、市民の必要を満たすものであるべき市場をカジノとすることに他ならないと考えているからである。そして為替取引における投機を抑制するトービン税にも全面的に賛成である。

トービン税は国境間の通貨取引に対するセールス・タックスのことである。〇・一パーセントという少ない率の税でも、頻繁に売り買いを繰り返す投機筋には負担となる。そして、それによって得た税額を貧困の追放に使用することができる。ただし、実施するには資本の逃避を防ぐために多国間の協力が必要となる。

そして、トービン税が市民団体等によって途上国支援目的に転用する形で再提案され、それを進化発展させた「通貨取引開発税（Currency Transaction Development Levy）」の構想もある。

さらに、「炭素税（The Carbon Tax）」、「航空券税（Air Ticket Tax）」、「電子メール税（Email Tax）」、「国際武器取引税（Tax on International Arms Trade）」、「航空燃料税（Aviationl Fuel Tax）」など、通貨取引と同様に規模が巨大で有害な影響もありうる取引や人間活動に課税する種々の具体的提案がなされている。

提案されている世界税構想はすべて、このような世界政府を前提せず、諸国家間の協定によって実現しうるものであり、しかも、すべての国家の参加は必ずしも必要とせず、炭素税のように諸国家の「有志連合」によって実行開始することも可能である。

（『世界正義論』256頁）

「有志連合」によって実行開始可能でも、世界税は、既に世界政府と世界議会を通じて実現すべき段階にきていると考える。

米・英・仏・中・露という「Ｐ５」の拒否権は第二次世界大戦の戦勝国支配体制の残滓で、本来国連の精神に反する。これは国連の国際的正統性の傷をなすものであるが、これを国連憲章の改正によって廃止することも困難である。憲章改正は国連総会構成国三分の二の多数決で採択できるが、発効するには、国連加盟国三分の二の批准が必要であり、しかもその中にはすべての常任理事国が含まれていなければならないからである［国際連合憲章第一〇八条］。

（『世界正義論』309頁）

安保理改革は困難である。また、世界議会の議決を経た世界税法に基づいて、世界政府が主権国家や多国籍企業に課税して徴収する体制が最も効率的であるとともに、「世界政府を前提せず、諸国家間の協定によって実現しうる」と言っても、現在に至るまで世界税を実現できておらず、最早、世界貧困問題を早急に解決すべき時期に来ていると言える。そのためには、世界政府と世界議会が必要となる。

◆戦争の正義

戦争は悪である。人を殺し、財産を破壊する等、他者の幸福を踏みにじることにより、遂行されるからである。正義の中核となる概念は、「善に比例して利益を与え、悪に比例して不利益を与えること」であった。戦争が正義に適う場合があるとしたら、「悪に比例して不利益を与える場合」、すなわち他国の悪に対して戦争行為で対抗する場合が考えられよう。

戦争と正義に関しては、戦争を差別化するか否か、戦争を手段化するか否かにより、次の四つの立場が生じる。

積極的正戦論　戦争を差別化　戦争を手段化

かかる諸理論は正当な戦争原因を不正なものから区別するが、正当な戦争原因を、侵略に対する防衛というような受動的なものに限定せず、邪悪な体制（とそれらがみなすもの）を除去し、正しき体制（とそれらがみなすもの）によって置き換えることをも、「邪悪な体制」をもつ国家に対する侵攻の十分な正当化根拠として承認する。換言すれば、積極的正戦論は、世界の道徳的改善手段として戦争を正当化し、「攻撃的な戦争への正義／権利（aggressive jus ad bellum）」を提唱するものである。（『世界正義論』281頁）

国連安保理が機能せず、大国が自国の正義を掲げた戦争を正戦として遂行する現在、積極的正戦論をとることはできない。

無差別戦争観　戦争を無差別化　戦争を非手段化

この立場は、戦争原因の正・不正は問わないにしても、戦争遂行方法の正・不正は識別し、戦争遂行方法を公正化する jus in bello の諸原則、すなわち、非戦闘員への無差別攻撃の禁止、中立の第三国への攻撃の禁止、捕虜の虐待・殺戮の禁止等の制約は受容する。戦争はいわば、国家間の紛争を、紛争当事国の主張のいずれが正しいかを問うことなく、固有の作法をもつ一種の「決闘」によって解決させるゲームのごときものとみなされている
（『世界正義論』283頁）

戦争をゲームのように戦うことは、戦争の惨禍に鑑みて、否定されるべきである。無差別戦争観も採ることはできない。

絶対平和主義　戦争を無差別化　戦争を非手段化

絶対平和主義が正戦の観念を全否定するのは正義理念自体を否定するからではなく、むしろ逆に、すべての戦争を、その目的に拘わらず、不正であるとして断罪するからである。
（『世界正義論』285頁）

悪に対して非暴力で立ち向かう絶対平和主義を普通の国が取ることはできない。

「殺されても殺すことなく闘う」ことを要請するこの立場は、「道徳的英雄（a moral hero）」あるいは「道徳的聖人（a moral saint）」の倫理であって、英雄でも聖人でもない「並の人間（ordinary people）」が担える倫理ではない。
（『世界正義論』295頁）

これは「並の人間」には背負いきれない過大な道徳的負荷である。

消極的正戦論　戦争を差別化　戦争を非手段化

最後の象限には、正戦と不正な戦争を差別化すると同時に戦争の手段化を抑制する立場が属する。これは消極的正戦論と呼ぶべき立場である。それは、正当な戦争原因を侵略に対する自衛に限定し、国益追求の手段としての戦争を承認する無差別戦争観を斥ける一方、「邪悪な体制」を除去するという目的を掲げた戦争を肯認する積極的正戦論も斥ける。さらに、戦争への正義／権利（jus ad bellum）を攻撃的に解釈する積極的正戦論が、戦争における正義（jus in bello）を尊重する自制も欠くのに対し、消極的正戦論は、正当な戦争原因を自衛に限定するその謙抑性ゆえに、戦争遂行方法を限定するjus in belloをも尊重する。

（『世界正義論』286頁）

自衛の場合のみ、戦争という手段を発動し、戦争という手段の行使に当たっては国際法の遵守を求めるこの立場が基本的に妥当である。しかし、世界政府と世界議会の樹立が求められる現在、例外的に積極的正戦論が成り立つ場合があると考える。それは世界政府と世界議会を樹立するための正戦だ。もちろん、話し合いで済めば何よりだが、私は、この書籍の提案する哲学・思想に同意する国々が連合して、世界政府と世界議会の樹立に反対し妨害する国々を屈服させて、世界政府と世界議会を樹立し世界恒久平和を実現するために戦う世界統合戦争の可能性を提起する。

★第4章　世界連邦による覇権の共同管理

世界政府と世界議会を樹立する世界連邦の構想を明らかにする。

◆第1節　冷戦終了後の状況

共産主義は、もはや時代における最先端の人類の良心を代表する理論としての魅力を喪失した。このことが思想的背景となった。それが支配者にも反省を促した。社会主義諸国の経済的困難により人民に生じた不満が動機となった。その不満が過去におけるスターリズムの圧制の記憶と現在における基本的人権を抑圧した体制に対する蜂起となった。これらを通じて東側ブロックは崩壊への道を歩んだ。一九九一年にはソビエト連邦が消滅した。

これは、国際関係に重大な影響を及ぼした。過去の国際関係がイデオロギー対立に基づく二極対立に収斂していたのに、その一方が脆くも崩れ去ってしまったからである。しかし、軍事大国としてのロシアは残っているし、一方の崩壊は直ちに国際社会の平和と統合を意味してはいない。新たな問題状況が浮かび上がってきた。

東西2ブロックを代理する局地戦争は終焉した。しかし、そのあとにはイデオロギー対立が覆い隠していた民族対立が、芽をふいた。旧ユーゴや旧ソ連など旧東側に目立つが、他の地域でも起きている。宗教対立も目立つ。

また、第三世界によく見られた国家開発のためのプロレタリアート独裁の後に必ずしも民主主義が根付くとは限らない。東欧の一部のように民主主義の経験があり、それが上から押さえ付けられていたような場所とは違う。発展途上国に自然発生的に民主主義が生まれるので関与は不要だと考えることは、それまでのよりどころであった共産主義に基づく価値観が崩壊した人間に対して不親切である。民主化のための国際社会による教化、援助が不可欠である。

さらには米とソ連の対立の消滅と核軍縮により核の恐怖は薄らいだ。核武装した東西二ブロックが対峙することで、相互の軍事力行使を押さえ付けていた核抑止は、一方が消滅したことで、その有効性を失った。対立するまとまった一方の攻撃に対して反応する核が、その対立が失われたことで、方向を失っている。核の行使を主として抑止するのは、現在では恐怖ではなく道義である。しかし、東西対立の消滅は軍事的野心が発生することを防止するものではなく、核抑止に新たな役割を与える余地もある。

冷戦後の軍事的野心の好例が一九九〇年のフセインによるクウェート侵略だった。この場合、もし、国境線が侵害されれば核を行使するとアメリカが宣言していたとしたら、核抑止は有効であったろうか。そうとは考えられない。東西対立の核の恐怖はイデオロギーに基づく譲歩の余地の無いものとしての相互の存在主張であり、生き残りを賭けたものであった。核を中心とする軍事力の行使を相互の生存の否定として、それを予防していたために有効であった。それに反し、東西対立終了後のクウェート侵略のような場合には、核保有国の生存は何等脅かされておらず、妥協や交渉の余地のあるものだけに従来の核抑止には適さない。このような場合に核抑止に新たな役割を与えるためには、国境線が不可侵の絶対のものとして国際的に承認されており、国際社会から公的に認められた超国家的権威が核使用を裏付けることが必要である。そして、核の問題は東西対立の恐怖から、核軍縮や旧ソ連等に見られる核兵器管理の問題、北朝鮮などへの核拡散の問題へ重点が移った。

このような状況下に起こった一九九一年の湾岸戦争において、フセインに対してアメリカは多国籍軍という手段をとった。国連の支持を得た上で、アメリカが自ら警察官の役割を買って出たものであった。新デロス同盟と言う者もいた。しかし、一国が国連の指揮下にもないのに、全面的に警察官として正義をふりかざすのは問題が多い。古代ギリシアのデロス同盟を考えてみよう。デロス同盟はアテネが加盟国から徴収した金で海軍を保持し、その金庫を意のままにしていた。ただ金だけをしぼりとられ発言権の無い加盟国の不満は大きく、アテネの覇権は遠からず失われた。日本人として感じたことだが、アメリカの一方的正義の言うままに金を拠出せねばならないことに抵抗を感じた。地域紛争に有効に対処できる国連軍という公的組織が望ましい。

湾岸戦争後、国連を強化する方向で平和執行部隊が試みられたが、ソマリアでもボスニアでも失敗に終った。この種の作戦が成功するためには、圧倒的な実力と権威、機動性が必要とされる。現在の国連では権威が不十分だし、実態はアメリカ軍だという事実があり、世界平和と国連のために命を賭けるという意志が希薄でもあった。東西対立という枠組を失った世界情勢は流動化したが、アメリカはフセインの野望をくじき、世界秩序を保つことに成功していた。しかし、それは一応のものであり、世界秩序の枠組みが制度化され確立されなければ、地球は弱肉強食の世界へ逆戻りする恐れがある。

二〇〇一年九月一一日、アメリカに同時多発テロ攻撃が行われた。これに対して、アメリカは対テロの戦争を唱え、アフガニスタンとイラクで戦った。イラクでの戦争は国連のお墨付き無しに実行され、戦争時よりも戦争後の死者の方が多いという事態に立ち至った。

その後、アメリカの力は退潮し、中国が台頭すると共に、ロシアが帝国の復活を試みている。ウクライナとパレスティナで戦火は止まない。私は戦争が止まない状況を終わりにしたい。代わりに、多種多様な民族文化が燦爛と咲き乱れる美樹の世界、世界連邦の君臨する世界を築きたい。自国の価値観を実力の裏付けにより押しつけ、各民族の独自性発揮を妨げる超大国の世界支配よりも、美樹を育てる世界連邦の方が比較にならないほど望ましい。歴史上、超大国の覇権交代が続けば、超大国に反発する民族の興亡と超大国没落後の民族の興亡が果てしなく続いて世界は混乱するだろう。そして、国家を絶対視する状況の下では、国益のために簡単に人権が犠牲にされ、国益のための紛争や戦争が激しく続く。この国家の絶対視を克服するにも世界連邦の建設が一番だ。世界連邦の存在により、現在ある国家の絶対視が廃棄されるとともに、各民族が持つべき国家の絶対視の廃棄が受け入れやすくなるからだ。権威なき超大国と実力なき国連がある場合、私は躊躇いなく、超大国に権威を与えるのではなく、国連に実力を与えると共に権威を確立する道を選ぶ。

私は国連を強大な権威と実力を有する世界連邦へ生まれ変わらせることを提案する。

◆第2節　世界統治構造

グローバル化が進んだ現在は、世界貧困問題や環境問題等を解決するために、超国家的に権力を集中して解決すべき段階に来ている。超国家的権力集中には、世界政府の樹立を求める強いヴァージョンと、いくつかの地域的な超国家的統合体に諸国家を吸収させる「多極的地域主義」という弱いヴァージョンがある。

私は第3節以下で世界政府を樹立することになる世界連邦の具体的姿を提案している。この世界連邦は、世界政府の樹立を求める強いヴァージョンに、多極的地域主義の要素をミックスしたものになっている。

超国家的権力集中には疑問点が提示されている。

しかし、世界政府が専制化した場合、個人にとって避難場所はない。個人にとって自己の自由を守る抵抗の最後の手段としての離脱は、世界政府に対しては、まさにそれが諸国家から主権という保護膜機能を剥奪して世界全体を支配する政府であるという仮定そのものにより（ex hypothesi）、不可能である。

（『世界正義論』352頁）

私の構想の場合、世界政府は世界連邦政府であって、世界の人民を直接支配するものではなく、世界の人民を直接統治するのは、世界連邦と地域共同体により主権を制限された主権国家であるので、他の主権国家や他の地域共同体に避難することが可能である。

世界政府が、政治体の民主的統制可能性はその規模に反比例するという法則の極限的例証になるのは必至だろう。

（『世界正義論』354頁）

私の構想においては、世界政府は制度的に民主的であることが保障されている。民主的な主権国家が構成する下院の多数決により、世界政府の首相が選ばれる民主的体制をとるからである。

連邦政府における代表権能の分配において、一国一票とか一国一議席というような平等代表制が採択されると考えることは不可能である。例えば、人口一三億の中国が、人口二八万のアイスランドと同じ一票、同じ一議席にどうして満足できようか。

（『世界正義論』356頁）

下院においては、どんな小国も最低限一票を持ち、余った議席を人口と経済規模・財政貢献に比例する形で配分する形をとるので、中国やアメリカの同意も得られるだろう。どんな小国も最低限の一票を持つので、小国でも多数結集すれば、連邦議会下院内で大きな力を持つことが出来る。

多極的地域主義にも疑問が持たれている。多極的地域主義は次のようなものと考えられている。

世界が複数の広域圏に分割され、それぞれが地域的に統合された超国家的政治体によって、かつて国家がその領域を主権的に管轄したように、国家主権を拡大した広域的主権をもって統治され、複数のこのような地域的な超国家的政治体の間で権力の世界的な抑制と均衡が図られる。各地域内の国家は主権放棄して、当該地域の超国家的政治体に吸収統合される。

（『世界正義論』359頁）

多極的地域主義の問題は民主主義が形骸化することである。

加盟国市民が、国内的管轄からＥＵの管轄に移された問題につき、ＥＵの政策形成過程に影響力を行使するためには、これらの問題が国内的管轄下に置かれていたときに彼らが必要としたよりもはるかに大きな政治的資源を必要とするという事態は何ら変わらない。

（『世界正義論』361頁）

私の世界連邦構想では、世界連邦を構成する地域共同体は、大国を中心として、寛かにまとまり、構成諸国の主権が奪われてしまうわけではないので、各国の人民は各主権国家を通じて、自己主張することが可能となる。

主権国家システムは、一方で、様々な諸国の人民の政治的自律を侵食する覇権的支配を抑制するために、他方で、中間的社会権力による抑圧から諸個人の人権を実効的に保護するために必要であることを見た。

（『世界正義論』375頁）

世界連邦制度は、民主的地域共同体が相互抑制することにより、全地球的覇権的支配を防止する。また、制限されているとは言え、主権を保障された各国が中間的社会権力による抑圧から諸個人の人権を実効的に保護する。

覇権なき世界政府は実現不可能とする議論もある。

もちろん、世界政府に現存諸国が加入する前に、それらの間の巨大な政治経済的資源格差が、ラディカルな平等主義的再分配によって是正されたとすれば、世界政府における覇権的・階層的支配の拡大再生産の問題は解消されるだろう。しかし、言うまでもなく、強大国家が、世界政府加入条件としてのそのようなラディカルな再分配措置に同意するはずがない。強大国にそのような再分配措置を押し付けるためには、それらの抵抗を排して貫徹されうる世界的な集合的決定システムと執行システムが必要である。これは、覇権なき世界政府を樹立するためには、覇権なき世界政府が予め存在していなければならないことを意味する。覇権なき世界政府を樹立するために必要な覇権なき世界政府を樹立するには、さらにまた覇権なき世界政府が予め存在している必要がある。覇権なき世界政府の理想を実現する企ては、結局、無限背進（the infinite regress）に陥る。すなわち、不可能である。

（『世界正義論』358頁）

私の覇権無き世界政府の具体的構想は、世界連邦が覇権を共同管理するものだ。その覇権無き世界政府の具体的構想は大国が受け容れやすいものとなっている。そして、覇権なき世界政府を樹立するために話し合いを前提とするが、必要とあらば、世界を統合して世界恒久平和を実現するための正戦を認めることは前述した。無限背進には陥らない。

◆第３節　人類共通の問題

民族・宗教紛争以外の世界連邦が対処すべき問題について考えてみる。冷戦中の核による恐怖が薄らいだ後では、核以外の全世界的な人類共通の問題を解決する必要性が浮かび上がっている。

まず、その問題とは地球という惑星の中で、各地の生態系が相互に影響し結び付いているが故に真に全世界的問題と言える環境問題があげられる。人類の人口が増加し、工業化が益々進んで環境破壊を止められなくなる前に、国益と産業の論理を第一に考えることを反省しなければならない。掛け替えのない地球を守る必要がある。地球が健康であり、その恵みを受けて人間が幸せに暮せなければ、平和は意味を持たない。特に、地球温暖化の問題は深刻であり、全世界的対策が要請される。

次に、第三世界の貧困の問題があげられる。経済問題が厳しいので、政治的対立が加速され、第三世界に政情不安定や民族対立が生じる。北の諸国は、工業国としての力によって第三世界から収奪してはならない。真に協力的な経済関係を樹立する必要がある。また、第三世界で飢餓のため人々が死んでいるのに飽食する人間は、心の平和を得られない。

さらに、人口爆発や資源の枯渇、将来の文明の行きづまりを考えるとき、宇宙開発も全人類的課題であろう。英知を結集し有限な資金や資源を無駄なく活用して宇宙進出に成功するために、全世界が共に働いて宇宙開発にあたる必要がある。

東西対立の終了は、以上の問題を全世界が協力して取り組み、真に平和な世界を建設するチャンスを与えた。イデオロギー対立が止揚されている今は、真に解決困難な主張の対立はあまり見られない。諸問題をイデオロギーの色眼鏡で見ることがなく、対話と協調による解決が可能である。安定を求めている諸国民が経済的発展の条件である平和を保障してくれる体制を待ち望んでいる。しかし、諸問題は解決されず、再び、戦争の時代となっている。

確かに、歴史は繰り返すような観を呈することがある。しかし、同じに繰り返したように見える状況も、その間の歴史が作り出した環境が違っている以上、まったく同じではありえないし、歴史的意味が異なってくる。そして、人間は過去の教訓を生かし過ちを防止する制度を固定して、歴史の繰り返しを防ぐことが可能である。人間は反省を行った上で制度化された教育を通じて教訓を後世に伝えることが可能である。加えて、人類の諸力が強大になっている今は、より良い制度を生み出し維持することが可能と考えられる。さらに、地球温暖化の危機という人類前史の終末が迫っている。

◆第4節　平和と制度

ここで世界連邦という恒久的平和をもたらす制度構想を案出する前提として、目指す「平和」という状態を考えてみることにする。平和な状態とは紛争が制度により解決されている状態だと考える。紛争の無い状態を典型的な平和とは考えない。人間が様々な価値観を持ち、有限の資源を求めて相互に競争せざるをえない以上、紛争の生じないことは考えられない。紛争の無い絶対的平和を想定することは、現実的と考えられないからである。

そして、紛争が場当たり的にも解決されれば平和かといえば、そうではない。幸いにもその場は解決されたとしても、制裁の威圧により次の大きな紛争が生じることを抑えるものではない。また、問題の原因を除去しえないと考えられるからである。そのとき限りの解決を指して一般的に平和な状態とすることはできない。固定された制度が安定的恒常的に紛争を解決していてこそ平和であると言える。そして、平和のために紛争を解決する制度は、共通の価値観や原理に基づき紛争当事者が公正なものと支持し、その制度による解決を公正なものとして遵守することが望ましい。また、制度による解決に従わないときに制裁を課すことにより、制度による解決に権威を付与することが効果的であり望ましい。

現在求められている制度は、状況の流動化を全世界的に防止し安定した秩序と平和をもたらし、人類共通の問題に対処可能にするものである。すなわち地球上の諸国民を普遍的原理に基づいて統合する制度が必要であろう。地球は二百近い国家に分裂し、民族の独立の要求はきわめて強い。独立した国家のエゴイズムを抑えられなければ、歴史は果てしない混乱に突入する恐れもある。国家のエゴイズムを抑える統合の原理が必要なのである。EUに見られるような地域的統合の動きは見られる。今、最も求められているものは地域的統合の上に立って、全地球的統合を行う原理である。

超大国の帝国支配の他に、地域共同体が世界に分立して勢力均衡に基づく利害調整が行われることが望ましいという立場がある。基本的に言って、正しいと考える。しかし、ここで、一九世紀の勢力均衡が第一次世界大戦の破局を迎え、その反省に立って国際連盟が設立されたが、それも無力だったので第二次世界大戦が勃発し、戦後、国際連盟を強化した国際連合を設立した歴史を考える必要がある。これは裸の勢力均衡ではうまく行かず、国際平和のための強力な国際機関が調整機関として望まれることを意味する。したがって、歴史的に見ても、地球規模で地域共同体が分立する状況にあって、裸の勢力均衡に頼ることは適当でないので、権威と権力を持った強力な世界政府がバランサーとして望ましいと言える。

このバランサーとしては、現在の国際連合では不十分である。地球統合の目的を達成し、東西対立を真に止揚するためには、国際連合に真の世界政府としての権力という魂を入れることが望まれる。世界政府という制度と権威・権力により問題を解決するのである。各地域共同体は集まって盟約を結ぶことが望まれる。その際に各国は主権を一部譲渡し、連邦憲章を作成して、世界連邦を成立させることが望まれる。

成立した世界政府は、環境問題、貧困問題、宇宙開発等に対して全地球的に統一した政策を推し進める。環境問題に対して世界政府は、自国の産業を優先する国家に見られない態度をとり、全世界的見地に立って生態系にとり死活的な問題を優先するだろう。そして、環境問題解決の見地からする産業規制を推進し、調和の取れた地球環境が実現するであろう。世界政府は世界税を徴収して絶対的貧困の撲滅に当たるだろう。世界政府による一元的宇宙開発の利益は全人類に還元されるだろう。また、南の開発の遅れに対しては自国の経済的利益を追求する紐付き援助のようなものではなく、国の利害にとらわれない真に人道的援助が必要である。そのようなものとして世界政府が行う人種、民族、国家にとらわれない国際援助こそ望ましい。

歴史上、人類に対する重大な犯罪が、主権国家の名の下に行われてきた。主権の絶対性を相対化する世界連邦を構想することは、人類の幸福にとり必要なことなのである。平和を語ることが制度を考えることになる以上、諸問題解決に有効な世界連邦という理想の制度を語りその理想で人々を魅了し、その理想の方向に人を進ませることも、平和論であると考える。

◆第５節　世界政府の原理

世界連邦という制度を支え、連邦憲章で謳うべき価値観は何に基づくのがよいであろうか。国民としての人間を保護するのではなく、人類の一員としての人間を保護するものである以上、国家にとらわれない人類共通の価値観に基づくことが望ましい。そのようなものとして、多元的民主主義と、人格的生存に不可欠な基本的人権尊重主義が考えられる。

多元的民主主義では、統治の権力の根拠が人間に存在し、その権力を党派的に競争する人間が人間の幸福のために保持するものである。多数の人間に根拠を持たない少数の決定を一元的に押しつける圧制や人道主義に根拠を置かない多数の圧制に対するもので、人類に普遍的に承認される政治原理と言えるであろう。

そして、基本的人権尊重主義は、人間の幸福が個人として尊重されることに基礎を置いていることから導くことができる。その中でも、人格的生存に不可欠なものに限定したのは、倫理道徳から見て他者の幸福も尊重しなければならない以上、全体との調和を考える必要があり、財産権等を絶対的に全世界的に保障することは不適切だからである。したがって、共産主義が敗北したとはいえ、資本主義的自由主義をその内容とし原理的に貫徹しようとすることには反対する。ここで人間の幸福を持ち出すのは、人間の幸福が、人間という種の生存に関する精神の問題に優位を認める以外は、政治の最上の目的だからである。したがって、自由市場経済を絶対的価値とは認めない。自由市場が万能でないことは明らかであるし、経済的平等の問題も重要だからである。

さらに、平和主義の精神があげられる。暴力による問題の解決は出来る限り避けることが望ましい。このような価値観が支えるとき、諸国民が公正なものと支持し、世界政府は有効に機能すると考える。

では、望ましい世界政府は具体的にはどのような形をとればよいであろうか。多元的民主主義が構成原理である以上、現在の主権国家のような一元的支配を世界に及ぼすものであってはならない。なぜなら、一元的支配をするには世界は広過ぎるし、多元的で多様過ぎる。そして、多元的で多様であってこそ、地球に活力が生まれる。共通の承認される価値観に基づいて、適切な限度で全世界的に統合することが望ましいからである。地球上の各民族の生存と文化を保護するためにはどうしたらよいか。地球全体の利益という名目の下、一元的支配が一部の利益を全世界的に優先させることがあってはならない。それに、一元的支配は人類の力の源である多元的世界の豊かさを失わせる。多元性が豊かさと力の源であるという考え方はアメリカの「人種の坩堝」という考えにもある。そしてアメリカにおいて多元性を統合するのが資本主義的自由主義の原理だが、全世界を統合するにはふさわしくない。

世界政府は、多元的民主主義、基本的人権尊重主義、平和主義の価値観の上に立ち、人道主義に反しない限り、各国・各民族の宗教・文化に干渉することができないとすべきである。宗教・文化に影響を及ぼすには、同じ宗教・文化の力でなければならない。そうすることで、各国・各民族は世界連邦に参加しやすくもなる。

そして、分立する各構成単位が相互に牽制しあって一部の独走を防ぐために、世界政府は連邦政府の形をとらねばならない。人類共通の価値に基づく世界連邦体制が望まれる。

◆第６節　世界政府の対処する紛争

さらにこの世界連邦は、地球上で生じる紛争に有効に対処し、平和をもたらしうるものでなくてはならない。国際間で紛争の生じる原因としては、次のようなものが考えられる。

まず、国際紛争の基層を形成するものとして、経済的紛争、文化的紛争があげられる。経済的に自分の要求を満たすことは人間の生存の基本的条件であるから、経済的に他国の圧迫を受け生存が脅かされるときは、国家間に紛争が生じることは避けられない。金がものを言う世界において経済は死活的である。また、各民族は自分たちの文化に誇りを持つのが常態であるから、自民族の文化が侮辱を受けていると感じたり、他民族の文化が自分たちの文化を破壊していると感じたりするときに紛争は避けられないであろう。

そして、民族が自己の生存と文化を守るために圧迫する国家からの独立を求めても、自国の領土の保存という国家の本性、エゴに基づき、国家はなかなか自己の領域内の民族が独立することを認めない。そこに他の国家が介入して国際紛争になることがある。加えて自己の領土を保全するため国境紛争が生じる。これには、中国とインド、日本とロシア等の他国の存在を前提としたものから、パレスチナ問題のように国家の存在そのものを問題とするものまである。

このような紛争の中でも、世界大戦をもたらし、一番激烈になりやすく、その被害も大きくなりがちなのが、大国間の覇権争いという大国の興亡である。大国は自分の文化の優秀性を信じ、大国としての誇りを全うするために、そして、自国の経済的繁栄や領土の拡張、生存圏の確保等を求めて他の大国と競争し、ときには戦争に突入した。また、ときには、自国の覇権を全うするために意に従わない小国を武力で屈服させようとし、その小国を援助する他の大国と衝突することもあった。

この大国間の覇権争いが、東西対立の枠組を失って分極化、流動化している状況において、破局を迎えることを防止・封印することが、新国際秩序の第一の責務だと考える。大国間の覇権争いは現在小康状態にある。しかし、環境問題、人口問題、資源問題等が深刻化し、競争が激化し、民族問題、大国間の覇権争いが、重大局面を迎えることは十分考えられる。その防止のために地球上に地域共同体が分立する状況を作り、地域共同体が覇権を共同管理する制度を世界政府に設ければよいと考える。具体的には、国連の安全保障理事会を全地域共同体をメンバーとし世界連邦の多数決の適用を受ける大上院に改組する。各地域共同体はＥＵをモデルとする。しかし、その名称が如何なるものであっても、連邦でも、帝国でも、合衆国でも構わない。各地域共同体は、地理・歴史・

文化・宗教・民族などを考慮して、大国を中心にして各国が契約して形成し、全地球を覆うものとする。

◆第7節　地域共同体による覇権の共同管理

国連の安全保障理事会は、常任理事国の拒否権に、その機能を停止しがちである。そして、東西対立という各国の妥協と討論の機会を奪う状況が無くなったことで、妥協と討論を前提とする多数決を可能とする状況が生まれたが、現在、ロシアの戦争、中国の台頭、パレスティナ問題等のために、安全保障理事会は無力さを露呈している。そこで、地球上の各地域を代表する地域共同体を全て安全保障理事会を改組した大上院のメンバーとすることにより権威を高め、メンバー外の大きな反対勢力をなくし、討論の機会を与えたことで批判勢力を取り込むのである。

この大上院には世界連邦の外交、軍事、宇宙開発の最高の権限を与える。また、大上院は、実りある討論が行われるために単なる地域共同体の出先機関とならないように工夫された構成をとることが望ましい。さらに、地域共同体を代表して大上院に参加する人員の選び方については地域共同体の管轄する地域内の国々の意思も、ある程度直接に反映するような制度が各地域共同体内において実施されることが望ましい。また、この大上院には世界政府も議席を保持することが執行府との連係の観点から望ましい。

これに対し、軍事、外交のような権限も、民主主義の立場から、すべての国家を網羅した下院に与えられた方がよいとの考えもあるかもしれない。しかし、このような分野は性質上、迅速な決断と強固な合理性が望まれ、事実上、世界を動かしているのが各地域大国である以上、各地域共同体に与えることが必要な権限である。

この各地域共同体の中心となる大国は、その管轄地域内で警察官としての役割を果たすことになる。これで、その地域で警察官が誰であるかが公式に明らかになり、紛争の権威的解決が可能となる。各地域内で他の地域の影響力を制度的に排除し、各地域共同体間の争いが持ち込まれずに、地域紛争の迅速で効果的な解決が可能となる。

これに対し、世界連邦軍にすべてを委ねることは、連邦体制である以上、現実的ではないし望ましくもない。また、超大国が全世界の警察官となるというのも望ましくない。他の地域共同体の誇りを奪うし、正義の名に隠して超大国の国益を最優先する恐れがあるし、超大国の意志の世界への押し付けは反感を買うであろう。それで、その地域のことをよく知り責任を果たせる各地域共同体の大国に一次的に警察官の役割を与えるのである。

そして、各地域共同体は、管轄地域内を一体として、新経済システムを導入しなければならないものとする。すなわち、各地域内のＧＤＰを合計して価値資本の総額をはじき出す。その価値資本の総額を各地域内の全人口数で割る。その人口一人あたりの金額を、新経済システムを通じて、各地域内の住民に平等に与えなければならないものとする。これにより、各地域内の福祉が一体として向上する。

各地域共同体が管轄地域外へ援助することは、その地域担当の地域共同体の承認がない限り、禁止する。ただし、世界政府に納められた税を使って世界政府は自由に援助できることとする。また、各国の武器輸出は原則としてその所属する地域内に限る。他の地域共同体の管轄地域内に武器輸出を行うには、他の地域共同体が個々の取引を承認しなければならないとものとする。これにより、紛争が拡大して地域共同体間の代理戦争に発展することを防止する。

以上のように、各地域共同体と中心となる大国が管轄地域で責任を持つ代わりに、他の地域共同体の影響力が及ぶことを防止しうることを公認するのである。地域共同体は管轄地域内での優位を公認されることで、名誉と地域共同体としての生存が保障される。各地域が一体となり、他の地域の影響が排除されることとなる。そのため、大国は所属地域内で平和共存の道を歩む。各地域内では環境に悪影響を与えない、調和の取れた産業秩序が安定的に形成されよう。

このような体制は、第二次世界大戦によって得たブロック経済不可の教訓に反するのではないかという疑問もあろう。しかし、第二次大戦では、英米のブロックのみが広過ぎ、そして排他的であったため生存を確保できない他の大国が、資源を確保するため軍事力の行使に走ったとも言えるのである。ここに構想するものは排他的なものではなく、各地域共同体間の交流を禁止することは許されないし、特に地下資源の自由な売買が保障を受ける。

これに反し、無差別的な自由の原理に忠実な世界市場経済体制においては、経済的合理性の尺度のみをもちいて、豊かな文化的可能性を秘めた無駄を惜しげもなく切り捨て、貧富の差を拡大してゆく。そして、公式には無差別とされる一方では、その裏において非公然で排他的な差別的関係がはびこる。また、無差別的な競争による少数の勝者は競争の終わりとともに特権と独裁的権力を主張するであろう。それよりも、生き残りを保障された多数の者が比較的優位を求めて競争を続ける方が、豊かな成果をもたらす。各地域の現実的力を直視した上で秩序ある産業体制を築く方が、地球環境にもよいし、具体的人間の姿に対応した幸福を与えられる。

また、各地域共同体に所属する国は、独立国として自治の保証を受け、民族の文化を守る。各国は自国民の福祉のために産業を形成することが認められる。今までの独立国とは次の点が違う。地球統合のため、世界連邦の下に立つ。警察官としての地域共同体の中心となる大国の介入を受ける。地域共同体内の各国が経済的に特殊的地位を占めることを正式に認めなければならない。

◆第8節　世界連邦体制

各地域共同体が全地球的覇権を求めることを否定し、いわば地球の覇権を地域共同体が共同管理することになる。この体制に対しては、地域共同体どうしの紛争をどう解決するのか、一地域共同体の手に負えない問題をどうするのかという疑問があろう。それに対する対策としては、真の意味の国連軍である、世界政府の持つ常設世界連邦警察軍（世界連邦軍）を設ける。世界連邦という制度の担保となるものである。そして、世界連邦軍は一時的に地域共同体や各国の軍隊を世界連邦軍の指揮下に組み入れることもできるものとする。また、一定の重大国際犯罪について無条件に超国家的に捜査逮捕権を持つ世界警察も設ける。その下で世界はどのように体制化されるのか、全体象を述べることにする。

世界政府は世界連邦軍を各地域共同体自体の権限濫用や犯罪に対して、その管轄地域内に大上院の多数決に基づいて派遣する。しかし、原則として各地域共同体の同意がなければ、被管轄国の起こした問題に対しては管轄する地域共同体の管轄地域内に派遣できない。地域共同体が管轄地域内では一次的に責任を負うからである。また、地域共同体内における一定の人類に対する重大な犯罪については世界連邦のみの決定で世界連邦軍を派遣できることとする。そのような犯罪としては、大量虐殺、人権の組織的一般的な重大侵害、少数民族の抹殺目的の迫害、国家的テロ、核兵器や生物化学兵器の製造所持使用等が考えられる。派遣の目的は犯罪者の逮捕と犯罪的組織体制の破壊である。明らかな悪に対しては、罪の無い国民に苦痛を強いる経済制裁よりも、病根に対して直接に実力を行使して取り除く方が良いと考える。

核の問題について詳しく述べる。世界連邦軍以外の何者も核を保持することを禁止する。地域共同体間の争いに核を使用することも地域紛争に使用することも防止し、核の恐怖から真に全世界の住民を解放するためである。地球政府に核を一元的に管理させ、核の拡散と管理の問題を解決する。また、これは一部の大国のみが核兵器を独占するという現在の核拡散防止条約の矛盾を解決する。世界政府に核の保持を認めるのは、世界政府の権威を高めて地球統合の実をあげ、核のテロによりその権威が侵されないようにするためである。また、その非人道性の著しいことに鑑み、生物化学兵器を全廃する。

各地域共同体は原則として、地域共同体のみの判断で地域共同体の軍隊を管轄地域内に派遣しうる。その目的は、被管轄国がその領土内で防衛目的のため軍事力を行使する際にその援助のためである。あるいは侵略目的の軍事力行使に対する制裁のためである。その他には次のような目的である。人類に対する犯罪の処罰・制止。管轄地域内を対象とする国際司法裁判の執行。国際紛争の停止等のため。また被管轄国の同意か大上院の同意があるときには、被管轄国内の混乱を解決するために軍隊を派遣しうることにする。地域共同体はその管轄地域外へ原則として軍隊を派遣することはできず、例外として派遣するためには派遣される地域を管轄する地域共同体の同意と大上院の同意が共に必要となる。

そのため、地域共同体を構成する各国は、自国の防衛のために必要最低限の自衛力が、許される最高限度の軍事力となる。空軍、海軍を特に抑制する。軍事費を抑制する結果、民生の向上が考えられる。また、地域共同体の犯罪に対しては各国に世界連邦への訴追権を与える。

連邦憲章の精神に基づいて、各国の国内体制は一定の制限を受ける。各国の憲法は地域共同体と大上院の承認を、地域共同体の憲法は大上院の承認を得なければならない。

政治体制については、前述のように人権保障を行わない国家に対して、国際社会と国際法はその正統性を承認すべきではないと考える。そして、一時的に独裁体制を取ることを認める。しかし、世襲の独裁制のような専制的体制は認めない。すなわち、一代目による独裁的体制は認めるが、二代目以降は、立憲王政等の民主的体制に移行しなければならない。

経済体制については、政治体制よりも広い自由も認める。経済活動による自己実現の機会を著しく侵害するものではない限り、部分的に計画経済を採用することも自由である。自由市場経済を採用した場合でも、国際的ルール・地域共同体のルールに反しない限り、規制の程度は自由とされる。世界連邦が承認する範囲内で自治を保障するとともに、他国の干渉を排除することになる。これにより内政干渉をはっきり定義づけできる。

強制管轄力を持った真の意味での国際司法裁判所を設立して、国境紛争解決のために軍事力を使用することを禁止する。適用する規範は、実際の民族分布と歴史的正義を重視したものとなる。その執行は地域共同体の管轄地域どうしの国境線が接するケースは世界政府が、管轄地域内の国境線は地域共同体が保障する。しかし、パレスチナ問題は裁判では解決不可能と考える。国家の生存にかかわり正義と正義が衝突する問題だからである。したがって、世界連邦成立に際して双方の同意により思い切った政治的判断がなされて最終的平和条約が結ばれ、この政治的解決が世界連邦成立後不可侵のものとして遵守することになるのが望ましい。国際司法裁判所は国家の犯罪に対して裁判権を有する。

地域共同体が管轄地域を代表して組織される大上院に対して、国連総会を全ての国で組織する下院に改組する。下院の議席を五〇〇ほどにして各国に最低一議席割り当てる。残りは、下院が人類の代表組織とも言えることや民主主義からする人口比例の観点と併せて、世界政府の活動を国家が支払う法人税が支えることからする財政上の貢献の観点から、議席を割り振る。各国に平等に割り当てた一議席以外の議員は割り当てた各国で直接選挙する。

下院では大上院の権限を除いた、世界政府の財政問題や環境問題、資源問題等、全人類共通の問題に対して拘束力のある法を制定できることになる。人類犯罪法、世界税法、統一通商法、地球環境保護法、統一労働法、世界特許法等を、大上院の承認も得て、制定することになる。人類犯罪法は世界連邦軍と世界警察に活動の根拠を与える。世界税法は、世界連邦の活動を支えるために下院が適当と判断した世界税を徴収する権限を世界政府に与える。統一通商法は貿易の一般的ルールを定め、実力を背景にした一方的制裁の脅しにより二国間協議を迫るようなことは許されなくする。地球環境保護法は、許される経済活動の範囲を明らかにし、経済秩序の確立に寄与する。統一労働法は、経済発展のためであっても許されない労働条件を排除し、貧困の追放を目指す。世界特許法は、世界特許の成立を簡単にするとともに独占権の及ぶ範囲を各地域共同体の管轄地域に限定し、他の地域共同体の管轄地域では代償を払い製品化しやすいようにする。また、国際規格や標準についても立法化するだろう。

民主的な主権国家が構成する下院が選挙を行い、多数決により世界政府の首相が選ばれる民主的体制をとる。世界政府は下院での信任を存立の基礎とすることになろう。大上院で各地域と大国の力を直視するとともに、下院で全ての国と人類の意見を反映し、それが世界政府の大上院での議席を通して大上院に反映される。

国家存立の基礎にある国家のエゴは、自らの問題は自ら決したいという欲求、自己の文化を維持したいという要求、自らの生存を確保したいという要求などに基づくものである。この体制が各国民の自治を一応保障した上で民族の抹殺を防止し、独立しても地域共同体の管理下に置くことを体制化するので、民族のエゴは大部分収まるだろう。世界連邦体制はすべての国家を相対化し、その最高性を否定することにより、国家のエゴイズムを低下せしめる。

エゴを貫けば、すべての国が覇権国になれるものだろうか。一等国を目指すよりも調和の取れた国造りをし、国民の幸福を目指すことが望ましい。果たして、すべての国が工業化してよいものだろうか。地球環境にとっても望ましいことではないし、食糧を生産する農業国も必要である。一次産品の正当な価格での安定を、生存圏の調和の取れた経済秩序の中で保証したい。

また、文化的独自性を保障するために、すべての民族に独自の言語教育を行う権利を保障する。しかし、同時に近代国家の成立から歴史の向かった方向が地方的差異の克服による統合であったことを考えるとき、地域共同体内の他国の言語を学ぶことの奨励を公認してよいと考える。

以上の諸地域共同体による世界支配の現実を直視した世界連邦体制が築かれ実効的に機能することで、紛争を制度的に安定的に解決するとともに、経済的文化的基層を考慮し紛争の種を除去することも意図した。紛争の種を除去する制度も平和に奉仕する制度と言いうる。そして、紛争の種が基本的に、経済的文化的なものであることを考えるとき、生存の保障と文化の多様性の保障が意味を持つことが明らかである。拡大した人類の生産力を解放し一人一人の生存を最低限確保する全世界的制度を待望するとともに、他人の価値観、文化を尊重する寛容の精神が普及して文化の多様性を保つことが望まれる。

◆第9節　世界連邦への道

最強の国家である超大国が実力で世界を従わせる体制が続くなら、最強の座をめぐる地域共同体や大国間の覇権争いと国家のエゴの主張や民族の興亡による混乱は収まらないであろう。また、超大国がクウェート侵略のような事件のつど資金と兵力を集めて対処するような体制は不安定であり、特に超大国が没落したときのような力の空白が生じたとき、どう対処するのか問題が生じる。また、超大国が全世界の公益よりも自国の国益を優先することは当然考えられる。超大国ではなく、世界連邦による世界の指導が必要な理由である。

超大国は歴史的にはイデオロギー対立を全世界的に展開するために必要とされたものである。イデオロギー対立が終わるとともに超大国の歴史的使命も終わった。そして、新たに新世界秩序が形成される過程で、旧超大国の生き残りのアメリカが世界的軍事力で全世界の警察官の役割を演じようとした。しかし、アメリカが同盟国に軍事費の負担を求めたように一国で世界を支えることは不可能であるし、多様な世界を世界的軍事力の鎧をちらつかせながら一国の意志が蔽いつくすことは望ましいことでもない。冷戦における西側の勝利を自己の原理を徹底する好機と誤解するのは許されない。

歴史の向かう望ましい姿として超大国の必要のない世界連邦を描いた。アメリカは、生の実力で超大国として自己主張をして世界を従わせようとするよりも、世界政府とその軍の建設の方向に努力を傾注した方がよい。世界連邦建設への好機に超大国としての国益と生き残りを優先するようなら、歴史を担う資格はないと言わねばならない。国連を自らの正当化の根拠としてのみ利用し、それに留めようとするのは強い非難に値する。

世界の認める経済大国である日本も超大国を目指してはならない。新世界にふさわしい人類共通の価値に基づく日本国憲法の理想を活かし、その実現である世界連邦体制を目指せばよい。そのためには大国としての責任を自覚しなければならない。自衛隊を世界連邦軍の中核として提供するようなことも考えた方がよい。アメリカは自己の原理を主張するため全世界的に責任を持とうとしている。責任を持とうという態度そのものは賞賛に価する。自己の歴史的経験に固執した、いわゆる日本の一国平和主義は現状では利己主義であるといえる。日本は率先して世界連邦を指向し、仲間を組織しリーダーシップをとらなければならない。それにより、日本の政治力を補う積極的方向に進むことが望ましいと考える。

世界連邦を創って世界恒久平和を実現する具体的方策については、話し合いと世界統合戦争を戦う可能性が考えられる。地域共同体の管轄地域決定等について争いが生じることも考えられるが、自己の責任が課される範囲であることを意識して理性的な話し合いが望まれる。世界連邦の成立に際して真摯で良心的な交渉が行われ、神聖な盟約により、その結果を遵守することが望ましい。こうして決まった国境線の侵犯は「侵略」の定義に含まれることになるだろう。

地域共同体を構成員とする世界連邦体制は、多民族を包括する一種の帝国の復権であると言える。千々に分裂し、責任の所在が曖昧になり、その結果として不正義が横行する地球よりも帝国の復権の方がはるかに望ましい。民族自立の泥沼の中で紛争が頻発する世界よりも、複数の帝国や連邦とその構成国の自治の方が望ましい。

冷戦後、「歴史の終わり」を迎えるかどうかは、人類の意志の問題である。世界連邦の成立も一種の歴史の終りではある。しかし、同時に大宇宙への人類進出の始まりとなるものと考える。地球が統合された時こそ、地球上の対立を宇宙に持ち込まないという意味で、宇宙進出にふさわしい。しかし、その前に地球温暖化という恐ろしい試練が待っている。この試練に全人類は一致協力して立ち向かい、その経験を世界連邦建設に生かすことができたら、最善だろう。

哲学の理想の力が、世界連邦へと歴史を向かわせることを望む。理想への努力を放棄するとき歴史は過去の悪夢に逆戻りするのではなかろうか。

★第5章　日本と世界の進むべき道

◆テロの根絶策

覇権国家アメリカの力の行使は決してテロを根絶しない。アフガニスタンになぜ、イスラム原理主義が根付いたか。それは、イギリスの干渉、ソ連の干渉を経験したからである。

そして、ひるがえってみると、イスラム原理主義がなぜ勃興したかというと、近現代に英米の干渉がアラビアに及んだからである。その干渉が、イスラム教とイスラム文化の危機として認識されたからである。その干渉は、今でもイスラエルに対する支援、グローバリズムという名の資本主義の広がりによって続いている。

なぜ、アメリカはイスラエルを支援するのか。アメリカは死海文書を通じて終末に現れる救世主に関する知識を手に入れ、救世主がイスラエルから現れると考え、イスラエルに恩を売っておけば間違いがないということだろう。

どんなに長く待ってもヨーロッパには現れない。
アジアに現れる
偉大なヘルメスのエッサイの根の同盟の一人。
東洋の王たちすべての上で統べる。
『諸世紀』第一〇章　七五番

ノストラダムスによる救世主の詩である。「東洋の王たちすべての上で」というのは、どんな東洋の王よりも強力な専制政治を行うということでは決してない。東洋の王たちの業績を超える良い政治を行うということである。その救世主はヨーロッパには現れず、アジアに現れるというのである。現在のイスラエル国家およびそれを構成するユダヤ人から救世主が現れるというアメリカの考えは間違っているのである。その間違った考えに基づいてイスラエルに肩入れし、アラブと対立するアメリカにはご苦労様と言っておこう。そして、日本にはイスラエルのご機嫌を取る理由はない。

アメリカ人の一部に自由や平等の原理主義者がいる。だから、自国の価値観を全世界に押し付けようとし、他の文明の文化を自国の価値観に基づいて裁くのである。自由や平等を原理的に貫徹することは文化を否定することである。文化は分節化し、制度を創造し、道徳を維持することで人間を文化的存在たらしめようとする。しかるに、自由や平等を貫徹するなら、分節化した制度や道徳は自由や平等の障害となってしまうのである。

世界が平和であるために、世界を構成する各文明が他の文明の文化に寛容でなければならない。世界が寛容で平和であれば、イスラム原理主義も人道主義に傾斜し、寛容なものになって行くであろう。どんな宗教も文化も人道主義を否定するものではないからである。人道主義に反しない限り、各民族の宗教・文化は尊重されなければならない。世界を構成する文明は相互にその価値を肯定し、自分の文明のみを絶対とする態度は捨てねばならない。しかし、その文化相対主義的立場も人道主義の基本的価値観を共有しなければならない。

自由や平等を原理的に貫徹する立場は世界を指導する資格がない。これは世界を解体する立場である。文化を解体する立場である。正義と秩序に抵抗する立場の論理である。

◆経済学者に望むこと

アメリカは日本のコメの関税を大幅に引き下げさせようとした。その理由は日本がアメリカへ工業製品を自由に輸出しながら、アメリカが日本へコメを自由に輸出できないのはおかしいという自由貿易を貫徹する立場だ。

経済学で自由貿易の理論的根拠を与えるのが、リカード（David Ricardo 1772 - 1823 イギリスの経済学者）の比較生産費の理論だ。確かに、比較生産費の理論通り計算的金銭的合理性のみを考慮すれば自由貿易が有利だ。

しかし、福利厚生などの人間の幸福を考慮すれば、自由貿易を貫徹すると人間の幸福が減る。比較生産費の理論は金銭的計算的合理性の議論に過ぎず、人間の幸福や国家社会の繁栄を勘定に入れたものではない。比較生産費の理論は農業においては的はずれであるし、工業でも完全に妥当するものではない。

工業でもその産業がその国にあることで、産業の裾野が広がり雇用を生み、科学技術が発展するし、他の峰を支えるなど、計算的金銭的合理性では捉えられないメリットが存在するからだ。そして、それは工業よりも農業で著しい。農業には環境保全などの多面的機能や食糧安全保障の面などから工業とは違った配慮が必要だからだ。

例えば、日本は自動車などの工業製品でアメリカに配慮を示し、現地生産を行ってアメリカに雇用を与えている。アメリカは日本で農業を行って雇用を生みだしてくれるのだろうか。アメリカが日本で農業をやるなどということは、許されることではないし、できることでもないだろう。農業においてはある程度のアクセスを認めた上で、自国にとり死活的な数品目については高関税を認めるべきだ。

経済の目的が人間の幸福である以上、経済学の理論も人間の幸福を勘定に入れる必要がある。貿易は自由主義を貫徹するために行われるのではなく、世界各国の共存共栄のために行われるべきものだ。経済学者はそのようなものとして比較生産費の理論を再彫琢して欲しい。

◆日本国家の道

堺屋太一氏（1935 - 2019）は「自由が正義とみなされる社会にならなければならない」と言う。そして、この主張には根本的疑問がある。正義は価値の分配に関わるものであるのに対し、自由は価値を獲得することを本体とするからだ。すなわち、価値を与える側と受ける側であり、自由と正義を融合させるのは原理的に間違いではないか。また、価値選択の自由を正義と言うなら、それによって、破滅的な価値の分裂と混乱が起こるだろう。

そして、この主張の実質的に意味することは市場主義原理を貫徹し、自由を全世界に貫徹しようというものだ。

そして、その後に現れる、堺屋太一氏の言う「新しい日本」とは日本の美が失われ犯罪と暴力と姦淫が蔓延する日本なのだ。日本では事件や事故があいついでいる。「新生日本」とは日本の美を再構築することであるべきだ。『徹底した商人国家で行け』（堺屋太一著、中央公論二〇〇〇年四月号所収）の主要な点について反論する。堺屋太一氏は日本が経済的軍事的に自立しておらず、経済的軍事的に自立して大国となることはできないという。

まず、経済的自立について。確かに、日本は全ての国から貿易を遮断され投資を引き上げられたら、江戸時代とは違って生きて行くことはできない。しかし、大国とはすべての国と対立する国ではない。大国とは有力国と同盟を結び、限定された敵と戦う賢明な国である。そして、日本は大国として経済的に十分自立できる経済力を有する。

軍事的自立について。堺屋太一氏は日本には武人文化が無くなったので大国にはなれないと言う。確かに、軍事的発想や武人的性格を尊ぶ社会的心理が薄らいだことは事実である。しかし、堺屋太一氏の言うように臆病、慎重、軟弱が文化的として称揚され、勇気、忍耐をさげすむ風潮が支配的とは言えないだろう。そして、剣道や柔道などの武道やスポーツに武人的文化は色濃く残っているし、武人文化の担い手である自衛隊が存在する。社会的心理は流行に見られるように変化がかなり容易である。武人文化を復興することも容易であろう。そして、日本の強力な製造業、科学技術、人的資源は強力な自衛軍を作りあげることができる。

堺屋太一氏は日本が大国となっても勝利できないので徹底した商人国家の道を行って繁栄しろと言い、勝利できない理由として核兵器と国土の縦深の浅さを上げる。しかし、核兵器は無条件に使用できるものではなく、使用できる条件を奪う国際戦略を私は用意している。また、全戦力の空軍化を可能にする超伝導電磁エンジンがあり、空軍化により国土の縦深は意味を失うのである。

仮に徹底した商人国家として行けば繁栄できるか考えて見よう。徹底した商人国家（軍事が欠けるので大国ではない）として行けば大国の設定するルールの下で経済活動を行わなければならない。ルールの設定権は大国に有るので、大国は必ず自国に有利なようにルールを設定するだろう。商人国家が努力してそれに適応したとしても、その繁栄を奪うルールを新たに設定し続けるだろう。そしてアメリカはデファクトスタンダードに基づいた、制度を含む特許を独占しようと図っており、便利なものを世界中が使えばよいで済む問題ではないのだ。アメリカのルールを押し付けられることが際限なく続けば日本の文化と伝統と誇りは消滅するのだ。徹底した商人国家となった日本は徹底して惨めで哀れな国家になるだろう。

◆世界統合

日本が大国として復活する最短かつ確実な道が有る。世界統合において、リーダーシップを取ることである。私は、環境問題、資源枯渇問題、世界貧困問題等の大問題を解決するために、フリーエネルギーの導入を推進する立場である。このフリーエネルギーの推進やこの本で述べてきたことに賛成する国の連合戦線を結成する。その連合戦線の力で、世界連邦と世界政府を一方的に樹立する。反対する国が無く、平和裡に世界連邦と世界政府が成立すれば何よりであるが、この樹立宣言に反対する国々があるならば、その国々と世界統合戦争を戦い、勝利して、世界連邦と世界政府と世界恒久平和を確固たるものにする。その世界連邦と世界政府の力で、世界税を徴収し、世界貧困問題を解決する。世界連邦と地球政府の管理下で、フリーエネルギーと宇宙進出を実行し、環境問題、資源枯渇問題を解決する。この世界統合の過程において、日本がリーダーシップを取れば、日本は大国として復活できる。

あとがき

人類前史の終末である地球温暖化・資源枯渇を乗り切ることができた後の新世界においては、哲学の理想に基づいて理想が回復され、真・善・正義が実現されていることを願う。その新世界では、新経済システムが生活を支え、世界連邦が平和を保障し、超伝導電磁エンジンによるフリーエネルギーとリサイクル社会、銀河宇宙への進出が実現しているであろう。

最後に、哲学の理想に基づいて他者の幸福の尊重を説く者として、人間が他者への奉仕の精神を忘れるとどうなるか、警告しておく。人間は多細胞動物である。無数の細胞が、全体のために、全体の幸福のために、各々の持ち場で、各々の役割を黙々と果たしている。その細胞の集合体である人間が、利己的にのみ生きるようになり、それが一般的となればどうなるか。利己的な人間の精神は、細胞にも影響を及ぼし、各細胞も利己的に生きることを志向するようになる。そうなれば、各細胞は、自分勝手に生きるようになり、全体としての人間を支えている役割を果たさなくなるだろう。結果、細胞は個々に利己的に生き始め、人間は成り立たなくなる。多細胞生物である人間が不可能となる。これに対して、人間以外の生物はどれも利己的なのに、滅んだりはしないという反論が考えられる。しかし、これは事実誤認である。いま生き残っている生物はどれも、自己の種族の繁殖のために、努力を傾注している。どの生物も自己の種族の繁栄のために努力している。これに対して、人間はどうか、現在の少子化に見られるように容易に次代のための責任を放棄しうる。高等生物としての自由を持つがゆえに、利己的に行動しがちである。社会全体として自己の幸福と共に他者の幸福を尊重する態度を維持しなければ、破滅が待っているだろう。利己的な道を進む果てには、人間の消滅が待っているだろう。人間は完全に自由な道をとることはできない。他者の幸福をも実現する社会を維持すべきである。助け合いに基づく新社会を建設すべきである。

ここに、終局性、あるいは道徳的・政治的生活における大文字の真理を求めるすべての要求を疑う理由がもう一つある。このような要求が正当化された場合、私たちの後に来る、することがすべて剥奪されているであろうすべての世代のことについて考えていただきたい。彼らには論じ合うべきなんら新しい観念、実践、制度はなく、私たちの主張通りに暮らしていく、と私たちは本当に信じているのであろうか。私は、将来の世代がこの仕事を「やめない」でほしい。ユダヤ人はこの仕事の重要性を教える伝統をずっと受けてきたのだからやめないでほしい、と私は思う。
（『正義の領分』529頁）

誰もが大文字の真理を目指して戦う権利がある。しかし、いつかは大文字の真理が発見される時が来る。だが、それを受け容れれば、その原理・原則に従って諸理論を組み立て直し、新しい観念、実践、制度を案出して諸事案を処理する長い歴史が続く。

あるいはこの多様性が、あるひとりの新しい、世界をおおい包むような思想家によって、一つの新しい、強大な体系のなかへ封じこまれるのを（これは再び分裂して、永久に変化していくのであるが）、われわれは待つべきであろうか。
（『世界の思想史』下289頁、シュテーリヒ著、白水社刊）

大文字の真理の上に、さらには、それを乗り越えて、社会と学問を構築する長い歴史が続く。大文字の真理は再び分裂して、永久に変化していく。それゆえ、大文字の真理の発見を恐れるべきではない。拙著も、大文字の真理を目指して戦った成果である。この成果をどう扱うかは読者に委ねられているが、終局を恐れて不当に扱われることの無いように望む。

参考文献

第Ⅰ部　新しい哲学の原理

『ハイデッガーと日本の哲学』（嶺秀樹著、ミネルヴァ書房刊 2002）
『人類哲学序説』（梅原猛著、岩波新書 2013）
『はじめてのプラトン』（中畑正志著、講談社現代新書 2021）
『言語哲学がはじまる』（野矢茂樹著、岩波新書 2023）
『入門・倫理学』（赤林朗編・児玉聡編、勁草書房刊 2018）
『現代哲学の真理論』（吉田謙二著、世界思想社刊 2009）
『ロボットの心　7つの哲学物語』（柴田正良著、講談社現代新書 2001）
『時間は実在するか』（入不二基義著、講談社現代新書 2002）
『宇宙を織りなすもの—時間と空間の正体』上下（ブライアン・グリーン著、青木薫訳、草思社刊 2009）
『銀河への道』（久保田英文著、ブイツーソリューション刊 2009）

第Ⅱ部　新しい幸福の原理

『「倫理の問題」とは何か』（佐藤岳詩著、光文社新書 2021）
『実践・倫理学』（児玉聡著、勁草書房刊 2020）
『幸福とは何か』（森村進著、ちくまプリマー新書 2018）

『正義論：ベーシックスからフロンティアまで』（宇佐美誠著・児玉聡著・井上彰著・松元雅和著、法律文化社刊 2019）
『現代倫理学入門』（加藤尚武著、講談社学術文庫 1997）
『これからの「正義」の話をしよう』（マイケル・サンデル著、鬼澤忍訳、ハヤカワ・ノンフィクション文庫 2011）
『人類哲学序説』（梅原猛著、岩波新書 2013）
『入門・倫理学』（赤林朗編・児玉聡編、勁草書房刊 2018）
『倫理学入門』（品川哲彦著、中公新書 2020）
『＜聖徳太子＞の誕生』（大山誠一著、吉川弘文館刊 1999）
『正義の領分』（マイケル・ウォルツァー著、山口晃訳、而立書房刊 1999）
『いまを生きるカント倫理学』（秋元康隆著、集英社新書 2022）
『「正義」は決められるのか？』（トーマス・カスカート著、小川仁志監訳、高橋璃子訳、かんき出版刊 2015）
『正義とは何か』（神島裕子著、中公新書 2018）
『正義論の名著』（中山元著、ちくま新書 2011）
『異議あり！生命・環境倫理学』（岡本裕一朗著、ナカニシヤ出版刊 2002）
『銀河への道』（久保田英文著、ブイツーソリューション刊 2009）

第Ⅲ部　新世界の理想

『これからの「正義」の話をしよう』（マイケル・サンデル著、鬼澤忍訳、ハヤカワ・ノンフィクション文庫 2011）
『自由とは何か』（佐伯啓思著、講談社現代新書 2004）
『日本銀行』（川北隆雄著、岩波新書 1995）
『図解電子マネー』（石井孝敏著、東洋経済新報社刊 1996）
『世界正義論』（井上達夫著、筑摩書房刊 2012）

参考文献

『徹底した商人国家で行け』（堺屋太一著、中央公論二〇〇〇年四月号所収）
『正義の領分』（マイケル・ウォルツァー著、山口晃訳、而立書房刊 1999）
『世界の思想史』下（シュテーリヒ著、白水社刊 1983）

著者略歴
出生地　東京都
1977 年　静岡県立沼津東高等学校卒業
1983 年　東京大学法学部卒業
地球星系社社主　哲学者　発明家　日本古代史研究家
応用物理学会会員（2024 年現在）

『存在と世界』

存在と世界　―新時代・新世界のための哲学―

2024 年 10 月 11 日　第 1 刷発行

著　者　高木従人《たかきつぐひと》
発行者　太田宏司郎
発行所　株式会社パレード
大阪本社　〒 530-0021　大阪府大阪市北区浮田 1-1-8
TEL 06-6485-0766　FAX 06-6485-0767
東京支社　〒 151-0051　東京都渋谷区千駄ヶ谷 2-10-7
TEL 03-5413-3285　FAX 03-5413-3286
https://books.parade.co.jp
発売所　株式会社星雲社（共同出版社・流通責任出版社）
〒 112-0005　東京都文京区水道 1-3-30
TEL 03-3868-3275　FAX 03-3868-6588
装　幀　藤山めぐみ（PARADE Inc.）
印刷所　創栄図書印刷株式会社

ISBN 978-4-434-34579-1　C0010